中國学術思想 研究輯刊

三 編

林 慶 彰 主編

第16冊

胡五峰《知言》哲學課題之研究
——以「內聖外王」概念展開之

蘇 子 敬 著

胡五峯之心性論研究

陳 祺 助 著

花木蘭文化出版社

國家圖書館出版品預行編目資料

胡五峰《知言》哲學課題之研究——以「內聖外王」概念展開
之　蘇子敬 著／胡五峯 之心性論研究　陳祺助 著—初版
—台北縣永和市：花木蘭文化出版社，2009〔民 98〕
目 2+94 面／序 2+ 目 2+92 面；19×26 公分
（中國學術思想研究輯刊 三編：第 16 冊）
ISBN：978-986-6528-86-6（精裝）
1.（宋）胡宏　2. 學術思想　3. 宋元哲學
125.296　　　　　　　　　　　　　　　　　98001682

ISBN - 978-986-6528-86-6

9 789866 528866

中國學術思想研究輯刊
三　編　第十六冊　　　　　　　ISBN：978-986-6528-86-6

胡五峰《知言》哲學課題之研究
——以「內聖外王」概念展開之
胡五峯之心性論研究

作　　者　蘇子敬／陳祺助
主　　編　林慶彰
總 編 輯　杜潔祥
出　　版　花木蘭文化出版社
發 行 所　花木蘭文化出版社
發 行 人　高小娟
聯絡地址　台北縣永和市中正路五九五號七樓之三
　　　　　電話：02-2923-1455 ／傳真：02-2923-1452
網　　址　http://www.huamulan.tw 信箱 sut81518@ms59.hinet.net
印　　刷　普羅文化出版廣告事業
封面設計　劉開工作室
初　　版　2009 年 3 月
定　　價　三編 28 冊（精裝）新台幣 46,000 元

胡五峰《知言》哲學課題之研究
——以「內聖外王」概念展開之

蘇子敬　著

作者簡介

蘇子敬，台南新化人，祖籍福建海澄，台灣大學哲學系學士，中國文化大學哲學研究所碩、博士。自幼生長在講求和諧禮敬、富含詩書氣息的百年蘇家古厝中。幼習書法數年，既長醉心古典文學、關懷歷史時事，慨然有復興國家民族文化之志。大學起，治中西哲學，關心民主自由和形上大道，踵隨當代新儒家，宗主儒家學說和唐君毅哲學，尤衷情於宋明理學，兼及道家情致，近年亦究心於書道。著有《胡五峰《知言》哲學課題之研究──以「內聖外王」概念展開之》、《唐君毅孟學詮釋之系統研究》、《陳丁奇的書道志業及其書道哲學觀》等書，以及〈論斯賓諾莎《倫理學》之形式結構〉、〈斯賓諾莎《倫理學》「論神」八大定義範疇釋疑〉、〈伯夷列傳析詮〉、〈王陽明「拔本塞源論」之詮釋──文明的批判與理想〉、〈唐君毅論橫渠、明道、伊川學逕異同〉等論文多篇。現為國立嘉義大學中文系教授兼系主任。

提　　要

　　首先，論文點出哲學乃追求理想之學。進而追問做為中國哲學主流的儒學之吸引力和發展前途，而以為其前途主要繫於其是否掌握到了永恆普遍的人生理念或形上根源。乃循宋儒胡五峰學說及其與朱子的一段因緣以探究之。

　　簡述了五峰學承及其理學代表作《知言》後，解讀了「內聖外王」概念以澄清時疑，繼而指出此恰可適度表明《知言》的內容綱領，遂分頭自「內聖學」與「外王學」兩面去展示。

　　「內聖學」一面，先揭示其義理綱維為「天道性命相貫通」，然後分化成道器（理氣）論、心性論及工夫論三層面的課題以析論。道器論中，先自存有形式之普遍性（道無不在）論起，繼表示道不虛懸、即事明道而闡述出「物在道中、道在物中，我即一切、一切即我，一之於人之仁」的立場，而以「『仁者天地之心』的一元有機泛神論」名之。然其間的內在結構或構成秩序如何，尚未盡明，乃再就宇宙論或氣化流行側面進一步展示之，而定位了「氣」，並得到「陰陽交互辯證，一氣大化流行而化現為時間歷程，原始反終」的「氣宗」等側面。又闡明「有」與「無」之「感性形跡」與「理性心靈實踐」二義，嘗試「存有」與「價值」之調和。心性論中，則闡明其心性分設、「盡心成性」、「以心著性」的義理架構和實質義涵，解析「心知」的層次；並辯明「心無死生」、「性無善惡」之爭議，指出五峰與朱子「心」的見解有異，且對善行著眼不同，彼此心中所認之「善」義涵略別，遂於性善的立論相出入。工夫論中，則點出其識仁盡心之逆覺體證工夫，並略及其他路數而稍分辨與朱子「靜中涵養」、龜山「觀喜怒哀樂未發氣象」之別；也解析了「察識」與「涵養」孰先孰後之辯。「外王學」一面，分化為政治與經制及闢佛老兩層面的課題以評析。指出五峰以為政道與治道之大本為仁心，欲成治功須法制以為舟楫，而法制中以井田、封建為大；復表示此未至「法治國」的理念，仍受人治思想限制。還點出五峰也承續了大一統思想。至於闢佛老層面，則評析其本「『仁者天地之心』的一元有機泛神論」及「妙道精義俱在、天性彝倫不可磨滅的心性論」以闢佛家自私其身、違逆道德天命；並兼及其闢老。

　　結論則簡單作了綜結，也指出吾人自以為的創闢處。

目
次

第一章　導　論

引　言

　　哲學者追求理想之學也，所以解脫不同時代背景和文化背景的束縛，超越個人主觀的生命存在處境之局限，而創造地挺立或顯現人類永恆普遍的共同精神於當前的現實世界中。這種挺立或顯現，乃人類的共同精神與當前的時代背景或個人存在處境結合，眞切篤實地面對其問題，而創造新的理想或新的哲學〔註1〕。所謂日新又新的「內聖外王之學」（見本章第二節）或日進不息的「實踐的智慧論」〔註2〕也。

〔註1〕黃振華先生，《康德哲學論文集》〈附錄：哲學與時代文化背景〉（台北市，時英出版社）一文有云：「哲學精神的表現依照時代背景以及文化背景不同而不同，我們如要了解哲學，則勢必要解脫時代背景以及文化背景的束縛，才能了解眞正的哲學……，如果我們了解哲學必須具有『創造』的意義的話，那麼，我們就必須肯定在不同的時代和不同的文化背景後面，有共同的哲學精神存在……也可以說是共同的人類精神，我們了解哲學，就是要了解這個人類的共同精神。如果我們能夠了解這種人類的共同精神，則這種精神就必然會解脫不同時代背景和文化背景的束縛，而在當前的人類精神中顯現。所謂在當前的人類精神中顯現，是說這種人類的共同精神會與當前的時代背景及時代問題結合而創造新的哲學」（頁361～362）。又云：「哲學的任務在於探究人類精神的共同根源以實現道德理想。」（頁364）吾人在此大抵承襲以上之意而爲說，但同時也認爲：個人的生命存在處境，對於追求理想的精神存在者而言，亦如時代背景一般有其莊重、嚴肅的意義，因此人類的共同精神所要結合的便不只是當前整個時代的大背景，而亦儘可是現前某些特殊的生命存在處境。

〔註2〕關於「實踐的智慧論」，見牟宗三先生譯註，《康德的道德哲學》之《實踐理

－1－

　　放眼世界文明史，不管中國、印度或西方，皆曾表現高度的哲學精神，熱情洋溢地追求理想，孜孜矻矻為宇宙人生定位。然而，亦曾幾何時，熱情衰退，精神低靡，陷於空虛不安，甚至麻木不仁的狀態中，終為外來民族所侵，文明被取而代之。其間殊或熱情未滅，死灰復燃，熾而融本有文化及外來文化於一爐，重現人類莊嚴的哲學精神；中國即其一殊例也。史家言之鑿鑿，茲不贅述〔註3〕。且說清代中葉以後，中國內憂外患，文化衰頹，民族危機日迫。有識之士，深感其憂，力圖振作，遂有清末「立教改制」運動之興，繼有「民國」之激烈革命，以及五四運動之「救亡」與「啟蒙」的雙重變奏〔註4〕。共產主義之漸興於中國，終至席捲大陸，即此變奏之一支也。又近來大陸之民主運動，就其大概意識觀之，亦可說是此變奏之一流衍也。然而，此劇變時代中的思想家，無論與共產主義沾上邊否，皆須面對中國文化傳統與西方文明勢力，且其追求理想之熱情，猶如傳統中國人之性格一般，不減絲毫。遂有思想史學者，驀然回首，指出：近代中國哲學思想界的主調，仍是對儒學的批判反省與重建改造。職是之故，讓我們想起了明末清初的儒學改造風潮，惦念起晚唐五代人心浮靡而後的宋、明六百年儒學重建運動。

　　於是，我們會問：儒學何以有如是若綿綿不絕的吸引力？是歷史的封建桎梏、經濟型態使然？抑其自身含有真理在？我們更要問：儒學發展至今，將永被淘汰否？抑自有其絕處逢生的契機？

　　竊意，其淘汰或逢生，決定因素並不在今人主觀情感意願上對儒學的認同如何，也實不可繫於此，因為真正的哲學精神是要超越（非捌開不顧）個人、時代及文化背景的限制，誠懇地面對真理和價值，而與追求「至善」的奮鬥相始終。所以，決定儒學前途的基本關鍵當在：儒學是否掌握到了永恆普遍的人生理念或形上根源（元德），足以妙運乎無盡的人世間？其次，當還有一個次要關鍵：其思辯的及實踐的詮表方式，是否已妥當地結合了現時代

性底批判》（台北，學生書局）第一部卷二第一章，頁346～348（德文版原頁243）。

〔註3〕凡此，可參閱黃振華先生，前引文；又林同濟與雷海宗合著，《文化型態史觀》（台北，地平線出版社）以及雷海宗《中國文化與中國的兵》（台北，里仁書局，民國73年3月出版）。

〔註4〕關於「救亡」與「啟蒙」雙重變奏，見李澤厚《中國現代思想史論》〈啟蒙與救亡的雙重變奏〉一文。

的人類之精神需要並切中時弊，提供下學上達的途徑，讓人得而部份出諸自我創造性地參與其間，各取所需，各得其方？上述基本關鍵一環，如果答案是否定的，那麼，儒學便是一個未成功的哲學示範，它可能即將走進它的最後一程、盡它的最後使命。而我們只要以之爲殷鑒，且不抹殺其爲人類歷史上追求理想的重要歷程、頗具過渡價值，便是了。至於上述次要關鍵一環自也隨著大大減殺了探討的價值。但如果答案是肯定的，那麼，就無懼乎其或將亡！其不行，便或則要怪世人之膚淺，或則當檢討其詮表的方式如何更切當於當世，眞誠弘毅地修改之或創新之，以成其妙運，此亦即上述次要關鍵一環之課題也。其實，我們甚至也不必太拘執「儒學」之名。任何哲學思想，只要其基本原理與儒學本質一致，便是大同小異眞儒學也，冠不冠以「儒學」之名，又有何異哉？人皆有其緣於生命歷史而來的特殊認同或獨到之處，本當以誠相待，彼此尊重。只要大處不差，便是同道。若於小處更能截長補短，則又智矣，乃人文智慧之交相輝映、相互助長也。言歸正題，那麼，上述基本關鍵的答案究竟是肯定的或否定的呢？儒學本質究竟爲何？

　　欲確定此一問題的答案，原有待於實踐智慧上相應的理解體驗爲基礎。只今且就尙屬此中一環的學究工夫著手，一窺其秘，循宋儒胡五峰學說及其與朱子的一段因緣以展示之。

第一節　五峰學承及《知言》之成書

　　胡五峰，名宏，字仁仲，南宋崇安（今福建建陽，位武夷山麓）人，乃春秋學泰斗暨理學名家胡文定（名安國，學者稱武夷先生）的季子。文定私淑二程，曾就教於孫明復（泰山）高弟也是伊川之友朱長文，以及程門高足謝上蔡（良佐），並與程門諸高第楊龜山（時）、游薦山（酢）、侯師聖（仲良）等遊，於謝、楊、游義兼師友，曾言：「吾之自得于遺書者爲多。」五峰薰習其間，自幼便志於大道，嘗見龜山於京師，又從侯師聖於荊門，而卒傳其父之學，並春秋史學與理學而大盛，可謂內聖之學和外王之學兼至矣！優游湖南衡山之麓二十餘年（案：文定仕途偃蹇，多年在湖南永州爲官，落職奉祠，休於衡嶽之下，除胡憲（籍溪先生）外，其子侄多相從學於衡山之麓，緣是五峰定居於此），玩心神明，不捨晝夜，學者稱爲「五峰先生」。朱子苦參中和，至作〈知言疑義〉，其間往返論議之契友張南軒（栻），即師事

五峰。那時秦檜當國，牢籠故家子弟，五峰兄弟獨有樹立，終不歸附，五峰甚且剴切陳志，辭婉而意嚴以絕拒之。及至檜死，五峰受召，以病辭謝，後死於家中，年五十，時為高宗紹興二十五年（西元 1155 年）。全祖望讚之曰：「紹興諸儒，所造莫出五峰之上；其所作《知言》，東萊以為過于《正蒙》，卒開湖湘學統」。是當時胡氏一門，自文定昌學奠立規模，三代相傳，人才輩出，尤以五峰居中擎擘，卓然大成，卒成宋代重要理學世家之一，蔚為有名的湖湘學派。其光芒後來始為朱子所掩，然究其實，蓋亦儘有非朱學所能含蓋者，且朱子所編撰傳世的《二程語錄》及文集，亦多有轉手於胡家所收集保存者也。〔註5〕

由上所述，可以想見五峰與二程及文定春秋學、洛學的密切關係。而其實，五峰確對二程等推崇備至，還集編了一部《程子雅言》。試看《五峰集》：

> 孟氏既沒……然則斯文遂絕矣乎？大宋之興，經學倡明，……王氏支離，支離者不得其全也。……歐陽氏淺于經，淺于經者不得其精也。……蘇氏縱橫，縱橫者不得其雅也。然則（士子所信）屬之誰乎？曰：程氏兄弟，明道先生、伊川先生也。……若夫中春風日，拂拂融融，蓋其和也；風冽而霜凝，蓋其肅也；山之定止，萬貨滋生，蓋其德也；川奔放，而來無盡，蓋其應也；四時更代，蓋其變化也；莫知其所以然，蓋先生之神明不可得而測也。其為人也，可謂大而化矣！吾將以之為天。嗚呼！其不及堯舜文王之分，則又命也。雖然，唱久絕之學于今日，變三川為洙泗之盛，使天下之英才有所依歸，歷古之異端，一朝而謬戾見，比于孔子作《春秋》，孟子闢楊、墨，其功大矣！……予小子恨生之晚，不得供灑掃于先生之門。姑集其遺言，行思而坐誦，息養而瞬存。因其所言，而得其所以言；因其所以言，而得其言之所不可及者。則與侍先生之坐，而受先生之教也，又何異焉？故此書之集，非敢傳之其人也，姑自治而已。〔註6〕

〔註5〕以上依據陳金生與梁運華點校本《宋元學案》卷四十二〈五峰學案〉，頁 1365～1367；又《宋元學案》卷三十四〈武夷學案〉，頁 1170～1173；又王開府，《胡五峰的心學》（台北，台灣學生書局，民國 67 年 4 月出版），頁 1～7；又張永儁先生，《二程學管見》（台北，東大圖書股份有限公司，民國 77 年 1 月出版），頁 286～290；又《五峰集》。

〔註6〕景印文淵閣《四庫全書》集部（平裝冊137）《五峰集》（台北，台灣商務印書

讀此文，豈非宛若風誦《中庸》盛讚孔子之一段文邪？五峰之崇仰、向慕二程，思誦養存其教，於此具見矣！

又：

> ……此事眞要端的有著落，空言泛泛何益于吾身？上蔡先生「仁敬」二字，乃無透漏之法門。〔註7〕

> 周公而上，大道行。孔聖孟氏而下，大道不明。仁義充塞千百五年有二程，天下諸方見者，教育各有成，惟我先君子挺然。〔註8〕

此二段文，前者顯示了五峰對上蔡之景仰，並略見其於上蔡工夫之實地體玩；後者則讚其父文定之成就，且以文定品學上承二程，遙接孔孟仁義之教，而隱示其自己亦嚮往焉。

二程之外，五峰亦推尊周濂溪（敦頤）、張橫渠（載）、邵康節（雍）諸大家。他說道：「我宋受命，賢哲仍生，舂陵有周子敦頤，洛陽有邵子雍、大程子顥、小程子頤，而秦中有橫渠張先生。」〔註9〕他敘藏周子書，序曰：

> 周子啟程氏兄弟以不傳之學，一回萬古之光明，如日麗天；將爲百世之利澤，如水行地。其功蓋在孔孟之間矣！人見其書之約也，而不知其道之大也；人見其文之質也，而不知其義之精也；人見其言之淡也，而不知其味之長也。顧愚何足以知之，然服膺有年矣！……人有眞能立伊尹之志，修顏回之學，然後知《通書》之言包括至大，而聖門事業無窮矣！故此一卷書皆發端以示人者，宜度越諸子，直與《易》、《詩》、《書》、《春秋》、《語》、《孟》同流行乎天下。〔註10〕

如此稱揚濂溪及其《通書》，拳拳服膺多年，所受影響之大可知。他也鑑於諸家所編橫渠《正蒙》「有分章析句、指意不復閎深者，錯出乎其間，使人讀之無亹亹不倦之心」〔註11〕，而予以重編，「剔摘爲〈內書〉五卷、〈外書〉五卷，傳之同志」〔註12〕。序中有云：

> 橫渠張先生……知禮成性，道義之出粹然有光，關中學者尊之信如

館，民國75年7月初版）卷三〈程子雅言全序〉，頁10～12。
〔註7〕《五峰集》卷二〈與彪德美〉，頁69。
〔註8〕《五峰集》卷三〈譚知禮哀詞〉，頁48。
〔註9〕同上〈橫渠正蒙序〉，頁16。
〔註10〕同上〈周子通書序〉，頁15。
〔註11〕同上〈橫渠正蒙序〉，頁16。
〔註12〕同上，頁16～17。

見夫子而親炙之也。……著書數萬言，極天地陰陽之本，窮神化，一天人，所以息邪說而正人心。故自號其書曰「正蒙」。其志大，其慮深且遠矣！〔註13〕

其實，細讀五峰《知言》，當見諸多《正蒙》的影子，如道器（氣、事、物）、有無等存有論，心與性之關係，莫不皆然。呂東萊（祖謙）以為「《知言》勝似《正蒙》（《知言・附錄一》），固推尊太過〔註14〕，要亦非無見也。

至於邵康節，則五峰春秋史學方面的大著《皇王大紀》八十卷，前二卷粗存名號事蹟，帝堯以後便是採用康節《皇極經世》編年。其間心志立意之關聯，可堪尋味。〔註15〕

前文已略提及五峰傳承其父文定春秋史學，此當以其《皇王大紀》為證，今未能及之，然只觀〈皇王大紀序〉便見此中消息矣。序曰：

天道保合而太極立，氤氳升降而二氣分。天成位乎上，地成位乎下，而人生乎其中。故人也者，父乾母坤，保立天命，生生不易也。天生萬物，日月星辰施其所性；地生萬物，水火金木運其氣；人生萬物，仁義禮智行其道。君長陪貳，由道以綱紀，而人生理其性，然後庶績熙，萬物遂，地平天成，而人道立。……後人欲稽養生、理性之法，則舍皇帝王伯之事何適哉？嗚呼！聖人作書契，以記事之情、明心之用，自皇帝墳典至于孔子《春秋》，法度文章盈天下，七雄諸侯棄禮縱欲，竊去害己之籍，迨秦呂政，窮欲極凶，遂公行焚禁！……經是以僅存而不完。若夫史傳則莫為之主，追紀錄于雜識多聞之士，或出於好事者之胸臆，故有甚悖于理，害于事者。……夫道之為百家裂也久矣！我先人（按：指文定）上稽天運，下察人事，述孔子承先聖之志，作《春秋傳》，為大君開為仁之方；深切著明，配天無極者也。愚承先人之業，輒不自量，研精理典，泛觀史傳，致大荒于兩離，齊萬物于一息，根源開闢之微茫，究竟亂亡之徵驗。……經之有史，猶身之脈絡有支體也。支體具、脈絡存，孰

〔註13〕 同上，頁16。
〔註14〕 牟宗三先生稱揚《知言》，然亦認為呂東萊言「《知言》勝似《正蒙》」推尊過份。見《心體與性體（二）》，頁431。
〔註15〕 以上「註5」以下諸段，略循王開府先生《胡五峰的心學》頁7～9的脈絡以行，唯各引文後之斷語則多愚不揣固陋之言意也。又末段並參見張永儁先生《二程學管見》，頁292。

能得其生乎？夫生之者，人也；人仁，則生矣！生則天地交泰，乾坤正，禮樂作，而萬物俱生矣！是故萬物生于性者也，萬事貫于理者也。萬化者一體之所變也，萬世者一息之所累也。若太極不立，則三才不備，人情橫放，事不貫，物不成，變化不興，而天命不幾于息乎？……〔註16〕

浩浩大文，直追周、張、二程，上契易庸孔孟。窮經究史，承父文定著明外王之道的志業，而尋本究根於內聖之仁。且以爲是仁也，即妙運地創生萬物之「性」也，通貫萬事之「理」也，亦萬化之體也，積累人文萬世之本也。人而仁，則天地交泰，乾坤正，禮樂作，而萬物俱生、俱成，天下歸仁，同體太和而太極立、天命貫。人而不仁，則人道傾頹，太極不立，天命幾息。然而，後人欲察養生、理性之法，明盛衰治亂之道，以立人道、導人於仁，則皇、帝、王、伯之事正爲此人文化成之師道，蓋「先覺覺後覺，暗者求于明」、「聖人立教，俾人自易其惡，自至其中而止矣」〔註17〕。如是，「德性函蓋人文，人文陶養德性，依仁而游藝」〔註18〕，內聖之仁與外王之道，正成一實踐的「詮釋循環圈」，本相通貫也。五峰此序雖仍略有「人治」思想之限制，但已見其將春秋史學推至無比高明精妙之境，眞文定之善紹者也。孫明復（泰山）春秋學問能得胡家父子之發揚光大，可爲含笑九泉矣！

五峰窮經究史，走的是「以理解經」的路子〔註19〕，不孜孜局限於章句訓詁〔註20〕，正如北宋諸子的精神。又其受《易》、《庸》、《論》、《孟》的重大影響，自更不待多言，此觀《知言》可知也。〔註21〕

至於先秦儒家諸經及北宋諸子之具體的義理概念或哲學命題，顯然爲五峰所承接者究竟爲何，此於第三節將略及一二，嫻熟中國儒學史諸君，當亦可於本論文往後各章自得其大略，但此原非本論文之重也。以下再略述《知言》一書的來歷。

前已言五峰優游衡山之下二十餘年，玩心神明，不捨晝夜，其於聖學，

〔註16〕 《五峰集》卷三，頁17～19。
〔註17〕 周濂溪，《通書》師第七。
〔註18〕 唐君毅先生，《人文精神之重建》（台北，台灣學生書局，民國69年元月5版），〈中國先哲之人生思想之寬平面〉，頁253。
〔註19〕 《二程學管見》，頁292。
〔註20〕 《胡五峰的心學》，頁9～12。
〔註21〕 補充一提：五峰還曾不滿於司馬光之〈疑孟〉，而作〈釋疑孟〉，以爲孟子辯正；全文載於《五峰集》卷五，頁52～63。

勤苦用功之深可知〔註22〕。《知言》即此「力行所知，親切至到」〔註23〕的功夫中之「平日心得」之作。南軒且云：「然先生之意，每自以為未足。逮其疾革，猶時有所更定。蓋未及脫稿而已啓手足矣！」〔註24〕則此書乃又隨其學思之日精日進而迭迭改訂，雖病篤猶不懈，至死方休者也。更且觀此書，或論學或箚記，全去「聞見之知」一面的支離末節，言約義精，一是本於自家畢生理學心得，並心性與制治而簡切著明。凡此，足見《知言》之成在五峰心目中之重，亦見此書乃其哲學造境、理想探求之「實踐的智慧論」之反映也。而書名「知言」，當是取法於《孟子·公孫丑》篇「我四十不動心」之「知言養氣」章，所謂「詖辭知其所蔽，淫辭知其所陷，邪辭知其所離，遁辭知其所窮。生於其心，害於其政，發於其政，害於其事」〔註25〕。五峰〈與原仲兄書〉第二書裡闢佛的一段話可為旁證：

> 釋氏毀性命、滅典則 —— 以其不識本宗，故言雖精微，行則顛沛，其去仁遠矣！正是小智自私之流，謂之大覺可乎？若大本既明，知言如孟子，權度在我，則雖引用其言，變腐壞為神奇，可矣。若猶未也，而推信其說，則險詖淫蕩奇邪流遁之詞，善迷人之意，使之醉生夢死，不自知覺。〔註26〕

於此，我們不必以為知言的主旨即在闢佛。闡明聖學大本，惟「是」（「理」）是求、惟「正」是守，當才是主旨之中心也。闢佛只是此中心所轉出的重要一環，乃痛切時弊，任理而言耳。〔註27〕

《知言》一書之傳世，始於張南軒（栻）之作序而貽於同志〔註28〕。然朱子雖以為五峰《知言》「思索精到處何可及」（《知言·附錄》26），卻又覺

〔註22〕《五峰集》卷二〈與秦會之書〉裡，言及當時的生活情況：「某讀其書，按其事，邈想其人意。其胸中所存，澹然直與神明通，不可以口傳耳受也。方推其所存于數千年文字之中……先人即世忽已十載，惟是布衣藜杖，尋壑、經丘，勸課農桑，以供衣食。不如是，則啼飢號寒，且無以供粢盛、奉祭祀，將飄零慘淡無以成其志矣！積憂思與勤苦，而齒落髮白。夙興冠櫛，引鏡自窺，顏色枯槁，形容憔悴。身之窮困如此，足矣！去年復哭子，而今年又喪婦，自嗟薄命，益不敢有意榮進。」

〔註23〕張栻（南軒）《知言》序。

〔註24〕同上。

〔註25〕朱熹集註，蔣伯潛廣解，《四書讀本·孟子》（台北，啓明書局印行），頁69。

〔註26〕《五峰集》卷二，頁54。

〔註27〕參見《五峰集》卷二，〈與原仲兄書〉第一書，頁53。

〔註28〕參見《四庫全書》（子部）《知言》張栻原序及《五峰集》張栻原序。

「其辭意多迫急、少寬裕」（同上），並對其中某些說法持反對意見，力詆其非，至作〈知言疑義〉，與呂東萊（祖謙）及張南軒互相論辯。而胡門伯逢（胡大原）與廣仲（胡實）、澄齋（吳翌）守其師說甚固，與朱子、南軒皆有辯論，不以〈知言疑義〉爲然〔註29〕。

　　凡此，成爲宋明理學史上的一大公案，隨朱子書以傳久遠。但《知言》原書據《四庫提要》云：「自元以來其書不甚行於世，明程敏政始得舊本於吳中，後坊賈遂有刊板〔註30〕。然明人傳刻古書好意爲竄亂，此本亦爲妄人強立篇名，顛倒次序，字句舛謬，全失其眞，惟《永樂大典》所載，尙屬宋槧原本，首尾完備，條理釐然。」〔註31〕是《知言》一書，經《永樂大典》之收載而得完整傳於世也。四庫本《知言》，即據之詳加刊正，並將其所附《朱子語類》各條，依原本別爲附錄一卷，而成者也〔註32〕，其末並有眞德秀之跋〔註33〕，言《知言》蓋以繼孟子云云。

第二節　「內聖外王」解讀

　　今日，一提「內聖外王」，人便往往譏之、訕笑之，以爲陳腐之至。何以故？一者以爲此乃冥頑不靈的，囿限於中國古傳統「君師合一政教不分」之原始的「王者受命」之一家一姓一人的「人治」思想模式，其中唯是一人生命之突出，其他一切人只在其廣被噓拂下，是則普遍平等的人道之尊嚴無法眞正挺立，將置其他個人生命人格的宏大光輝於何地？〔註34〕再者，認爲此「內聖」，或爲一壓制生命飛揚之物，不通人情之趣味甚矣；或爲一空泛無涯涘之言，「廣若河漢無覓處，遠如星辰渺無垠」，徒高調呫呫，不可攀援。如是，「內聖」或絕斥或空懸，更甭談由內而外之通貫，則並「外王」亦無著落

〔註29〕　參照《宋元學案》卷四十二《五峰學案》，頁1386。
〔註30〕　今日人所刊行的《近世漢籍叢刊》所收《胡子知言》本，當即此版本也。其後有橘義道之跋，由此而見之。而北京版《胡宏集》亦然。
〔註31〕　《四庫全書‧知言》「提要」。
〔註32〕　參見前引書「提要」。
〔註33〕　此跋，四庫本並未屬名，王開府先生依「提要」推測可能爲程敏政所作；然對照漢籍叢刊本《知言》，則該跋文末屬名「浦城後學眞德秀識」，惟並吳敬所書跋文置於目錄後耳。依此，該跋當爲眞德秀作，非程敏政也。
〔註34〕　參見牟宗三先生，《心體與性體（一）》（台北，正中書局，民國70年10月台4版），頁221、215。

矣！甚且不衹此也，外王事業複雜萬狀，與時推移，豈單單空守一個內在的純粹聖德所可充至邪！太凡依是二者，故以爲今日重彈「內聖外王」舊調乃陳腐之至也。

然而，依吾人之言，亦不必如是。只今，即就一般人關於「內聖外王」思想所最易聯想到的大學「八條目」以及「內聖外王」一語出處的《莊子·天下篇》，略作說明，以引到吾人今日之意見。

《大學》經文云：

> 大學之道，在明明德，在親民（新民），在止於至善。（知止而後有定……靜，……安……慮……得。物有本末，事有終始；知所先後，則近道矣。）古之欲明明德於天下者，先治其國；欲治其國者，先齊其家；……先修其身；……先正其心；……先誠其意；……先致其知；致知在格物。物格而後知至，知至而後意誠，……心正，……身修，……家齊，……國治，……天下平。自天子以至於庶人，壹是皆以修身爲本。其本亂，而末治者否矣。其所厚者薄，而其所薄者厚，未之有也。（此謂知本；此謂知之至也。）〔註35〕

此經文，愚以爲乃基於德性生命的體認或嚮往，而透過此等道德意識或智慧〔註36〕，指明人生精神理想所必涵蘊的根本生命進程和歸向，並點出其具體實踐下手工夫之本末先後次第，歸結到修身爲本，由交接最密厚、感之最切近、實在的物（存在）以及於與己身關係較疏薄、虛遠、抽象的物（存在），由內而外一層一層推擴以至天下也。此中，對德性生命言，最密厚、切實的當即是所謂的「意」〔註37〕，修身按理亦當追溯、收進到以誠意爲本〔註38〕。然則經文所以歸在只明言以修身爲本者，蓋身之爲物，正跨內在無形影的心靈

〔註35〕朱熹集註·蔣伯潛廣解，《四書讀本·學庸》，頁1～6及頁26。又《十三經注疏（五）·禮記·大學》第四十二（台北，藝文印書館，民國71年8月9版，頁983。又參見唐君毅先生，《中國哲學原論導論篇》（台北，台灣學生書局，民國69年9月台4版）第九章「原致知格物上」對於《大學》章句之重訂。

〔註36〕參見牟宗三先生對於《大學》「明德」及《書經·堯典》「克明俊德」、《康誥》「克明德慎罰」的看法，具見《心體與性體（一）》，頁213、215。

〔註37〕何以說是「意」，而不說是「致知」的「知」或「格物」的「物」，此牽涉《大學》章句的一套解釋系統，以意、心、身、家、國、天下爲「物有本末」之「物」，且亦即爲「格物」之「物」也，但「知」不在其內。凡此，參見唐君毅先生，《中國哲學原論導論篇》第九章〈原致知格物上〉四、五兩節。

〔註38〕參見《中國哲學原論導論篇》第九章，頁309。

世界與外著有形跡的生命存在世界兩界域，而一般人之「我」念、「他」念所指涉的亦正是這等跨兼內外兩界域的「身」，故但言修身，便可概括內修一面的正心、誠意諸事，並可依之為原則，而統領或指導外修一面的齊家、治國、平天下等事（所謂家、國、天下豈非由各個「我」或「他」所聯組而成？若然，則一切外修之事豈非根於各個人格之身的實踐要求及基於此所作的身與身之關係位份的安排、設計？如是，云修身指導或統領外修諸事寧不宜乎？），且人人也易醒解也。又修身更直接關涉己身行為之支配。何況大學之道以明明德於天下為末終，則收攝乎修身之本，已足表明「知所先後」之要義，並已能提挈「知止至善」（一一之當然的正道或道德聖境）、「自明其明德」〔註39〕之本源工夫矣！如是，追求理想之心，乃得以有定向（定）、不妄動（靜）、所處而安也〔註40〕！

　　由是觀之，《大學》經文之要旨，實即《論語》「夫仁者，己欲立而立人，己欲達而達人。能近取譬，可謂仁之方也已！」（〈雍也〉篇）及「吾道一以貫之」、「夫子之道，忠恕而已矣！」（〈里仁〉篇）等等的思想之系統化的發展之表現而已〔註41〕。此若視以「內聖外王」的概念，則「忠」（誠意、正心、修身）配「內聖」，「恕」（齊家、治國、平天下）配「外王」；而「恕」本於「忠」且即所以行乎「忠」〔註42〕，則「外王」本於「內聖」且即所以備「內聖」也。如是，吾人可云「內聖外王」的精神基本上只是忠恕一貫之道，肫肫行仁以立己立人，達己達人耳。不過，顧其名而思其義，並兼《大學》「治國、平天下」之各義以觀，則「外王」還有一個特別的徵象……政「或」教等對績顯現於世——往往除了德性心靈外尚須具備此一條件，而後方得冠以「外王」之名也。於此當注意者是：「教」績盛大，遍及各層面，間接影響社會結構、政治秩序重大者，即使無實際之政位以成其政治規模或經濟業績，亦得稱之為「王」，謂其有外王事業，如稱孔子為「素王」即是也。如此，「教」

〔註39〕同上，頁300、304。
〔註40〕參見《四書讀本·大學》朱注，頁3。
〔註41〕「盡己」之謂「忠」（朱注），則「忠」正可統修身及其以上內修諸目；「推己」之謂「恕」（朱注），則「恕」正好統齊家以下外修諸事。而語其至也，則忠恕一以貫之（「忠者體，恕者用，大本達道也」——朱注引程子語），盡己即涵蘊推己，而無待於推，惟是至誠無息，自自然然行去；是即內外兼至，全體大備，止於至善，之一貫的大學之道也。凡此，皆可歸統於孔子之「仁」，而工夫即自近處取譬以知本始做起。
〔註42〕參見《四書讀本·論語·里仁篇》，朱注引程子語，頁50。

（精神文化）之地位提昇，甚至駕臨「政」之地位之上或攝「政」於「教」之中，成爲政治之指導原則。

關於此「教績可越於直接的政經業績之上」一點，考之大學經文所謂「明明德於天下」一句其義函未始不能包含之，惟《大學》本文尙顯示不出耳。然而《莊子・天下篇》論「內聖外王之道」處，已宛約可見此義涵。現在，即引該文以印證之，並以明古代所謂「內聖外王」所造之境；然後再連上述對《大學》所說明者，一併作批判的考察，以歸結於吾人對「內聖外王」之道或之學的主張。〈天下篇〉云：

> 天下之治方術者多矣，皆以其有爲不可加矣。古之所謂道術者，果惡乎在？曰：「无乎不在。」曰：「神何由降？明何由出？」「聖有所生，王有所成，皆原於一。」不離於宗，謂之天人；不離於精，謂之神人；不離於眞，謂之至人；以天爲宗，以德爲本，以道爲門，兆於變化，謂之聖人。以仁爲恩，以義爲理，以禮爲行，以樂爲和，薰然慈仁，謂之君子（案：林雲銘《增註莊子因》云：就治心言，起下內聖之道）。以法爲分，以名爲表，以參爲驗，以稽爲決，其數一二三四是也，百官以此相齒，以事爲常，以衣食爲主，蕃息畜藏，老弱孤寡爲意，皆有以養，民之理也（案：林雲銘云：以上就治人言，起下外王之道）。古之人其備乎！配神明，醇天地，育萬物，和天下，澤及百姓，明於本數，係於末度，六通四辟（闢），大小精粗，其運无乎不在。其明而在數度者，舊法世傳之史尙多有之。其在於《詩》、《書》、《禮》、《樂》者，鄒魯之士、晉紳先生多能明之。《詩》以道志，《書》以道事，《禮》以道行，《樂》以道和，《易》以道陰陽，《春秋》以道名分。其數散於天下而設於中國者，百家之學時或稱而道之。天下大亂，聖賢不明，道德不一，天下多得一察焉以自好。……雖然，不該不徧，一曲之士也。判天地之美，析萬物之理，察古人之全，寡能備於天地之美，稱神明之容。是故內聖外王之道，闇而不明，鬱而不發，天下之人各爲其所欲焉以自爲方。悲夫，百家往而不反，必不合矣！……道術將爲天下裂。〔註43〕

〔註43〕 清郭慶藩輯，《莊子集釋》（台北，河洛圖書出版社，民國69年8月台影印初版。），頁1065～1069。清林雲銘評述，《增註莊子因》（下）（台北，廣文書局，民國57年1月初版），卷六，頁42～43。

若就個體人格的境界和器識涵度而言，則《莊子·天下篇》以上所述「內聖外王」可謂至矣。窮神知化，天德流行，明本達末，潤人物，行法度，感通無礙，由六藝（六經）以成就一開放於諸宇宙人生領域的德本一元妙運之道，而備天地之美，稱神明之容。漪歟盛哉！亦猶《中庸》之讚孔子也。

綜上所論《大學》及《莊子·天下篇》之「內聖外王」，而主以孔子一貫之道以考論，則吾人可言「內聖外王」基本上為一「仁」之遍潤、申展，至誠無息，宰「知」以成用。而其工夫，原則上人人可行，故云「我欲仁，斯仁至矣」、「自天子以至於庶人，壹是皆以修身為本」，並非只是「王者受命」之一家一姓一人所得私專耳。「天子」只能有一人，而「仁」人人可為，是則已自其前的原始傳統脈絡（不自覺的、渾淪的、囿於現實的綜合構造〔註44〕）中解放出來，而納君臣為五倫之一耳〔註45〕。孔子立仁教，即「挺立了道德至體，開闢價值創造之源」〔註46〕。其中，仁之申展於己身之外以立人成物的一面，即所謂「外王學」的領域，以其尚須看政經或教化的現實業績，故乃有緣有命〔註47〕，非一己或他人的德能所能完全決定其功效高低。而且其往往須消化經驗知識轉為智慧〔註48〕以為助，所謂依「仁」宰「知」以成用也。此點，大抵為傳統正宗儒家所共喻，且又不論其重視知識或智慧的程度各別如何，皆一致依仁宰知，以仁德為本、為一貫之道的真實原則也。故其於外王政治領域上，皆可云「德治主義」。然於此，吾人當明辨：此「德治主義」，其第一根本義乃謂政治上最高原則必得函攝於仁教德性之中〔註49〕，且一切政治原則或事務不可與道德理想背反，故初並不必蘊涵著一般人所譏刺的中國傳統「人治」思想；至於實際上何以「人治」幾乎成為「德治」的代名詞，這是由於傳統視野受限於帝王賢相的政治格局和文化、經濟上的樸實農業社會等等時代背景而然，故只是「德治主義」之一特殊限定的表現形式，屬第二義序，而非根本義序者也。「人治」固已是一條不通的路，然而第一根

〔註44〕參照《心體與性體（一）》，頁221。
〔註45〕黃振華先生於講堂上已略表示：古代「天子」一名代表「至善」理想，為至善的象徵。但天子只能有一人，孔子提出「仁」，以為至善理想，納「君臣」為五倫之一，將人自傳統格局中解放出來。
〔註46〕牟宗三先生，《中國哲學十九講——中國哲學之簡述暨其所涵蘊之問題》，第三講。
〔註47〕參見《心體與性體（一）》，頁270。
〔註48〕同上，頁269。
〔註49〕同上，頁270。

本義序的「德治主義」則宜爲理性上之當然，具有永恆的價值或意義，亦猶言「倫理學」（「道德哲學」）先於「法權哲學」，「權利」基於「義務」也〔註50〕。

再者，吾人試觀聖人氣象，將見孔子所顯出來的，明明是一生命之豐厚、深遠，意味盎然，何嘗是壓制生命飛揚之物耶？更且在吾人或多或少的道德思維、反省中，豈略無莊嚴崇高或人格尊嚴之升揚的感覺乎？四端之心人皆有之，道德意識之顯，有時是那麼的清楚明白、切身無隔，何來空泛無涯涘？誠然，就「事」言，乃複雜萬狀，故人之器識須賴「智」之輔助以成長，而器識又爲成就外王事業之必要條件，是以外王事業須待「智」而後可成，換言之，須藉游於種種之藝（廣義的）而後外王學的內容得其充實。然而，徒「智」、徒「藝」不足以爲外王學，必得以仁德爲指引、爲方向，所謂「致吾心良知之天理於事事物物」〔註51〕，方足稱「外王學」也。是故「外王」仍根於「內聖」，德性涵蓋人文。而眾人復分工合作，各發揮其才能，因其所感應其所是，形成一創進不已的人文化成網絡，交相輝映、護持，人文陶養德性和器識。是則「內聖外王之學」，其至也必即如宋明陸王之「四民異業而同道」及近儒唐君毅先生指稱朱子精神之「學者異學而同道」〔註52〕等等盛德大業也。

基於上述，吾人進一步簡括「內聖外王之學」的義涵或領域如下：

（一）內聖之學的涵義和領域：彰著道德之本性（自性）以及相應道德本性而爲道德實踐所達至之最高歸宿或境界爲何所是者〔註53〕。其律度略可以三語盡之：

1. 義理骨幹：天道性命相貫通；形上界和德性界打成一片。
2. 踐履工夫之準則或歸宿：踐仁以知天，即成聖。
3. 踐履之最高境界：「大而化之」之化境。此爲對聖賢人格氣象之契悟與品鑒〔註54〕。

〔註50〕 「倫理學」先於「法權哲學」等義，參見朱高正，《走在理性的鋼索上》「『人格自由主義』的國家哲學大綱之二」一文（台北，久大文化股份有限公司，民國76年9月初版），頁241～248。

〔註51〕 王陽明，《傳習錄》卷二，〈答顧東橋書〉。

〔註52〕 參閱唐君毅先生，《中國哲學原論原教篇》（上）（香港，新亞研究所出版；台北，學生書局印行；民國68年2月修訂3版、台再版），頁279～283。

〔註53〕 依照《心體與性體（一）》，頁193。

〔註54〕 參照《心體與性體（一）》，頁255～256。

　　大凡以此為對象而作的反省、探究，不論是存有論的，認識論的、價值論的或修養工夫論的，吾人均將歸之於「內聖學」的領域內。

　　（二）外王之學的涵義和領域：本於內聖學，以護持或成全他人之「德業或內外在自由或自我實現」為標的，且必充擴至國家、天下、甚至宇宙，以位天地、育萬物而後止；依是，透過彼此的智慧或器識以立倫、立制、立藝於客觀社會（只要兩個人以上即可），並求所以盡倫盡制與與致藝，以成就理想社會（社會面大於政治面，其結構並不只是政治結構）。凡相應於此的一切學問，均可歸屬於「外王學」，的領域或亦稱曰「經世之學」；而就其中所涵的道言，皆可言「王道」（案：因三代之王者表現了較幾近於此等律度或原則的業績，故粘附於三代王者之名而名之曰「王道」〔註55〕。）如是，吾人擬特別提出一點：若就時代之蔽害於「非王道」或「反王道」者，而關除之以圖救世等類之學說言，亦可歸屬外王學內。例如：關佛老之類的學說，雖往往根本上涉及內聖學一面，然因其護衛實乃外王學之根柢的內聖學，並著眼於拯救時代的弊病，故歸之外王學可也。上述的「外王學」可說是廣義的。然而，若只相應於中國現時代較迫切的現實關心問題以為言，則近儒牟宗三先生所描述者已夠了：

1. 客觀而外在地於政治社會方面以王道治國平天下：此是其初義，亦是其基本義。就「以王道治國平天下」言，此中含有政治之最高原則如何能架構成而可有實際之表現之問題，亦有政體國體之問題。

2. 在此最高原則以及此最高原則所確定之政體國體之下各方面各部門開展進行其業務之制度之建立：此是其第二義，亦即永嘉派所謂「經制事功」者是。

3. 足以助成此各方面各部門業務之實現所需有之實際知識之研究與獲得：此是其第三義，此大體是顧亭林與顏、李等之所嚮往。

〔註56〕

關於「內聖外王」，吾人解讀至此，下節即相應於此，提出其在《知言》中所分化出來的諸哲學課題。

〔註55〕同上，頁193。
〔註56〕同上，頁194。

第三節 「內聖外王之學」此一哲學課題在《知言》中的分化及其概述

自從周濂溪標舉「志伊尹之所志，學顏子之所學」〔註 57〕以後，此一命題便幾乎成爲理學家們共同遵守的學問規模。五峰當然也不例外；前引其〈周子通書序〉即有「立伊尹之志，修顏回之學……而聖門事業無窮矣！」〔註 58〕之言。伊尹之志乃志於外王，顏回之學即學於內聖，合而爲一「內聖外王」之聖門事業。而此「內聖外王之學」一詞，亦恰可以適度表明《知言》一書的內容綱領。《知言》中有許多文字是論外王一面的，學者一般只道其內聖義理之學，實不能全盡五峰爲此書之衷曲也。不過，平心而論，若說《知言》之勝處大抵在於內聖學，則亦非妄言也。

甲、《知言》之內聖學，吾人可分三層面的課題以展示之

（一）道器論或本體宇宙論：「誠成天下之性，性立天下之有」（三‧18），一氣大化流行，性爲之主；而性主於心，唯仁者爲能盡性至命。道充乎身，塞乎天地，必即事以明道，不能離物以求道。一言以蔽之，「仁者天地之心」的一元有機泛神論也。此蓋爲消化《易》、《庸》、濂溪《通書》、橫渠《正蒙》「太和」、「誠明」、「乾稱上、下」諸篇以及明道「一本論」〔註 59〕並歸宗於孔孟之仁義而來。其中亦將涉及道之如何展現其自己的歷程或構成秩序問題（例如「氣」的定位）以及「有、無」問題，並含藏著存有側面和價值側面如何統合或分際如何的哲學難題。此層面的課題之探究，大抵相應於上節所簡括之內聖學的義理骨幹 —— 天道性命相貫通 —— 一面向；然而，得進至心性論層面，而後方能完備此義理骨幹也。

（二）心性論：此大抵側重在強調自人的精神領域之角度去觀察、反省，由此去眞實地定位心、性的內容；所謂「以心觀心」、「盡心以成（彰著）性」〔註 60〕者是。不過，亦可只著重在客觀面以言「天心」和「宇宙生化或個體存有之性」，這時便只是「道器論」之一個特別的部份而已。五峰此「盡心以

〔註 57〕《通書》〈志學第十〉。

〔註 58〕同註 10。

〔註 59〕關於「一本論」，可詳見牟宗三先生，《心體與性體（二）》第一章。

〔註 60〕以「形著」或「彰顯」義解「盡心以成性」之「成」字，乃牟宗三先生所特拈之以突出五峰等「性宗」一系的義理架構者。可參閱《心體與性體（二）》第三章二、三節及第二章第二節。

成性」、「以心著性」之義理架構，乃消化北宋理學而來，尤其是承橫渠「心能盡性，『人能弘道』也；性不知檢其心，『非道弘人』也」〔註61〕、「大其心則能體天下之物，物有未體，則心爲有外。世人之心，止於聞見之狹。聖人盡性，不以見聞梏其心，其視天下無一物非我，孟子謂盡心則知性知天以此。天大無外，故有外之心不足以合天心」〔註62〕、「人須常存此心……勉勉者，謂『繼之者善也，成之者性也』，繼繼不已，乃善而能至於成性也」〔註63〕以及其父胡文定「充四端，惇五典，則性成而倫盡矣」〔註64〕，而進一步確定地揭示出此心和性的關係。要言之，此乃「以純粹的道德直覺爲『心』，而『心』是能動之『心』，亦是所動之『性』，於是心、性、天打成一片，一以貫之，即是生生之仁」〔註65〕。如是，終歸到明道之一本論也。五峰此義理架構，至明末劉蕺山乃更發揚之。

　　在此心性論層面的課題裡，吾人還將深入探討「性無善惡」之質疑。五峰承父教「孟子」之道性善云者，歎美之辭，不與惡對」（四‧5），遂言「性也者，天地鬼神之奧也，善不足以言之，況惡乎？」（四‧5）乃起朱子疑竇，力辯其非。延至明代陽明學派，對此問題仍多所辯論〔註66〕，儼然成爲中國哲學史上的一大問題；實則一旦分辨清楚立言之分際，而循分際以求其所對應之實，則亦單純明白也。另外，吾人也將比較朱子學說，討論「心無死生」、「心爲已發」等問題。其中「心爲已發」之辯，直接關涉乎五峰所云之「心」的定位，而朱子「仁以用言」、「心以用盡」之疑皆因之而起，「察識」與「涵養」的工夫論問題，亦與之相涉也。

　　（三）修養工夫論：主要乃是承續明道「學者須先識仁……識得此理，以誠敬存之而已……存久自明」〔註67〕及上蔡「心有知覺之謂仁」〔註68〕的精神，

〔註61〕《正蒙‧誠明篇》。

〔註62〕《正蒙‧大心篇》。

〔註63〕張橫渠，《經學理窟‧氣質篇》。

〔註64〕《宋元學案‧武夷學案》胡安國之傳記中所載〈答曾幾（吉甫）書〉。以上謂五峰「成性」之說乃承橫渠及文定之主張而發揮者，參見《心體與性體（二）》第三章二、三節及第二章第二節。

〔註65〕《二程學管見》，頁294。

〔註66〕如：「四句教」中「無善無惡心之體」的論辯；王龍溪「四無句」所引發的諍訟；又如許敬菴（孚遠，爲湛甘泉弟子唐一菴之門人）和周海門（汝登，爲王學泰州學派巨擘羅近溪之門人）之「九諦、九解」的辯論。

〔註67〕明道語錄〈識仁篇〉，見《二程集》（台北，里仁書局，民國71年3月）之《河南程氏遺書》卷第二上。

而上契孟子求放心、操存充養、反身而誠、盡心知性知天等工夫路數和踐履歸宿。此工夫路數，基本上是牟宗三先生所謂的「內在的逆覺體證」〔註69〕一路。就此探求源，可發現「意志自由和因果決定論孰是孰非？或如何相容？」的問題，也可能產生「何以人之道德心的隱顯之難易程度不一？究竟道德有無絕對的決定力量？道德是實抑虛？」等一連串的疑問。關於此，吾人將納歸於「自由良知是呈現而非假設」〔註70〕此一命題上，而對此命題作一分析、批判的定位工作。然究其實，此一命題亦類同五峰「心為已發」（「已發」取五峰義，非取朱子義）之命題，而「涵養」、「察識」工夫之辯，其根柢實即道德實踐歷程中，如何面對或處置因果世界而起的爭議也。除上述識仁盡心之逆覺體證而充養底主要（本質性）工夫外，五峰也講求其他種種工夫，如「居敬寡欲、窮理（明善）致知、學而時習自反以思等等〔註71〕」，大抵皆秉承二程學耳。

以上各層面的課題，在二、三章處理之。

乙、《知言》之外王學，吾將分兩個層面的課題以闡述之

（一）政治與經制：認為治天下以仁（心）為本〔註72〕，並須法制以為舟楫（「法制者道德之顯爾，道德者法制之隱爾」（一・25）），正大綱而應時變法〔註73〕。五峰積極主張井田、封建，有云：「聖人理天下，以萬物各得其所為至極，井田、封建其大法也」（三・17）；另外，財兵、選士、學校、政令之行、刑罰之用等〔註74〕，五峰也不忽略。除敘述五峰政治、經制之學說外，吾人將秉持現代觀念，作一反省批判；並嘗試解答如下兩個問題：

1. 中國傳統農鄉為主的社會之生活型態，在今日城鎮社會的對照之下，顯出種種封閉、落後的表象，此等弊病的根源，吾人將歸之於「個體性和認知心的被壓縮」此一關鍵上；那麼，站在儒家德性本位的立場，將如何定位之或突破之？

2. 站在儒家自主自律之德性本位的立場，社會的規範（禮、法）或宗教

〔註68〕《五峰學案》〈伯逢問答〉。

〔註69〕《心體與性體》（二），頁476～477。

〔註70〕牟宗三先生承熊十力先生之說，指陳之以疏通康德倫理學以「自由」為「設準」之滯礙處者。

〔註71〕參照王開府，《胡五峰的心學》第四章目次。

〔註72〕見《五峰集》卷二，〈上光堯皇帝書〉，頁2；或參見《宋史》本傳。

〔註73〕見《知言》卷三，第三二、三三條。

〔註74〕參見《知言》卷一，第4、5條。

訓詁，將如何與之相容？

（二）闢佛老：其闢佛大抵承明道兼橫渠之途徑，直從義理之當然，與佛家正面對抗〔註75〕。五峰本其一氣大化流行，性為之主，即器明道、事事物物皆真非妄、萬物皆備於我、而生生不已之全體式的道器觀（「仁者天地之心」的一元有機泛神論），以及妙道精義俱在、其天性彝倫典則不可磨滅之心性論，以評擊佛家之離物談真和必欲解脫生死、出家出世乃狹隘偏小、區區自私其身而不知天道性命之理！〔註76〕且「跡」即所以見其「心」者（參見三·41及一·43），五峰乃責佛家行事非而妄談心印自雄誇也〔註77〕；此自「跡」以闢佛一點，亦同時呼應伊川「跡上求」〔註78〕之闢佛模式。至於五峰之闢老氏，則認為：仁體、義用，合體與用斯為道，故老氏不知「道」（見一·17）；一陰一陽之謂道，有一則有三，太極本身即是一陰一陽，而老氏謂一生二、二生三、乃非知太極之蘊（見一、29）；物之理未嘗有無（恆存），物之形始有「有」（生聚而可見）、「無」（死散而不可見）可言，故老氏以有無為生物之本乃陋見（見一·50）；當寡欲而不能去欲，因為可欲者天下之公欲，自當發展之而不可蔽之使不見（參見一·59）；聖人生生萬民，固其理，而老氏用其道、計其成，卻以不爭行之。是舞智尚術，求怙天下之權以自私（見一·60）。〔註79〕另外，對於莊子，則五峰有肯定、有否定。認為狹隘執泥者取《莊子》書之大略亦有益〔註80〕；然批評莊子重治身而較輕治天下國家，乃未真解悟得聖人之道皆天命於穆不已之一貫耳（見一·56）；也批評莊子未全性命之情，保身可矣，而未知天下之大本（見三·45）。〔註81〕除討論五峰闢佛老之說外，吾人或亦將嘗試作一儒、釋、道之辨的工作，歸結於文化方向的課題。

以上外王學部份，吾人將在第四章中處理之。

〔註75〕張永儁先生《二程學管見》，即已表示五峰之闢佛乃承明道，直從義理之當然，與佛家正面對抗。今吾人亦見五峰由道器觀或體用論以闢佛之一面（參閱本論文第四章「闢佛論」部份），亦頗類於橫渠，故兼明道、橫渠以言之。

〔註76〕參閱《二程學管見》，頁 105～107；《胡五峰的心學》，頁 133～135；詳見本論文第四章。

〔註77〕參照《二程學管見》，頁 107。

〔註78〕關於伊川之「跡上求」，參閱《二程學管見》，頁 87～88。

〔註79〕以上闢老氏諸點，參見《胡五峰的心學》，頁 136～138。

〔註80〕見《五峰集》卷二〈與張敬夫（南軒）〉，頁 69；或《宋元學案·五峰學案》，頁 1380。

〔註81〕以上所述五峰對莊子的看法。參見《胡五峰的心學》，頁 138。

第四節　此研究所運用之方法

學必有方，本論文自不例外。謹將意識及者，概略點畫，以見眉目：

一、著重哲學問題本身之探索，期古人之說與時俱新，展現現代意義；而較略哲學史上的關聯之整理。

二、分析式的展開：直接闡述五峰學說處，則或先徵引原典次作分析的展示，或間貫串其意再引原典以印證。原典以《知言》為主，《五峰集》或《宋元學案》為輔。其中，易生歧異的詮釋之條文，儘量析分其可能的種種註釋方向，再作評判的選擇；如此，或可望得到較全盡的定位，而諸見解上的疑慮可去。至於與朱子學的照會處，則重在分解地直陳愚對朱子學的初步觀點，並無暇亦不能處處徵引，只能將愚注意及者擇所需以印證之。

三、基本的分析或分解，採行了康德對哲學部門的劃分——基於「自由」概念的「實踐哲學」（「道德哲學」）和基於「自然」概念的「理論哲學」（「自然哲學」）〔註82〕——而釐清大界限或大分際。尤其康德此一劃分中，辨別了按照著自然概念的實踐（「技術地實踐的」）和按照著道德（自由）概念的實踐（「道德地實踐的」）之混淆；將前者的原理歸屬「理論哲學」（作為自然的理論），認為必須只算作「理論哲學」的引申，而後者的原理才是完全獨立成為哲學另一部份的所謂（作為道德理論的）「實踐哲學」〔註83〕。這種辨別，對於吾人之系統地解明中國傳統學問，特別是程朱哲學，提供了很大的便利。舉例言之：作為一種對於人及其意志發生影響的技巧、甚至對癖好的克服和對嗜欲的控制等等都不能算到實踐哲學裡去；因為此等只包含著技能的規則（因而只是「技術地實踐的」），是按照因果的自然概念產生出可能的效果的〔註84〕。不過，「要求」去學習或去採行此等技能，卻可能是根於自由意志的，一旦果真是出乎自由意志，那麼，該要求便算是實踐哲學（道德哲學）範圍了，也因而將可能形成一個以道德實踐為優位而貫串乎「理論哲學」（「自然哲學」）的事例。更且，克服諸癖好、嗜欲（克己）後的澄明虛靈心境，所呈現的又會是意志的自由境界（如果工夫到家的話），所謂「復禮」；如是，又躍進「實踐哲學」之法海裡了。

〔註82〕詳見康德，《判斷力批判》〈導論〉第一節，宗白華中譯本頁6～9（J. H. Bernard, D.D., D.C.L.英譯本頁7～10）。

〔註83〕同上。

〔註84〕同上。

　　四、生活體驗，觀聖賢氣象以契之：愚雖能略見先賢先哲恢宏明澈的氣度和盎然淋漓的意趣，而或形諸此行文論議之間，惜哉所見粗疏、行猶鄙陋，去修己以立之境千里矣！是故，只能暫且多走知解之路，而偶或貫注實地的領會於其間耳。

　　五、站在前人的肩膀上，作進一步創新的研究：前人之研究成果，於必要時取之而略，並注明出處來源。參考所及，自認前人未妥善處理或尚有餘意可抒、新意可發而愚關注之者，則多致墨焉。

第二章 《知言》「內聖之學」析論（上）

第一節 天與道，道與聖，聖與人，「天道性命相貫通」，由心靈之仁或良知良能的健順以言道

> 天者，道之總名。（五・33）

> 奉天而理物，儒者之大業也。聖人謂天爲帝者，明其心也。（五・28）

> 人之道，奉天而理物者也。自天子達於庶人，道無二也。……人道
> 否，則夷狄強、禽獸多、草木蕃，而天下墟矣！（五・27）

天只是道之總括的名稱，其實義則在道。而道可自其統一的全體言，亦可著眼於其一一之分殊言。帝之成其爲帝，必得含具「主宰」義，而「主宰」稱屬於「心」。由此綜合之，可云謂天爲帝者即在表明天爲一「道心」也。然則何以要由聖人謂之？蓋此天心、天道之內容意義，其終極眞實乃落在聖心乾健無息之體證、具現、彰明中也。一般人於觀照天地生物氣象之際，雖亦可識得某種春意，甚而隱約領受到某種猶如天外飛來、天命下貫的宇宙情懷或宗教情愫[註1]，卻往往只是隱約而已、玩賞於客觀外相而已，而終只止於符徵的層面。誰能由外返歸於內，而眞眞實實地體悟之，了悟宇宙之必然，信

〔註1〕 此等天外飛來、天命下貫的宇宙情懷或宗教情愫之說，乃秉唐君毅先生之論，參見《中國哲學原論原教篇（上）》第一章第一節〈契入濂溪橫渠之學之道路〉。其中深刻敘述一種天外飛來式的對物之始生的觀法，以別於佛家之因緣觀法。唐先生謂其爲人類之一原始的哲學宗教道德之智慧之所存，吾人之所以恆自然的說一切人物由天生、天降之理由之所在。

受義理之當然，則其心靈之莊嚴意義即顯，而契接聖心矣。噫！聖人者，先得我心之根於天的良知良能之所同然而盡之不息者也。是以，奉天者即奉此，理物者即循此耳。亦是以，天非超絕的人格天，也非盲目虛妄的幻影世界，而是真實的形上的天命流行之道體，既超越又內在也。

由上面三條引文，何以能推說至此？這，於後文當足見分曉，但只要看看下面諸條文，便可約略證得其一般了：

> 皇皇天命，其無息也。體之而不息者，聖人也。是故孔子學不厭、教不倦。顏子希夫子欲罷不能，孟子承先聖周旋而不舍，我知其久於仁矣！（四‧24）

> 維天之命，於穆不已！聖人知天命存於身者淵源無窮，故施於民者溥博無盡而事功不同也。（一‧56）

> 人之生也，良知良能根於天。拘於己，汨於事，誘於物，故無所不用學也。學必習，習則熟，熟則久，久則天，天則神。天則不慮而行，神則不期而應（案：此非同於聖境乎？）。（四‧33）

> 凡人之生，粹然天地之心，道義完具，無適無莫；不可以善惡辨，不可以是非分，無過也，無不及也，此中之所以名也。夫心宰萬物……欲之所起，情則隨之，心亦放焉……眾人昏昏，不自知覺……惟聖人超拔人群之上，處見而知隱，由顯而知微，靜與天同德，動與天同道，和順於萬物，渾融乎天下，而無所不通……（二‧32）

> 法天之道……必先識心；識心之道，必先識心之性情。欲識心之性情，察諸乾行而已矣！……乾元統天，健而無息，大明終始……萬物生焉。察乎是，則天心可識矣！是心也……怠之則放，放之則死……（五‧8）

> 靜觀萬物之理（案：攝一切於我），得吾心之悅也易，動處萬物之分（案：推我於一切），得吾心之樂也難。是故智仁合一，然後君子之學成。（一‧2）

> 天命之謂性。性，天下之大本也。堯、舜、禹、湯、文王、仲尼六君子前後相詔，必曰心而不曰性，何也？曰：心也者，知天地，宰萬物，以成性者也。六君子，盡心者也，故能立天下之大本，人至于今賴焉。（一‧1）

天地，聖人之父母也；聖人，天地之子也。有父母則有子矣，有子
則有父母矣。此萬物之所以著見，道之所以名也。非聖人能名道也，
有是道則有是名也。聖人指名其體曰性，指名其用曰心，性不能不
動，動則心矣。聖人傳心，教天下以仁也。（六・3）

由以上所引，已可見得五峰在思理上乃以天道為首出的觀念，並統攝於乾元之
剛健無息、於穆不已、大明粹然（光明精粹）、溥博無盡以表示之，然又非止於
以智臆測之或觀照欣賞之，而返歸主觀面，積極主張惟聖人之心（仁）能深切
著明此乾元天道而使天命無息之實義得其彰顯、成立也。此中聖人之心與天地
之道乃兩相依待而立、而成的關係：天道呈現即聖心顯，聖心亡失則天道隱、
萬相昏冥；甚至，人之所以會有實在之道的觀念，亦是一點仁心、聖道之呈現、
發動而使然也。其間天道與聖者仁心之同一，在思理上乃透過「性」此一概念
為中介而達到的。蓋「性」可兼自整個天地之祕奧神運的形上實體及個體之生
成存在後本具的源自天地形上實體的元初性質或性能而言〔註2〕，這正可同時
滿足義理結構上之要求作為首出的觀念之「天道」有「用」（立物、立人底價值
之用）及要求作為實踐的即本質即方向的原理之「仁心」有「體」（其本源真實
無妄底存在之體）此兩方面的要求。此點，可於上面所引的最後兩條文見出端
倪，於此再引三條文作為輔佐的說明，則該義更顯明矣：

天命不已，故人生無窮。具耳、目、鼻、口、手足而成身，合父子、
君臣、夫婦、長幼、朋友而成世。非有假於外而強成之也，是性然
矣！聖人……達於天地，一以貫之，性外無物，物外無性。（一・20）
中者，道之體；和者，道之用。中和變化，萬物各正性命，而純備
者人也，性之極也。（案：中庸云：「天命之謂性……中也者，天下
之大本也」，而五峰亦云：「天命之謂性。性，天下之大本也。」（一・
1）並云：「中者，性之道乎！」（一・34）則此處所謂純備於人之極
至之性，乃同於道體之「中」，無過、無不及也。）故觀萬物之流行，
其性則異（案：此性大抵當指氣性，但又不離本源性體、中體或統

〔註2〕 牟宗三先生藉橫渠《正蒙・太和篇》「合虛與氣有性之名」一語以疏解橫渠「性
體」義時，亦有類似的說法：「作為體之神德太虛對應個體，或總對天地萬物
而為其體言，則曰『性』。故〈乾稱篇〉曰：『妙萬物而謂之神，通萬物而謂
之道，體萬物而謂之性。』……經由妙、通萬物而體之，以為其所本所據，
因而即為其體，則曰性……〈誠明篇〉云：『性者，萬物之一源，非有我之得
私也』、『未嘗無之謂體，體之謂性』。」（《心體與性體（一）》，頁489～490）。

體之理體而落單言之也）；察萬物之本性，其源則一（案：此性指本源性體、中體或統體之理體，明確無疑）。聖人執天之機，惇敘五典，庸秩五禮；順是者章之以五服，逆是者討之以五刑，調理萬物，各得其所。此人之所〔註3〕以爲天地也。（二‧31）

子思子曰：「率性之謂道」……人也者，天地之全也……夫人雖備萬物之性，然……故有不仁而入於蠢頑禽獸之性者矣！惟聖人既生而知之，又學以審之，盡人之性，盡物之性，德合天地，心統萬物，故與造化相參，而主斯道也……是故君子必戒慎恐懼，以無失父母之性，自別於異類，期全而歸之，以成吾孝也。（二‧30）

此三條文指稱萬物之性源秉於中和天道，人既爲萬物之一，故其性亦然，唯人特純備之，爲天地之全耳〔註4〕。是故聖人非無所以成其爲聖之存在根源也。人只要順而循其本來內具的純全之性，徹底展現之，則氣稟成「用」，不再成爲性體之限制〔註5〕，而成聖人，心統萬物，與天地無異矣！最後，又歸結到《中庸》戒慎恐懼的「慎獨」或「存性」工夫，以及橫渠〈西銘〉既浩淵又切身的孝道也。要之，此乃秉承《易》、《庸》（尤其是《中庸》），呼應周張二程，以言「性」，以此作爲天道與聖心（聖者生命）相貫通的中介。其義大略應和中庸「天命之謂性，率性之謂道，修道之謂教。」及《易‧繫辭傳》「天地設位而易行乎其中矣！成性存存，道義之門。」二語也。

然而：

氣主乎性，性主乎心。心純則性定而氣正……氣與道義周流融合於視聽言動之間，可謂盡心者矣！夫性無不體者心也……（二‧39）

仁者，天地之心也。（一‧39）

一物有未體，非仁也。（一‧40）

如是，在聖者的莊嚴生命中，在仁心的感通和遍潤、承擔中，所見、所行終於是：

〔註3〕 「所」字依漢籍叢刊本《知言》補。

〔註4〕 此等意思，濂溪〈太極圖說〉即約略有之，其文曰：「無極之真，二五之精，妙合而凝……二氣交感，化生萬物，萬物生生，而變化無窮焉。惟人也，得其秀而最靈，形既生矣，神發智矣……」。

〔註5〕 參閱明道語錄以水爲喻之有名的「生之謂性」條以及牟宗三先生對該條的疏釋，見於《心體與性體（二）》，頁160～168。

> 人事之不息，天命之無息也。（四・29）
>
> 察人事之變易，則知天命之流行矣！（四・32）
>
> 不與俗同（案：不溺於俗，隨緣而不變），不與俗異（案：不高於俗，
> 不變而隨緣）；變動不居，進退無常（案：隨緣任事），妙道精義，
> 未嘗須臾離也。（二・36）

是則不論與云天道與人道，是體用一原、顯微無間之精義妙運，剛健不息也。
是以五峰又有云：

> 知《易》（案：應和「知天命」）、知《春秋》（案：應和「察人事」），
> 然後知聖人經綸之業，一目全牛，萬隙開也。（五・16）

論述至此，顯見五峰認為天命與人事在聖人仁而不息的境界中成其為周流貫
徹、上下一體。不過，就各別的名言之所以立的分際看，則天道（或天命、
性體）與人道（或人事、心用）其間有一微微的差異可言，即：天道潛移默
運，可無一一之是非流相可說，惟是無聲無臭、無始無終地載育、化成萬物，
渾無殊異裂隙，而現實之人事表現，有覺有溺，只要人的道德良知自覺而不
泯失，則照察之即顯出善惡相，故只要去惡為善之心志不亡滅，則是非價值
之意識即不能免。故五峰云：

> 人事有是非，天命不囿於是非，超然於是非之表，然後能平天下之
> 事也。或是或非，則在人矣，雖聖人不能免也，久則白。（四・27）

此處所謂「聖人不能免」，並非指聖人亦無法避免於過錯之謂，而當是說：由
於聖人也只能因其具體生命所接、所感的進程去盡人事以成物，這其間所接、
所感的一一殊別事物無法全部皆熟透明了，則於此等事物不能不因仁用智，
致其學習、窮理的工夫。而學習必至熟久而融釋脫落乃稱致，窮理必至審得
其是非善惡的價值判斷而後止，當其由未窮而至窮止，由未熟而至熟致，這
進程中便不能無是非之念以運於其間。更且，雖然工夫日久而明白通達，熟
致而神，臻「不慮而行」、「不期而應」之「忘道德」的境界者，固乃超自覺
地行其直感直應，可云無是非善惡之流相，但是一旦經反省、逆覺之注視，
則便又在道德自覺意識的層面中（此則異於佛家之「非善非惡」、「不思善不
思惡」也），呈顯出「是」相、「善」相，而有是、非之相對矣！此如孔子欲
昭明是非於天下以淑世而作《春秋》，便不能不在道德自覺意識中行之，下其
是非價值判斷（案：五峰即有云：「天理人欲莫明辨於《春秋》，聖人教人消
人欲、復天理，莫深切于《春秋》。」（四・7）），故非可完全如天命默運般可

不以是非善惡言之也。〔註6〕此論亦同樣適用於「性無善惡」之辯，後文當再作更邏輯形式的析論也。

本節至此所論，旨在揭示五峰論道的基本進路，表述其究天人之際所得的基本義理綱維之大略。此進路、此綱維，一言以蔽之，即「天道性命相貫通」〔註7〕也。而此乃亦相應聖人境界而言。最後，舉二語以歸結此節：

> 道者，體用之總名。仁其體，義其用，合體與用斯爲道矣！（一·17）

> 仁者，人所以肖天地之機要也。（三·38）

第二節　道與器（物），性（理）與氣——「仁者天地之心」的一元有機泛神論

一、自存有形式之普遍性以言道——道無不在

> 形形之謂物，不形形之謂道。物拘於數而有終，道通於化而無盡。
> （三·56）

物者「形形」（案：第一個「形」字是呈現、形著、彰顯之意，第二個「形」字是指具一定形式的存在。）即《易》所謂「形而下者謂之器」也，乃有一定的存在形象，局限在某些固定作用範圍之內，有起始、有亡終。如是觀之，所謂「物」只停留在現象的差別對待相之中，無法超越時空、範疇的限制，無以相即相入、貫通爲一體而神化莫測、亙古貞如。此則無法滿足人對「普遍性」（案：「根源性」可包含在其中，因爲根源性必追溯至「第一因」或「無條件者」而後止，而「普遍性」若要嚴格地保持其「普遍」之名義，自不能有外於它的存有，「第一因」自不例外，而若云「無條件者」，則又與「普遍者」相當、不異也。）或者所謂「天地之全」的要求。如是，只有兩條路可走：一者徹底取消「普遍性的實有」之念，如佛家之路；二者上至形而上（不形形）的世界中去

〔註6〕前面所引（四·27）條文中「或是或非，則在人矣，雖聖人不能免也，久則白」一句，吾人亦可單純別解爲：「由於人沒能如天命一般不囿於是非、超然於是非之表，故人對於所接所感之人情事物時時在作實非廓然大公之是非善惡的評判，而對此種種人情事物抱持其不免己私之或是或非的看法或態度，即使聖人亦不能免於被人評判爲是或爲非，不能免於被誤解，日子久了，才眞相大白，昭然於世。」

〔註7〕牟宗三先生語，見《心體與性體（一）》，頁322～323。

尋找「普遍性的實有」，如儒家、道家老子或西方形上學之路。後一條路中，就中國哲學傳統言又往往先以「道」之名指稱該找尋中的「普遍性的實有」，而不論找著與否，都仍可以「道」代表之象徵之；其中能首先一致肯定的是其在存有形式上不能只是固定殊別的「形形」之物，而必得是具有「不形形」或「形而上」的身份者。《易》曰：「形而上者謂之道」，五峰曰：「不形形之謂道」，皆即是也。「道通於化而無盡」一句，僅就其存有的形式側面看，亦正符合以上所謂「普遍性」、「天地之全」或「形而上」之要求也。

不過，五峰並未停留在此普遍形式的象徵層面之智測、玩賞中耳，而如第一節所展示的，積極地注視於主體的道德實踐層面，而在以「普遍天道」為首出觀念的義理架構下，自然而然拈出「性體」的觀念，以為中間樞紐（參見第一節），一以下貫而為道德實踐的內在根據（「普遍律」的「在其自己」，合「普遍律」與「在其自己」而為「自由」原則〔註8〕），一以上通而為天德流行之「在其自己」的本然實體。此亦遵循《中庸》「天命之謂性，率性之謂道」而來，與其背後的思路一致也。除拈出「性體」以交待「存有」（含價值面）義外，五峰也還進一步強調「活動」義、「作用」義，承《中庸》、《孟子》、《通書》講「誠」，而主乎「心」，遂將天道、性體的實質內容落在「心」上說，而歸結於孔孟之「仁」。故前引五峰之言遂有云：「有是道則有是名也。聖人指名其體曰性，指名其用曰心。性不能不動，動則心矣。聖人傳心，教天下以仁也。」（見第一節）凡此，上一節已展示其大略，下文亦將細論之，至於其中心性關係待下章再詳言，姑不贅述。此處僅著眼於存有的形式側面，以「率性之謂道」為矩範，再一觀五峰對形而上之道（案：「道」由「率性」以界定，故攝歸於「性」矣，如是「性」與「道」可互轉，惟立言分際稍別耳）的存有形式之描述。五峰云：

> 一陰一陽之謂道，有一則有三（案：「一」指「太極」，「三」指太極
> 加上陰陽二儀〔註9〕），自三而無窮矣！（一‧29）

〔註8〕此處「普遍律」指「具有普遍性之存在或行動的律則」；「在其自己」則吾人意謂「在自身內，依其本性或本質而決定其存在姿態或行動狀態的東西」。「普遍律」既然是普遍的，因而也就是說無任何條件之限制的；但一與「在其自己」結合，則此無限制的律則即又是由「自我決定」而給出的。故「普遍律」的「在其自己」即包涵著「自律」概念或者說「自由」概念，而成為「自由」原理。

〔註9〕橫渠《正蒙‧參兩篇》有云：「地所以兩，分剛柔男女而效之，法也。天所以參，一太極兩儀而象之，性也。一物兩體，氣也；一故神（兩在故不測），兩

陽中有陰，陰中有陽。陽一陰，陰一陽。此太和之所以爲道也。始萬物而生之者，乾坤之元也。物正其性，萬古不變。故孔子曰：成之者性。（案：參見第三小節）（四・37）

至哉！吾觀天地之神道，其時無愆，賦命萬物，無大無細，各足其分，太和保合，變化無窮也。（二・32）

卦之必重，何也？天道然也。天道何爲而然乎？太極（案：五峰有云：「道謂何也？謂太極也。陰陽剛柔，顯極之幾，至善以微。」（五・25））動則重矣！天道無息，故未嘗不重也。（五・29）

生生不窮，無斷無滅。此道之固然。（一・44）

道充乎身，塞乎天地，而拘于軀〔註10〕者不見其大；存乎飲食男女之事，而溺于流者不知其精。

道充乎身，塞乎天地。（一・15）

道之明也，道之行也，我知之矣！變動不居，進退無常。（二・36）

道無不可行之時。（案：此條另有人道奮鬥不息，「由命見義」的莊嚴意義（參見本章第三節「註83」），此處暫取其存有之形式意義耳）（一・19）

以上諸條，不外於展示「道」（或「太極」、「乾坤之元」）爲源源無盡之活動的「創化原理」、「實現原理」或「存在原理」，透過相對而交互共成、共存的陰陽二元氣之和諧辯證的過程（參見下文第三小節）而成卦復重卦顯爲諸理，化成萬物；生生不息，無時空之阻隔，即事即物而無所不在，變動無滯、進退無礙，無斷無滅，一體「綿延」〔註11〕而太和充足無稍虛欠。凡此，除了描述變化所源之原初陰陽渾合，互爲一體的存有形式外，大抵皆表示「道」之「普遍性」與「實有」也。五峰又云：

大哉性乎！萬理具焉，天地由此而立矣。世儒之言性者，類指一理而言爾，未有見天命之全體者也。（四・9）

故化（推行於一），此天之所以參也。」

〔註10〕此「軀」字，《宋元學案》本作「壚」字，乃「居處」之意，義亦可通，惟稍差。

〔註11〕「綿延」一詞借用西哲柏格森之語，表示整一不可分的延續性，是衝力，是生成，不可以量度。參閱波亨斯基著・郭博文譯，《當代歐洲哲學》（協志工業叢書），頁79。

性立天下之有。（三・18）

非性無物，非氣無形，性其氣之本乎！（三・21）

氣有性，故其運不窮。（二・9）

萬物皆性所有也（案：此句可上下講。或強調萬物爲性所創生，歸屬於性，或強調任何物皆是性之整體的一部份，不能棄物求性。參見下一小節）。聖人盡性，故無棄物（案：此句則不只言形式之普遍耳，更重在主觀地言仁心體物而不遺之意旨）。（四・11）

有而不能無者，性之謂與！（四・3）〔註12〕

此言「性」諸條，亦表示「性」爲普遍性的實有（常有、恆有）、實理，乃「實現原理」、「存在原則」，創立萬有，指導形氣之變化而妙運無窮也，並非只是一般所指的殊別之物所展現的殊別、有限之一理（「形構之理」）〔註13〕耳。且緣是，與云物之形上的本質，自不能單看其所具的殊別之性、之理，而當透至天命全體之性、之理（「存在之理」、「實現之理」〔註14〕），始得正解也。其中，「氣」底概念亦值得注意，其地位可云介於「性」與「物」兩概念之間，爲性與物貫通爲一之中介；此待後論也。

二、宗主於「仁」的一元有機泛神論立場——即事明道，「物在道中，道在物中」、「我即一切，一切即我」，一之於人之仁

以上第一小節所論，並不意謂形而上之道就得隔絕於一一殊別的物（可廣義地包括「事」在內，總言之，「器」也）之外，自成一獨立的實有，而以物爲虛妄或以物爲較晦暗不實的「分享」〔註15〕者。相反的，儒者多抱持「理一分殊」的態度或想法，認爲事物是眞實的，與我是息息相關、「目的」一致的有機整體〔註16〕，其正者所以爲道之妙用，其邪者所以「由命見義」，反顯

〔註12〕《正蒙・誠明篇》亦有云：「未嘗無之謂體，體之謂性。」

〔註13〕關於「形構之理」與「實現之理」或「存在之理」的辨析，可參見《心體與性體（一）》綜論部第二章第三、四兩節。

〔註14〕同上。

〔註15〕「分享」一詞或作「分受」、「分有」，乃西哲柏拉圖的重要觀念，西方經院哲學（士林哲學）亦多承之。可參閱布魯格編著・項退結編譯，《西洋哲學辭典》（以下簡稱《西洋哲學辭典》），頁265。

〔註16〕此處所謂「有機」（有機的）乃假借生物有機體的特性而爲言，指各部份具有不同的功能卻又以整體爲念，在整體的統制之下爲整體的好處而活動、發展。

天之隱奧難測及人道之尊貴莊嚴。

　　五峰自不例外於此儒家傳統，認爲事物是眞實的、不外於「我」的。在其眼中，任何一物、一事都要算是「天地之全」的一部份，故不能離事物以求道；此五峰所謂「萬物萬事，性之質也」（見下）「道不能無物而自道」（見下）、「離物求道者，妄而已矣」（見下）。但反之，亦不能離開「仁心」或「性理」，以僵固、殊限、唯物機械之純形而下現象的眼光或態度去看待事物；否則不但不得事物之實情、不得「物自身」〔註 17〕，無法完全說明事物之存在

它不像無機物系統，都是多數物體機械地集合而成的總體，卻並不結合成爲整體亦無眞正的發展過程、無任何目的性者（見《西洋哲學辭典》條文 262「有機體」、212「機械論」及 407「生機論」等）。另外，方東美先生有一段闡述「機體統一的哲學」的話，甚爲精闢，可作吾人此處使用「有機」一語的適當說明。其言曰：「宇宙之中沒有孤立的系統，任何境界裡發生的現象，它在空間裡面產生交錯作用，在時間裡面發生了貫注影響的作用，彼此間是互相感應的，就彷彿人身之肌肉組織，有神經系統，可以說是牽一髮而動全身，尤其重要的，是人在這個機體的統一、宇宙的理網中，由於這種互相交錯的關係，彼此感應，而人特別敏感，上天下地，一有變動，如響斯應，從身體、情感到心靈，人立刻就有了影響，有了影響立刻就反應出來。反應在人類的感覺經驗上面，反應在人類的知識活動上面，乃至反應在精神感受上面。」（《新儒家哲學十八講》，台北，黎明文化事業股份有限公司，民國 72 年 2 月初版，頁 256。）

〔註 17〕　「物自身」或作「物自體」，爲西哲康德、黑格爾等所用語。今吾人借用此詞，其含義可以牟宗三先生的解釋表明之：

當康德在《純粹理性批判》中認識論地設立「物自身」（thing in itself, or things in themselves）一概念時，此概念只是一消極的限制概念，即限制時空以及範疇之應用，只應用于現象界，而不能應用于本體界。至於此概念之確定意義彼並未說明，吾人尚不能知其意指究爲何。但後來通過《實踐理性之批判》以及《道德底形上學之基本原則》，吾人知道：

　（一）此「物自身」一概念並非即是本體。而是依本體而可能者，即依本體而可以使吾人說之者。

　（二）此「物自身」並非認識低確定程度上之概念，即並非「吾人所認識的只是外物之外表尚不是外物之原樣。此非是拉克第一性與第二性之問題。即使認識到第一性，依康德，亦仍是現象，尚不能說是「物自身」。蓋第一性依拉克亦是可認識者。

康德所謂「物自身」是不在條件制約中、因果系列中之意。吾人依因果關係去認識外物，此時外物即是現象；不依因果關係去認識外物，而單是自其自己就其爲一自足之自己以觀之，此時即是「物自身」。故「物自身」實是一超越觀念，即超越乎條件制約以上或以外者。說「物自身」即是意謂物之在其自己爲一獨立自足之自體，不是在條件制約中之依他而然者。此不是認識之對象。蓋理論理性之知識或知性之知識必依時空及因果範疇而成立，而所知之對象（眞可爲認知之對象者）亦必在時空及因果關係中始成其爲對象。此

性，而且這樣一來，即使宣稱有一個窮盡如此事物（包括過去、現在、未來際的一切存在的、將存在的、可能存在的）的集合，亦非即是「天地之全」、即是「道」也，因爲如是之形而下殊異現象的集合，並不就能貫通起來，成爲「綿延」而不可分、無斷滅的一個整體或有機關聯、互攝互入的一體，以足擔當「普遍性的實有」之地位，而終只成偶然的存在耳。此五峰所謂「物不能無道而自物」（見下）、「義理，群生之性也」（四·15）、「性立天下之有」（三、18）、「道，非仁不立……仁者道之生也」（見下）。

以上詮解，當可曲應五峰之大意，其證歷歷：

1. 聖人……一以貫之，性外無物，物外無性。（案：五峰《與原仲兄書》曾引述河南先生之言「道外無物，物外無道」，並自續語曰「是天地之間，無適而非道也」。〔註18〕）（一·20）

2. 「率性之謂道」。萬物萬事，性之質也（案：此「質」字可解爲「質地」、「質素」、「特質」、「份質」（在其位份以成全整體而各自具足圓滿的樣態）甚或「實質」——具體內容或實際展現；但不太適宜作「質料」解。〔註19〕）；因質以致用，人之道也。（二·30）

種對象即康德所謂現象。然則「物自身」之不能爲經驗的認識之對象自甚顯明。此不是因爲吾人的認識不確定而達不到，乃是確定的經驗認識（科學的認識）本質上即是如此。即依此義而說物自身非認識之對象；故爲一超越之觀念。此義，若依中國莊子之逍遙義而觀之，甚易明。

依莊子，凡在依待中，在比較中，皆不逍遙，不自在，不圓滿自足。然則逍遙者即超越、拆穿、或化除此依待關係所顯示之境界。逍遙即涵自在、自然（不是他然）、圓滿自足，此亦即「物自身」也。此雖自人生之修養境界上說，不自認識對象上說，然其義實相通也。惟莊子只從化除依待關係上而消極地顯示此義，此純是一境界，此可曰境界上的「物自身」，即消極表示的「物自身」。但康德卻還有積極的表示。當其由意志之自律自由以說「物自身」時，便是積極的表示。此是從實體上說的。（意志之自律自由，即是一個實體，即活動即存有之實體）意志之自律自由使人爲一審智體，不是一感覺界之現象、同時亦即使人可以爲一個「物自身」（「我自身」），即使人爲一自在、自主、自足之獨立體。故康德實以意志自由來把握並證實此「物自身」一觀念者。「物自身」非本體（實體），乃是依本體而可能者，此非指體之實體字，乃是涉及體之抒意語。「物自身」之非認識之對象實因意志自由非認識之對象故。依本體而說的物自身（積極表示的物自身）即是由認識論地設立的物自身，進而轉爲本體論地證實的「呈現的物自身」。（此呈現非現象的呈現義，須注意）。（《心體與性體（二）》，頁 530～531）

〔註18〕《五峰集》卷二，頁 51。

〔註19〕以「質料」說之文義固可通，然易使人只往希臘哲學中的「形質論」去想，

3. 道不能無物而自道，物不能無道而自物。道之有物，猶風之有動（案：風無動則不成其為風。反之，若無風自無所謂（風之）動〔註20〕），水之有流（案：水無流則不成其為水。反之，若無水自無所謂（水之）流〔註21〕）也。夫孰能間之？故離物求道者，妄而已矣！（一‧43）

4. 不私其身，以公於天下。四大和合，無非至理；六塵緣影，無非妙用。何事非真？何物非我？生生不窮，無斷無滅。此道之固然，又豈人之所能為哉？（一‧44）

5. 天成象而地成形，萬古不變。仁乎其中萬物育而大業生矣。（五‧26）

6. 道，非仁不立。孝者仁之基也，仁者道之生也，義者仁之質〔註22〕也。（一‧45）

7. 天道保合而太極立，氤氳升降而二氣分……人也者，父乾母坤，保立天命，生生不易也……君長陪貳（案：「貳」指天、地）由道以綱紀，人生而〔註23〕理其性然後庶績熙，萬物遂，地平天成，

把「性」與「事物」的關係理解為「形式」對「質料」的關係，此則恐難完全切合五峰之意。蓋在五峰的想法中，事物對性的關係當比質料對形式的關係還緊密難分，若真要以形、質去理解之，則至少當說事物是形式與質料兼具的。但形質論若推本溯源終難擺脫存有二元論的立場，五峰則承襲易經的傳統，為一元有機創化的立場，乃泛神論式的形態，此於下文便將論之。另外，有一佐證，即五峰亦有云：「義者，仁之質也」（一‧45），此則若解「質」為「質料」便即難通，但解作「質地」、「質素」、「特質」、「份質」（在其位份以成全整體各自具足圓滿的樣態）、「實質」（具體內容或實際展現）則皆可通。故愚如是解「性之質也」的「質」字，而其密切不可分、神化妙用的一體關係更能顯出也。

〔註20〕 王開府，《胡五峰的心學》解「道之有物，猶風（水）之有動」一句云：「動是風的動，流是水的流，如果無風無水自無所謂動與流。風與水是流動的體；流動是風和水的用。」（頁35）此解固是，然只表顯出「物在道中」之義，至於「道在物中」（「物」包括未來際之存在者、實現者）之義則尚未突顯出來。如是，五峰下文接著強調「離物求道者，妄而已矣」，吾人便不易順遂地明其所以，只能由一般的所謂「體不能離用」而了解之耳。故吾人舉出「風無動（水無流）則不成其為風（水）」，使「道在物中」之義亦顯明起來。

〔註21〕 同上。

〔註22〕 參見註19。

〔註23〕 四庫本《五峰集》「而」字在「人」字上，依北京中華書局版《胡宏集》（以下簡稱《胡宏集》）之校勘改。

而人道立……夫生之者，人也；人仁，則生矣！生則天地交泰，乾坤正，禮樂作，而萬物俱生矣！是故萬物生于性者也，萬事貫于理者也。萬化者一體之所變也，萬世者一息之所累也。若太極不立，則三才不備，人情橫放，事不貫，物不成，變化不興，而天命不幾于息乎？〔註24〕

8. 此心本於天性，不可磨滅，妙道精義，具在于是……昔孔子下學而上達，及傳心要，呼曾子曰：「吾道一以貫之。」曷嘗如釋氏離物而談道哉？曾子傳子思亦曰：「可離非道也。」見此則心跡不判，天人不二。萬物皆備於我，反身而誠，天地之間何物非我？何我非物？仁之爲體要，義之爲權衡，萬物各得其所，而功與天地參焉，此道之所以爲至也。〔註25〕

9. 若心與跡判則是天地萬物不相管也，而將何以一天下之動乎？

（三・41）

以上舉證，首條「性外無物，物外無性」人或還可只作性、物「不離」卻「不融」看，換言之，只理解爲「相即而不相入同一」；但第二至第四條，除駁斥離物求道之妄外，更同時積極表示宇宙間之萬事萬物（包括以後之存在者或實現者）皆與我同是一體，同爲眞實至理，乃一元有機的神化妙用，創生不息，「綿延」無盡，且以爲道體固然如此，非人之情識造作、自私其身而然。其中，第三條之「道之有物，猶風之有動，水之有流」最稱善喻，甚能顯示出道物是一的機體關係。因爲無風（無水）固無所謂風之動（水之流），此正喻解「物不能無道而自物」；而反之，風無動（水無流）亦不成其爲風（水），亦即不能說其存在矣，此正喻解「道不能無物而自道」（「物」包括未來際之存在者或實現者）。於是，「道」不能抽象、孤立地存在，而「物」亦不能死看、滯看以之爲純機械的殊別存在，它們至少須視爲乃道之發展、開顯的——「環節」（moment）。是則「物在道之中，道亦物之中」，其間隔或層級之別泯，不必謂「道爲第一性，物爲第二性」〔註26〕也。於此，人或仍可由思辯的步驟，但觀存有之普遍形式，或者採取審美、觀賞的態度，而得到相類似的結論；然而，五峰並非基本上可以劃歸此一進路者，五至八

〔註24〕《五峰集》卷三，頁17～19，〈皇王大紀序〉。
〔註25〕《五峰集》卷二，頁52，〈與原仲兄書〉。
〔註26〕《胡宏集》〈代序〉即以爲五峰以道爲第一性，物爲第二性。

條即顯出此點矣！吾人可以見到五峰終究是一著重於人的「道德主體性」或「道德自我」的「實踐哲學」（「道德哲學」）〔註27〕家，乃是立基於「誠仁之心」或「自由意志」的哲學立場（孔孟系統），由此充擴，契應原始儒家（先秦儒學，或包括秦漢之際者）所充分極成的《易》、《庸》之本體宇宙論的形上學義理架構〔註28〕，而開展其仁體妙運地創生、體用一如、道物圓融同一的形上學。此中，天人不二，物我是一，吾心即宇宙（我即一切），宇宙即吾心（一切即我），仁以爲體、爲機要、爲經審，義以爲用、爲份質、爲權行〔註29〕，一體變化、一息具足〔註30〕，中和致、天地位、萬物育（參見前引 7、8 條），太極立矣（見前引第 7 條），精義存矣，而道至也。則此非泛神論〔註31〕的一種型態而何？

〔註27〕 參見本論第一章第四節。

〔註28〕 關於《易》、《庸》的地位，今勞思光先生抱持異議。勞先生貶《易》、《庸》並濂溪、明道等系統，名之曰「天道觀」，而以爲這是非主體進路的、帶有理論困難的混雜體系，並非孔孟儒學之正統。然察勞先生之說，愚以爲偏執于一般經驗思辯界，執此作一理論性的關於全體世界或哲學領域的截然斧鑿之區劃（如將「應然」、「實然」、「必然」截然三分），遂流於以一般思辯心觀古人之言，而覺古人之說理論滯礙難通而意境虛誇。如此觀法下，古人之理境不見了，唯若平庸膚淺矣！然則豈其然邪？此所以愚不滿意於勞先生之見也（詳見本論文第二章第三節第二小節）。不過，其說亦有使吾人更注意立論分際之功，而避掉一些意識型態的隱蔽阻撓（盲點）也。

〔註29〕 除了上引文第八條云「仁之爲體要，義之爲權衡」、第六條云「義者仁之質也」外，五峰還云：「道者，體用之總名。仁其體、義其用」（一・17）、「仁者，人所以肖天地之機要也」（三・38）、「義者權之行也，仁其審權者乎！」（一・14）

〔註30〕 除了上引文第七條云「萬化者一體之所變也，萬事者一息之所累也」外，《知言》亦云：「一氣太息，震蕩無垠，海宇變動」（四・1）、「一噓吸足以察寒暑之變，一語默足以著行藏之妙，一往來足以究天地之理」（二・6）。

〔註31〕 「泛神論」一詞借自西方哲學。吾人借此詞，所取的義涵可集中在斯賓諾莎（Spinoza）所謂「神是萬物的內因，而不是外因」（《倫理學》第一章「論神」，命題十八）及「能產自然」（natura naturans，指「神」及其「屬性」）與「所產自然」（natura naturata，指事物或「樣式」）爲一體二面的說法。如是，「只有唯一的實體或大自然，即一個由其自身而存在的絕對永恆、無限、非位格的存有……一切事物，包括人在內，均非獨立實體，而只是絕對者的限定（modi）或表象（愚案：『分殊』或『樣式』）。人認識自己時，其實是神認識自己（愚案：斯賓諾莎曾將『神』定義爲『絕對無限的存在』，亦即『在自己之內，僅通過自己而被認識的東西』之所謂『實體』（見《倫理學》第一章『論神』的八個定義）。此處，吾人可解『神』字爲『絕對精神』或『神妙萬物』之『神』。）以經驗而言，事物誠然彼此有別；但從其深處的形上本質而言，

　　此一一元有機、道物圓融同一的泛神論形上學，吾人於思理上可先作如下的分解說明，即：

　　此一形上學乃經過「觀點」的轉移之歷程而達致的，所謂「境隨勢轉」者是；因為吾人可以發現同一個存有對象可有不同類質的存有表象（境相），而各類質的存有表象又各對應於不同類質的心識（包括「智的直覺」）而發生或呈現。例如：發生僵固、殊限的物質存有表象而執著之，則其所對應的「能覺」或「心識」亦必是固限的、形而下的；如是，所成的內外世界便都物物固限於形構的自我存在內，不相通貫，只為毫無關聯的個別存在耳。但是，一旦惻隱于此種物物毫無關聯、若散亂沙石般粒粒偶然存在的存有樣態，或「無關心」地欣賞之，或即使只思辯地懷疑於此種樣態，便已含藏著「觀點」上的一種游移、突破或超越（否則何來此懷疑？何來此美感？何來此惻隱？）。若由此而正視之、反思之，探索那如散亂沙石般的存有樣態之「存在性」如何、「可能性」如何、「必然性」如何，或尋求其通貫統一，則便可能達到一種形而上的觀點或境相。此中，識心或判斷之心與相應的境相，乃同起（顯現）同滅（隱沒）式的關係，不論持什麼態度或哲學立場皆然。只是，不同的態度或哲學立場，反映了所採取運用的心識或判斷之心有別並所見境相不同（在此，境相之不同並非指觀察到的部分或側面不同而然，而基本上是指同一個存有對象或物自身由於觀察的主體或參與、介入的主體所持取或所運用之「心識」有異，以致所見、所得的境相不同），概言之，反映了「觀點」不同。由於有此種「觀點」上的不同並且身為主體的人真能游移於其間，吾人始能理解道與物之間的「差別性」，也才有層次的異同可言。而物物有機相通一貫或者物我（心）為一、道物圓融同一等境相，只在一般形而下的觀點裏是找不到的，必得轉移到形而上的觀點或「自由」的境地始成。下面二語，示此眉目甚清：

　　10. 性情之德，庸人與聖人同，聖人妙而庸人之所以不妙者，拘滯
　　　　於有形而不能通爾。（三‧18）

　　事物彼此間及事物與神之間實為一體。」（布魯格編著‧項退結編譯，《西洋哲學辭典》，頁305，「泛神論」條目。）不過，吾人還得說明一點，即：五峰等中國式的泛神論體系，其進路主要仍是實踐的而非理論思辯的，故終究維持了主體的自由性，強調人心的作用或所謂的「境隨識轉」，而歸結於人之仁──人而仁，則泛神論觀點與之俱立、俱實；人而不仁，則泛神論觀點隨之不立而虛也。此點請詳見下文。

11. 不仁則見天下之事大，而執天下之物固……窮理盡性以成吾

仁，則知天下無大事，而見天下無固物。（三‧44）

聖人妙，而庸人拘滯有形，故不能通而不得妙；不仁則執物固，仁則所見無固物。是即觀點之上下游移甚顯。

在五峰，這種觀點的轉移乃透過「反身而誠」（前引第 8 條）或者說感通、遍潤的「仁心」（前引第 6、7、8 條）〔註32〕之工夫或作用而達致。此非只是橫向式的「靜觀萬物之理」，同時更是縱、橫向兼具的「動處萬物之分」。其首要關鍵即表現在衝破或超越「現實自我的限制」〔註33〕此一關卡上，所謂「不拘滯於有形」（前引第 10 條）、「不私其身，以公於天下」（前引第 4 條）也。若果能有此一超越，則便已向意志的「自由」之境走。其至也，所見、所體、所成之物將非固限之器矣，而會是「何物非我（我即一切）？何我非物（一切即我）？」（前引第 8 條）之妙眞、圓融、通貫的形而上之道；是爲形上、形下打成一片，「仁體義用」的道器一如世界，妙眞而神。則離物求道豈非妄邪？

於此，吾人切不可忘記：這絕非祇是「靜觀冥會」所成之境相，而當更是縱貫式的剛健不撓地動態創造或實現始成就之境也〔註34〕。

〔註32〕 牟宗三先生在《心體與性體（一）》裡曾解釋「仁」道：「仁是全德，是眞實生命，以感通爲性，以潤物爲用；它超越乎禮樂（典章制度、全部人文世界）而又內在於禮樂；在仁之通潤中，一一皆實……」。見該書頁 246。

〔註33〕 唐君毅先生在其《道德自我之建立》（學生書局版）一書中即曾說：「道德心理行爲之共性，即超越現實自我之限制」。見頁 7、32。

〔註34〕 關於此縱貫式的剛健不撓的動態創造或實現，吾人可先引方東美先生《新儒家哲學十八講》裡的一段話（頁 258～259）以見其一般：

惟有「兼天地、備萬物」，才可以說是成就了人之所以爲人的這種寶貴的精神。在這種情形下，我們可以說，宇宙內天象和地理的變化，在時空中以交錯律動的方式，向前不斷的發展，形成宇宙創造的程序；人類在宇宙之內，就是要啓發他經驗的美感，心靈上的創造活動。要把整個宇宙，從低層的物質世界牽引向上，點化了成爲生命世界；再把生命世界提昇了成爲心靈領域。成爲心靈領域之後，才可以發現宇宙裡面有一個最大的秘密，它是隱藏在一切有情世界之後的無形精神世界裡面的總動力，用專門的名辭來說，它就是「太極」！這個本原的「太極」才是「天心」！

然後，這個「天心」挾引了整個宇宙向上發展，那麼提高它的「仁」，透徹了它存在的裡由，而後顯示了它存在的意義，是要使宇宙的變遷發展，盡善盡美。然後人的心靈「得天心以爲心」，就是藉人的審美的經驗、藉人的道德的努力，藉人的精神向上的超昇，點化了整個宇宙的下層的存在的理由，使之向前發展、向上超昇、最後再回返到萬物之根極、存在之本原——「太極」。

　　然而，「人心有百病一死，天下之物有一變萬生」（四・23），要真能超越現實自我的限制，達到此一渾然與萬物為一，創健不息的境界，豈易哉？且卑之無甚高論，光說要通過「現實自我的限制」此一關卡的前段（例如：色情關、名利關、生死關，而以生死關為結穴）便已非常人所能辦矣，況後段（例如：因僻好而障蔽無盡的博愛或悲憫、礙泯「知其不可為而為之」的承擔或毅力）乎？五峰有曰：

> 生本無可好，人之所以好生者，以欲也；死本無可惡，人之所以惡死者，亦以欲也。生求稱其欲，死懼失其欲，憧憧天地之間，莫不以欲為事，而心學不傳矣！（三・4）

> 又曰：「事物之情，以成則難，以毀則易……是故雅言難入，而淫言易聽；正道難從，而小道易用。」（三・16）

此即道出企望「完成」之實踐路上、追求「物我一體」、「神妙圓融」的理想境界之人生途中，常人的一大根本病痛——欲迷心竅，而惑趨淫亂放僻也。是則甭論弘毅剛健、任重道遠，就連突破結穴前段關卡的生死迷執，亦不可得也。如是，既不能超然於生死之上，以唯價值創造是念，唯「完成」理想是瞻，則其心識固陋，道德創造力薄弱，無法點化現實時空的世界，將整個宇宙牽引向上，而於現象中的種種矛盾、衝突（包括生物、理化的自然界和社會、心理的人文界兩大方面。前者如動物之相食的現象或人與環境的搏鬥、不協，後者如人類所造的種種不當競爭或罪孽、不公）乃亦化解不開，而煩惱纏身，流轉生滅門中。到頭來，恐只落得個「虛無」、「空渺」的不安情境，而墮入孤寂疏離的深淵耳。

　　這個「太極」是一個無窮性的完滿自足的統一的存在。就此而言，可以說自從宇宙中有了「人」，「人」即是宇宙的中心、宇宙的樞紐。「人」分享了宇宙創造力量之後，就協力推動了其他存在的萬物，使之一體同仁的創造昇揚。這個「太極」，謂之「先天之心」也可，謂之「天理」也可，謂之「道」也可……把宇宙這一種祕密的創造能力把握在自己的生命裡面，然後運用自己所獲得的創造的力量，在思想上、在智慧上、在神精神上，推動宇宙向上發展、向前創造。
　　這個創造的最後結果，歸根返本，就是返於大「道」。這個「道」，謂之「太極」也可以，謂之「心」或「天理」也可以。總而言之，宇宙的傾向，是以創造、超昇這一種動性的發展，而日趨於美滿。那麼，這是宇宙本身存在的理由，也是宇宙萬物參與存在的理由，尤其是人類，他能夠把握了「天心」來推動整個宇宙創造的過程。

固然人或可為此生死之念難破釋解云：「其亦更有深沈的理由，即：所謂『完成』（人的具體生命所能成就的圓滿理境，亦即『至善』）其理境究竟為何，一般人並未有深切篤實的體認和實現，是則生命無法安頓，而生死之念終難破矣！蓋若無價值意識則已，要不然一旦價值意識生發而有所關懷，則必趨向一終極目的、終極理境而後止；如此，除非已達至該境或確知自己的生命已朝向它而行，否則如何能不心生迷惑？如何能安頓生死之念？又如何消融得了『個體靈魂不滅』底理念呢？」但是，細察此一釋解，實不能做為固執生死之正當理由，更無法以為逐欲的藉口。因為考其論據乃以價值意識之生發而有關懷之意向為出發點，然後以「終極目的」或「完成」、「圓滿」、「至善」底理念為理性作目的系列之回溯的頓止點，但此頓止只是形式上的，至於其實質內容或境界，一般人雖偶爾略有體認（例如：在隱約認識到道德命令的情境中），卻未至深切篤實而不容已地流行之地步，因而仍在動盪、追求之中，生命無法安頓，生死之念遂難破；則這樣的論據豈不正反顯出價值意識乃超臨於感性生命之上，追求至善理想方為第一義，而生死之念只屬憑依之而有，因實踐理性下望有限的形氣生命而生之第一義以下者乎？是則，若固執於個人之生死，徒逐其小體之欲，豈非反倒可說是捨本逐末，往而不返之幻妄邪？

依上所論而申述之，吾人可云生、死之念有兩種來源：一者基於有偏執的感性，或者說「小體」之欲望，而順之企望「恆常」的欲望滿足；然此又以生命存在為前提，遂希冀生命存在之「永恆」，而惡懼其死。另一者基於止於至善的實踐理性，亦即「大體」之意欲；由之下望自我具體的生命，見其不恆如理，未履至善圓滿，遂希求生命時間之「無限」、「永恆」以漸趨至善，完成自我的人格，而警悚於生命之有限 —— 死亡。〔註35〕此兩者中，吾心若只取前者的態度，而不顧求其與道德理性之相容，則渾身欲望窠子，隨欲塵滾，貪求無厭，拘滯有形之病日深一日，恐終至麻木不仁而不能通。孔子將曰「哀莫大於心死」，而五峰亦將歎「心學不傳」矣！但吾心若取前者的態度，則生死之念有其警惕的積極作用，具正面意義；唯不可忘本而徒執生死，以致往而不返，只關懷「永生」，而不力圖「完成」或志於明明德而止至善也。

果不忘「大體」之本，志專在道，則自可超然於生死之上，力行其道德

〔註35〕此後者之意，吾師黃振華教授於昔康德課程中已大略提及。

實踐，價值創造。其至也，將如橫渠《西銘》（〈乾稱篇上〉）所云「富貴福澤，將厚吾之生也；貧賤憂戚，庸玉女於成也。存，吾順事；沒，吾寧也」或《東銘》（〈乾稱篇下〉）所云「悟則有義有命，均死生，一天人，惟知晝夜，通陰陽，體之不二」〔註36〕之境。是則大公無私，意志自由，「奉天而理物」（五·27），「盡人之性，盡物之性，德合天地，心統萬物，故與造化相參，而主斯道」（二·30），乃成己成物，圓成悉備〔註37〕。如上所論亦顯出人之尊位性〔註38〕。五峰即曰：「人者，天地之精也」（三·54）、「人也者，天地之全也」（二·30）。蓋人立於天地之間，其身份是特殊的，他有特別的使命，得順萬事萬物各別的宇宙位份，以發揮其宇宙性的作用（案：五峰有云：「萬事萬物性之質也。因質以致用，人之道也」（二·30）），點化人性、光輝萬物，而成己成物，呈顯人及萬物的存在理由或目的，形成有機關聯的整體。所謂「聖人作而萬物睹」、「大人者，與天地合其德，與日月合其明，與鬼神合其吉凶」也。如是之謂「太極立」（參見前引文第7條），之謂「心盡其用」（案：五峰有云：「仁者天地之心也。心不盡用，君子而不仁者有矣」）。此中包含了一個「價值中心的存有論」，亦形成了「道德形上學」或「道德倫理的泛神論」。凡此一切的一切，皆顯示了一個關鍵：人之純粹精神的創造、感通、遍潤，亦即人之仁或人之誠。蓋人正居天地人三才之中，「父乾母坤、保立天命」（前引文第7條），人道立時即天地之道立時也。所謂「君長陪貳，由道以綱紀，人生而理其性，然後庶績熙，萬物遂，地平天成而人道立」（同上）、「人仁，則生矣！生則天地交泰，乾坤正，禮樂作，而萬物俱生矣！」（同上）是即天地人三才一體並仁，生生不息；而人為尊位之念亦終泯，唯見仁德流行，乃誠神大化之物我一體的世界也。反之，若不仁，則「太極不立，三才不備，事不貫，物不成，天命幾息」（參見同上）；是即天地將毀，而泛神論的形上觀點於焉不存！於是，五峰有曰：「仁者天地之心也」（一·39）。然仁不能空言，得落到德性工夫以實之，因此五峰歸宗云：「聖人傳心，教天下以仁也」（六·3），又云：「心妙性情之德」（三·18）、「唯仁者為能盡性至命」（一·34）。至於其德性工夫論為何，此尚不及論焉，且待下章。

〔註36〕《張載集》，頁64。

〔註37〕方東美先生解析邵康節《皇極經世》的中心思想，即已提出「圓成悉備性原理」（《新儒家哲學十八講》，頁257）。

〔註38〕方東美先生亦提出「人之尊位性原理」（前引書，頁265。）

綜上所論，可見五峰乃宗主於「仁」，以「仁」為貫串一切存有、活現一切價值而成一目的性的、環環相扣的整體之關鍵或核心，由此展現了物我為一、道物圓融的泛神型態。吾人可名此種立場為「仁者天地之心」的一元有機泛神論。

五峰此一一元有機泛神論，其內在結構或構成秩序如何，吾人以上所論尚未能盡之，下文吾人即再就縱貫、動態的創造、生化之宇宙論側面或氣化流行側面以進一步展示之。

三、由陰陽之交互辯證、一氣大化流行而化現為時間歷程、原始反終以言道——「氣」的定位及建立「氣宗」理論的一個線索

「仁」是道之體（一・17），亦是道之用（六・3），「通體以達用必帶著氣化言」〔註39〕。試看如下條文：

1. 一氣之大息，震蕩無垠，海宇變動。山勃川湮，人消物盡，舊跡亡滅，是所以為鴻荒之世歟？氣復而滋，萬物化生，日以益眾；不有以道（案：導也）之則亂，不有以齊之則爭。（四、1）

2. 天道保合而太極立，氤氳升降而二氣分。（《皇王大紀序》）

3. 非性無物，非氣無形，性其氣之本乎！（三、21）

4. 氣之流行，性為之主（案：牟宗三先生解為：客觀地、形式地為其綱紀之主，亦是存有論地為其存在之主〔註40〕。吾人亦贊同此解）；性之流行（案：牟先生以為此猶云「天理流行」、「於穆不已」之天命流行，此則流行而不流行。雖動而亦靜，雖靜而亦動，與「氣之流行」不同也。故此「流行」是虛說。〔註41〕此解，在淵深而妙運活動（非可以「運動」——位移變化——一詞替換之）不測，難以一般經驗義的「流行」清楚說明之的意義下，大致仍可取。不過，固然就「氣」的一般意義立論，謂其「流行而不流行」乃矛盾不通，因為一般所說的「氣」恆在一般經驗義的「流行」狀態之中，其概念通常即包含經驗義的「流行」概念且通常得有「跡相」始好恰當地言「氣」故；然而，「氣」是否定不能在

〔註39〕《心體與性體（一）》，頁491。
〔註40〕《心體與性體（二）》，頁438。
〔註41〕同上。

某種層次上超越此等一般意義，而謂其「流行而不流行」、「動而亦靜，靜而亦動」，則或待商榷〔註 42〕），心為之主（案：牟先生解為：主觀地、實際地為其「形著之主」，心與性非異體也〔註 43〕。此解頗善，可藉以釐清何以五峰既言「性體心用」，卻又強

〔註 42〕 在某種特殊的義理結構下，似乎也可把「氣」上提到「本體」的地位（案：林安梧先生《王船山人性史哲學之研究》即認為船山乃將「氣」上提至「本體」地位，見該書頁 15），而使其涵義超越了一般經驗的「流行」義、「形跡」義，不再只是散殊有限定之量或橫渠所云之與「清通而不可象」之「神」（或「通極於無」之「性」）相對而言的「散殊而可象」（或「其一物爾」）之「氣」（《正蒙・太和篇》、〈乾稱篇〉）耳，而是相當於「太虛神體」的地位，所謂「氣有陰陽。推行有漸為化，合一不測為神」（《正蒙・神化篇》）、「陽中有陰，陰中有陽。陽一陰，陰一陽。此太和之所以為道也」（《知言》四・3），乃牟宗三先生所云「惟在超越的道德本心之神」（《心體與性體（一）》，頁 476）也。例如：依橫渠，其語云：「由太虛有天之名（由氣化有道之名）」（《正蒙・太和篇》）、「太虛為清，清則無礙，無礙故神」（同上）、「太虛無形，氣之本體」（同上），則「太虛」即「天」、即「神」即「氣之本體」，其地位當等同於「天道本體」（案：牟宗三先生在《心體與性體（一）》論橫渠處有云：「本體宇宙論地說，即就氣之虛實、動靜、聚散、有無之參和不偏（〈誠明篇〉云：「天本參和不偏」），兼體不累（〈乾稱篇〉云：「若道、則兼體而無累也」），而見神，因而即說神為本體。故橫渠此處云『合一不測為神。』」（頁 474）。而橫渠又云：「知太虛即氣，則無無。」（〈太和篇〉）、「知虛空即氣，則有無、隱顯、神化、性命通一無二。顧聚散、出入、形不形，能推本所從來，則深於易者也」（同上）、「氣之聚散于太虛，猶冰凝釋于水。知太虛即氣，則無無。故聖人語性與天道之極，盡于參伍之神變易而已」（同上）、「氣……方其散也，安得遽謂之無？故聖人仰觀俯察，但云知幽明之故，不云知有無之故。盈天地之間者法象而已」（同上）、「氣有陰陽。推行有漸為化，合一不測為神」（〈神化篇〉），是則「氣」又可相當於「太虛」，而為本體地位了（因為依前文所述「太虛」的地位等同於天道本體）。（案：牟宗三先生《心體與性體（一）》詮釋橫渠〈太和篇〉處，認為此等將「氣」等同於「太虛」的解法乃因橫渠的滯辭而誤解者（頁 459、470）。然而吾人以為只要不讓「氣」的身份只往下掉，而讓它更往上提，則以此觀橫渠之論，便覺順暢、無滯，不必曲折再為橫渠辯解其非唯氣論也；因其所云之「氣」的義涵原不同於一般只為形而下者，故即便云其為唯氣論，亦自異於一般之唯氣論、唯物論也。）但橫渠又云：「散殊而可象為氣，清通不可象為神」、「性通極於無，氣其一物爾……人一己百，人百己千，然有不至，猶難語性，可以語氣」（〈乾稱篇〉）；則氣與神或性似乎又二分矣！然而細察之，氣散既不可遽謂之無，而乃返歸太虛（〈太和篇〉云：「氣之為物，散入無形，適得吾體」）；這時，「氣」與「太虛」至少也當說是「部份」與「全體」的關係，而且是部份與部份無礙，全體一氣，而成「氣」與「太虛」地位相當的局面。是則通貫上（清通無形象）下（散殊可象）皆可言「氣」，而「太虛」一名則不好如此說也。

〔註 43〕 《心體與性體（二）》，頁 438。

調「心主性」，之其間的主從關係問題或義理架構問題。詳見本論文第三章第一節第一小節之「乙」段）。（三、24）

5. 氣有性，故其運不窮。（二、9）

6. 萬物生於天，萬事宰於心。性，天命也；命，人心也；而氣經緯乎其間，萬變著見而不可掩。莫或使之，非鬼神而何？（一、23）

7. 氣主乎性，性主乎心。心純則性定而氣正，氣正則動而不差，動而有差者，心未純也。……曾子、孟子之勇原於心，在身為道，處物為義，氣與道義周流融合於視聽言動之間，可謂盡心者矣！
（二、39）

8. 情一流則難遏，氣一動則難平。（四、12）

9. 氣感於物，發如奔霆，狂不可制；惟明者能自反，惟勇者能自斷。
（三‧27）

以上諸條，皆涉及「氣」底概念。今著眼於「氣」而觀之，則可見一至五條側重於客觀道器面；第六條兼主、客觀面而又似乎偏向主觀面，第七、八條、九條純側重於主觀面（人心氣態）。論氣本即是宋代理學之傳統，程子有云：「論性，不論氣，不備；論氣，不論性，不明。（一本此下云：二之則不是。）」〔註44〕又云：「有形總是氣，無形只是道。」〔註45〕五峰自當是承受了此類命題，更取資論氣大宗的張橫渠之說，以言之。然則理論架構上，何以要拈出「氣」此一概念呢？固然從哲學史上看其傳承，或可推本於《易》之陰陽二氣（「天地絪縕，萬物化醇」）、《莊子‧知北遊篇》「人之生，氣之聚也。聚則為生，散則為死」、「通天下一氣耳」〔註46〕及孟子之「養氣」〔註47〕等等，但若要在理論上得其原委，則不能不作一理論的闡述。下面，即嘗試作一理論的解答，以確定「氣」在五峰道器論（本體宇宙論）中的地位，甚至在儒家道器論架構中的地位。吾人且先承上一小節的一元有機泛神論說起。

在上文述一元有機泛神論立場時，吾人已論其乃經過「觀點」的轉移之歷程而達致。此種歷程，吾人可云乃一辯證的統合——「揚棄」〔註48〕——

〔註44〕《二程集‧遺書》卷第六、二先生語六，頁81。
〔註45〕同上，頁83。
〔註46〕王先謙，《莊子集解》，頁124。並參見韋政通，《中國哲學辭典》（台北，大林出版社，民國72年5版），頁498。
〔註47〕見《孟子‧公孫丑篇》。
〔註48〕「揚棄」（Aufheben）為西哲黑格爾之重要名詞，此字同時含「取消」、「保存」、

因爲此一泛神論的世界，並非純然捨棄或貶斥形形（形而下）之器或物，獨存留一高高虛懸隔離於萬事萬物之不形形（形而上）的道，而是形上、形下相貫爲一，更無二致的妙眞世界。在此，雖說果眞宗主於「仁」、「誠」而實踐之則所見、所體、所成之器物固即已是仁化、誠化、道化、神化了的器物，而道器不二、體用一如；然人有是心、是性而或不仁、未仁，則無以著此心性之妙運，從而亦無法由此達致上述的一元有機泛神論之妙眞世界。不仁，則放失於狂亂，或者墮退或執著於固限、死沉冰冷的器物世界中，自私、黏滯；未仁，則不能當體聖諦淋漓，渾然自足，而時或僅藉思辯之助力以構想或強索形上的世界耳。是以，哲人自不能不面對此不仁或未仁之存在情實，面對此現實限制下的存有觀點，並在仁化、誠化中的存有觀點之對照下，尋求其間的緊張性之調和。「氣」底概念，便正好應了此一需要，滿足了其間存有架構或義理結構上的需求（不論自人底主觀面看或自器物底客觀面看皆然）。因爲：「氣」不但可做爲主、客觀面的「現實性原則」或「個別性的具體存在原則」，總言之，「形而下原則」，同時亦不礙其符合於清虛澄通、神化萬變、生機流行、和融精醇等「普遍性原則」、「自由創生原則」或「價值充和、自足無上的實現原則」，總言之，「形而上原則」；故「氣」恰好足當形而上者（道、性）與形而下者（器、物）之中介，一以權充形下與形上之「不一及可一」的轉圜空間，一以充當形上動貫於形下而萬變著見之憑藉（流行質素，非相當於「質料」）。如是，「氣」的引入，一來說明了現實限制下的存有觀點之或實在或虛妄。二來，滿足了志於道者在未臻仁境時之想望「踐形或有形以著見形上道體於（其所以爲的）可經驗世界中」的要求。三來，符應仁道觀點中的「自由」、「至善」、「普遍實有」等境界，以充當其「符徵」〔註49〕或「象徵」〔註50〕。四來，做爲仁道、性理之「即存有即活動」〔註51〕的

「提昇」之意，德國布魯格（Brugger）編著・項退結編譯的《西洋哲學辭典》（台北，國立編譯館出版，先知出版社印行，民國 65 年 10 月台初版）譯爲「對立的取消昇存」，見該書頁 172。

〔註49〕 「符徵」借自康德名詞，參見牟宗三譯註，《康德的道德哲學》之二《實踐理性批判》第一部、卷一、第二章之〈純粹實踐判斷底符徵〉及牟先生之疏釋。

〔註50〕 「象徵」借自康德名詞，參見康德《判斷力批判》上卷《審美判斷力的批判》（宗白華中譯本，J.H.Bernard 英譯本）第 59 節。並參見黃振華先生，《康德哲學論文集》〈論康德哲學中之『必然性』概念〉一文。

〔註51〕 「即存有即活動」爲牟宗三先生用以分判正宗儒家與否的基本標準。參見《心體與性體》。

存在相、活動相或者說流行相，亦即「呈現、展現」；此中理氣圓融，體用一如，一而不二，「全神是氣、全氣是神，相即相融」〔註 52〕，「一切跡相皆為一神理之所貫」〔註 53〕，一即多，多即一，部份在全體之中，全體在部份之中，俱顯俱隱，析分不開是理是氣——不論在存有論結構的邏輯秩序上是設想「理氣本一」或是主張「理氣不離不雜」皆然〔註 54〕。

由上所論，可見得只要吾人不是純然的唯物論者，而承認有所謂的形而上觀點，則將「氣」定位為形而上（性、道）與形而下（物、器）之中介、之居間策應者，當是自然順遂的詮解〔註 55〕。這也透露了一個重要訊息：既然氣可上可下，隨人之觀點而轉移其身份（猶五峰謂「性定則心宰，心宰則物隨」（四、20）），此則顯出人心之貴重（或精或危，繫乎一念之間）以及人事的道德奮鬥之莊嚴也。五峰謂「不有以道之則亂，不有以齊之則爭」（前引文第一條）即隱含此義矣。大哉孔子之言曰「人能弘道，非道弘人」（《論語·衛靈公篇》）也。

前引五峰之言「氣」諸條文，其規模大致不出吾人以上之論，唯當再致筆墨者有三：

（1）五峰主乎仁心性理的「一大氣息、大化流行」之世界中，乃是由天地絪縕、渾然保合、在其自己的太極道體，透過元具的似相對的交互共成、共立的陰陽二氣之循環式的辯證發展〔註 56〕以展開的。萬物化生成形由此，

〔註 52〕《心體與性體（一）》頁 366。

〔註 53〕《心體與性體（一）》頁 367。

〔註 54〕即使牟宗三先生亦謂：「理氣不離不雜不能決定理必為只是理。理之成為『只是理』是對於理（太極）本身的體會問題。分解地言之（筆者案：相對於圓融地言之），即使對於理體會為心神理是一之理，亦仍可說不離不雜也。」（《心體與性體（一）》，頁 371）

〔註 55〕方東美先生解釋《易緯乾鑿度》之「太初者，氣之始者也」時亦云：「由太易（乾元精神的創造權力）而生太初，太初之氣最初是無形畔之氣，即小程子所謂『貞元之氣』。換言之，即是先天的精神的創造權力，它可以創生天地。天地是有形畔的，一旦天地創生了，這個氣從無形而有形，也可以是有形畔的了……在『氣』已然產生之後，即介乎形而上與形而下之間了。」（《新儒家哲學十八講》，頁 146）又云：「太初指『氣』，這個『氣』，依然是形而上的——但一經朱子解釋周濂溪的學說，就變成形而下的了，那是陰陽家、五行家的說法」（同上，頁 144），「到後來朱子所講的『氣質之氣』，那就成了『形質之氣』——從形而上界拉下來同陰陽五行結合，同金木水火土結合，那才成為物質了。」（同上，頁 145）

〔註 56〕此所謂「循環式的辯證」，乃別於「揚棄式的辯證」而言，意指 A（例如：「陰」）

變動消長由此，價值申展由此，甚至情流難遏、氣動難平亦由此而可能（往而不返元初和諧，即然）。故五峰曰：

> 陽中有陰，陰中有陽。陽一陰，陰一陽。此太和之所以爲道也。始萬物而生之者，乾坤之元也。物正其性，萬古不變。（四、37）〔註57〕
>
> 一陰一陽之謂道，有一則有三〔註58〕，自三而無窮矣！（一、29）
>
> 一陰一陽之謂道。道謂何也？謂太極也。陰陽剛柔，顯極之幾，至善以微，孟子所謂可欲者也。（五・25）

又曰：

> 天得地而後有萬物，夫得婦而後有男女，君得臣而後有萬化。此亦道之所以爲至也。（一、51）
>
> 變異見於天者：理極而通，數窮而更，勢盡而反，氣滋而息。（一、32）

因 B（例如：「陽」）而成立或存在，而 B 又因 A 而成立或存在（說見張柯圳先生對黑格爾《精神現象學》之課堂講論）。此「循環式的辯證」，並非固限、停滯的，而是在相互支持、共感中，逐步走出其自己，而彰顯了其內容，故仍是展開性的，而得成八卦，復成六十四卦也。橫渠《正蒙・太和篇》即有云：「其陰陽兩端循環不已者，立天地之大義。」又〈乾稱篇〉亦云：「無所不感者，虛也……天性，乾坤陰陽也。二端故有感，本一故能合……皆無須臾之不感，所謂性即天道也。」濂溪〈太極圖說〉更引《周易》語曰：「立天之道曰陰與陽；立地之道曰柔與剛；立人之道曰仁與義。」如是，陰陽便不只是形而下的身份耳，而亦可具有形而上的意義矣！（案：近哲方東美先生即曾云：「陰陽在魯學的儒家認爲它是形而上的，齊學的儒家則認爲是形而下的。」（《新儒家哲學十八講》，頁 146）又云：「講《尚書・洪範》，除了要講皇極大中之外，還要講五行。而講《周易》，只要講陰陽。所謂『立天之道曰陰曰陽』，那是乾元創造衝動的先天形式，與陰陽家所講的形而下的陰陽完全是兩回事。」（同上，頁 142））

〔註57〕 此蓋直承濂溪〈太極圖說〉、《通書》（《易通》）〈誠〉上、〈動靜〉章及橫渠《正蒙》，而作一義理發展而來。《太極圖說》云：「太極動而生陽，動極而靜；靜而生陰，靜極復動。一動一靜，互爲其根。分陰分陽，兩儀立焉。陽變陰合……」（《周子全書》，頁 6、10）。〈動靜〉章云：「……物則不通，神妙萬物。水陰根陽，火陽根陰。五行陰陽，陰陽太極。四時運行，萬物終始。混兮闢兮，其無窮兮。」（同上，頁 157～158）〈誠〉上云：「誠者……大哉乾元，萬物資始，乾道變化，各正性命，誠斯立焉。故曰：『一陰一陽之謂道。』（同上，頁 117）。〈太和篇〉云：「太和所謂道。中涵浮沉、升降、動靜、相感之性，是生絪縕、相盪、勝負、屈伸之始……起知於易者乾乎！效法於簡者坤乎！」（《張載集》，頁 7）

〔註58〕 此依《正蒙・參兩篇》而來，見「註9」。

以上「陽中有陰，陰中有陽。陽一陰，陰一陽……乾坤之元也」的命題，正為後來晚明清初大儒王船山所承而發揮至極者焉。蓋此命題不僅表達了氣之「動而能靜，靜而能動」〔註 59〕之「動靜相生的氣機」〔註 60〕，且自其渾合保足、交互地辯證開展言，正亦可推其極而云「動而恆靜，靜而恆動」〔註 61〕，亦「動而無動，靜而無靜」〔註 62〕，故為「即動即靜」、「即陰即陽」〔註 63〕之「涵具乾坤健順之理、乾坤並建」〔註 64〕的太極也〔註 65〕。而此亦不陷入一般唯氣論者「恆限理於已成之一般事物已有之氣之流行之中」〔註 66〕的泥淖。一般唯氣論，在理論上犯了一個致命傷，即唐君毅先生所指陳的：

> 如謂氣自能生生，此生生之條理，即理，更不須依一在前為導之生生之理以生；則須知此氣之生生，並非一已完成之事實。如其是已完成之一事實，則可說此理只是此氣之生生中之條理，不須是一在前為導，為氣所依以生生之理。然氣之生生，乃一未完成之事實，而尚有其前路者。則後起之氣之生生，即不能無此生生之理，為其所依，以在前為導。否則其何以能生生之故，即終不得而解也。〔註 67〕

然而，承五峰上述命題而來的以船山為代表之「氣宗」〔註 68〕體系則不犯此一過錯，而可與理學之他宗相容，相輔相成也。是則，五峰亦可云具備「氣宗」側面之一先機也。

而在理論效果上，「氣宗」更有其特長處：一者，不但可云「體用圓融」、「神氣一如」，更緊要的，還可符合 Parmenedes 有名的「有者恆有，無者恆無」

〔註 59〕《中國哲學原論導論篇》云：「氣之動者恆繼之以靜，氣之靜者又恆繼之以動。故氣可言為『動而能靜，靜而能動』者。」（頁 496）

〔註 60〕同上，頁 454。

〔註 61〕同上，頁 497，唐君毅先生以「動而恆靜，靜而恆動」說本心良知之「寂而恆感，感而恆寂」。

〔註 62〕同上，頁 497，唐先生以「動而無動，靜而無靜」言「理」。

〔註 63〕同上。

〔註 64〕同上，頁 776 云：「船山雖力主人不可立理以限事，固未嘗不謂此陰陽之渾合，及此陰陽二氣之流行，涵具乾坤健順之理，而主『乾坤並建』」。

〔註 65〕同上，頁 497 云：「明末有王船山之以太極為陰陽渾合之說。」

〔註 66〕同上，頁 493。此為唐先生用以批評顏習齋、戴東原等謂「理無超越於氣或一般事物之義」（同上，頁 493）而以「理為氣上之條理、為心之所知所對之說」（同上，頁 498）者。

〔註 67〕同上，頁 466〜467。

〔註 68〕理學中「氣宗」一名，聞之於吾師張永儁先生。

之理則（思想法則），而滿足一元的要求。是則觀念論與實在論乃一元本具之化，化爲思想與擴延，精神（有機）與物質（無機，包括物理能），其始也同一，其終也無二。二者，不致「立理以限事」〔註69〕，而日新富有，形成一開放性的價值體系，諸價值領域之開展皆得肯定，而人之個性特長亦得其發揮完成之空間也。

（2）性理主乎氣的流行，因氣之流行而呈顯出存在歷程之相〔註70〕。而有歷程跡象可見（外感）或可感（內、外感），即已是與「時間」俱呈俱現（空間只牽涉外感覺〔註71〕）；否則即不可能形成「歷程」的觀念（例如：植物之自萌芽而長枝葉，而開花結果，而熟爛落地；人之由生而壯而老而死。又如：世代興替，繁華消沈，昔時王謝堂前燕，飛入尋常百姓家；或搭乘輕舟，順流急下，朝辭白帝，夜還江陵。凡此豈非已包含「時間」在裡頭了呢？）。反之，若無內感覺的跡象，則亦無所謂「時間」（無「時間」之存在地位）〔註72〕；此理人人可憑其感性直觀之起滅而自明。如是，道既以氣化歷程的型態出現於人間世上，則必亦爲時間型態矣！故道以氣之流行而化現爲時間型態也。此五峰云：

> 時之古今，道之古今也。（一‧16）

（3）五峰的氣化宇宙，亦順濂溪《太極圖說》而承《易》強調「原始反終」之義〔註73〕，是則終即始，始即終，如一圓之周而復始、循環無盡。此五峰略以自然宇宙之寒暑的始終循環圖象之，乃曰：

> 寒暑之始終，天地之始終也。（一、10）

更且，一個始終的圓跡，雖只是其周而復始、循環無盡所成的無數個圓跡之一、之部份，但那無數的圓跡仍只是同一個圓跡之循環展現，並不加增，其

〔註69〕關於「立理以限事」，參閱唐君毅先生《中國哲學原論導論篇》，頁476。

〔註70〕橫渠《正蒙‧神化篇》即有云：「象若非氣，指何爲象？」（《張載集》，頁16。）

〔註71〕關於「空間只牽涉外感覺」一點，可參閱康德《純粹理性批判》「先驗感性論」。康德於該書第一版頁34（第二版頁50）有云：「時間是一切現象（不管是內部的抑或外部的）底先驗的形式條件。空間，由於它是一切外部直覺底純粹形式，是故它一往是有限制的；它只充作外部現象底先驗條件。」（此據牟宗三先生中譯本，頁140）。

〔註72〕《正蒙‧神化篇》亦云：「時若非象，指何爲時？」（《張載集》，頁16）。

〔註73〕王開府先生即已指出：「始終如一圓環，何處非始？何處非終？亦無始亦無終……《易‧繫辭下傳》說：『易之爲書也，原始要終以爲質也。』其〈上傳〉也說：『原始反終，故知死生之說，……通乎晝夜之道而知。故神無方而易無體。』」（《胡五峰的心學》，頁31）

質恆同、恆一；故一即是多、即是全，全體即在部分之中。此五峰圖象式地擬想、玩索之曰：

> 一日之早（旦）暮，天地之始終具焉。（四、31）

然而，若自純然的自然物理宇宙之跡而觀世界，所見畢竟只是自然哲學（理論哲學）領域內的知識耳，且有待經驗致知的擴充、調整和歸納的抽象（尋「類」、求「共相」），而統類以模塑之。限於時代背景，更由於心眼或著意的基本方向不同，五峰自不及發揮此一側面而成就此學於可觀之地。五峰到底是本其「仁者天地之心」的一元有機泛神論之心眼，去玩索、看待自然宇宙的變化始終，而非出自素樸的自然宇宙實在論式的心眼去描摹天地之始終。所以五峰在上面所引的一句話後緊繼之曰：

> 一事之始終，鬼神（案：五峰有云：「往而不窮者，鬼之謂與？來而不測者，神之謂與？」（四、3））之變化具焉。（四、31）

更曰：

> 觀日月之盈虛（案：亦始終循環也），知陰陽之消息；觀陰陽之消息，知聖人之進退。（一·3）

此處謂「觀陰陽之消息，知聖人之進退」便已顯出實踐取向矣！然此並非謂以自然物理宇宙律則決定人之行事所當遵行的格律，其衷曲吾人當可作如下的理解：由仰觀自然氣化宇宙之變化消長的跡象，聯想式地俯察人事之盛衰變易、生死悲歡；透過此等生與化、盛與衰……等等（總言之，陽與陰）的「反觀」，將產生一種宇宙情懷，而喚起人生的深入「內省」（《易》所云「天行健，君子以自強不息」即其一例）。由內省得知是非善惡和本末先後，因之決定了動處事物之分或進退出處的法則、節度。總此曲折歷程之整體而言，即《易》所謂「一陰一陽之謂道」也〔註74〕。如是理解，乃就契悟聖人進退之道的歷程以論。然吾人可云上述進路只是悟道途徑之一端，而非唯一的方式，亦更不必真有「仰觀」而後「俯察」而後「內省」之先後固定的工

〔註74〕《正蒙·神化篇》即有：「氣有陰陽，推行有漸爲化，合一不測爲神。其在人也，（知）〔智〕義（用）〔用〕（案：〔〕內的字表示訂正的字），則神化之事備矣。德盛者窮神則（知）〔智〕不足道，知化則義不足云。天之化也運諸氣，人之化也順夫時；非氣非時，則化之名何有？化之實何施？《中庸》曰「至誠爲能化」，孟子曰「大而化之，皆以其德合陰陽，與天地同流而無不通也。」（《張載集》，頁16）此段話可作爲陰陽消息和聖人進退其間關的一個說明。

夫次序；若必與云進路之全，則只言「觀陰陽之消息」或便是矣，蓋陰陽變化可兼跨自然與人事兩大領域，涵蓋乾坤也。是見若自契悟聖道的歷程觀之，則五峰此「觀日月之盈虛……」語，當只是一個提示耳。又更深一層以觀，五峰此語當主爲其體道後流露而出之一心靈境界語者：蓋悟道之賢者，其無論仰觀或俯察，皆見「天道性命相貫通」、「宇宙秩序與道德秩序一致」之「一陰一陽」的聖道之展現也。

第三節　道德實踐優位下的「存有」與「價值」之調和

一、「有」與「無」之「感性形跡（氣化）義」與「理性心靈實踐（神化）義」

> 物之生死，理也。理者，萬物之貞也。生，聚而可見，則爲有；死，散而不可見則爲無。夫可以有無見者物之形也，物之理則未嘗有無也。老氏乃以有無爲生物之本，陋哉！（一・50）
>
> 有「聚而可見謂之有」者，知其有於目；故散而不可見者謂之無。
> 有「實而可蹈謂之有」者，知其有於心；故妄而不可蹈者謂之無。
> （二・15）

以上所謂的聚、散，顯然是承橫渠，由「氣化」以言之〔註75〕。「非氣無形」（三・21），當氣聚物生而成形可目見即是「有」；反之，氣散物死而形消不可目見即稱之「無」〔註76〕。此種有無乃自形跡以言，而眼識等感官知覺爲其判準。姑稱此種意義的有無曰「感性形跡義的有無」或「一般氣化義的有無」。

　　然而「氣之流行，性（案：即「理」也〔註77〕）爲之主」，物之生死、氣

〔註75〕《正蒙・太和篇》有云：「太虛無形，氣之本體，其聚其散，變化之客形爾」（《張載集》，頁7）、「氣之爲物，散入無形，適得吾體；聚爲有象，不失吾常」（同上）。

〔註76〕此處所云之有無亦直承《正蒙》而來，〈太和篇〉云：「氣聚，則離明得施而有形，氣不聚則離明不得施而無形。方其聚也，安得不謂之客（《周易繫辭精義》「客」作「有」）？方其散也，安得遽謂之無？」（《張載集》頁8）又〈誠明篇〉：「性通乎氣之外，命行乎氣之內。氣無內外，假有形而言爾。」（同上，頁21）

〔註77〕王開府先生即已指出：「性即理」爲二程學共認的命題，五峰信受二程學當亦遵循之。《知言》中有多處可資證明。王開府《胡五峰的心學》曾指出其中之例，其文曰：「理是萬物貞定不變的部份……，理既然內在於事物之中，事物

之聚散變化乃「理」（統「理一分殊」而言之生生之理、實現之理）主宰而使然；故「理」即為萬物之所以生成、存在、消逝、變化之既超越又內在的形上根據（所謂「物之生死，理也」），恆常、貞定，必然而不可易（所謂「理者，萬物之貞也」）。既肯認理矣，則所謂「未嘗有無」實即「有而不能無」（「有而不能無者，性之謂與？」（四・3））之義，乃恆存、實有也。

此處顯然承橫渠《正蒙・太和篇》「天地之氣，雖聚散攻取百塗，然其為理也，順而不妄。氣之為物，散入無形，適得吾體；聚為有象，不失吾常。太虛不能無氣，氣不能不聚而為萬物，萬物不能不散而為太虛」〔註78〕以立論。其中「理」與「氣」的關係當依上文「一元有機泛神論」及「陰陽交互辯証、一氣大化流行」的立場去理解。

對於此種恆存實有之理的肯認，五峰基本上並非由「存在之然」而做存有論上的邏輯逆推其「所以然」以空言之耳，而是如橫渠《正蒙・神化篇》所云「所謂氣也者，非待其蒸鬱凝聚，接于目而後知之。苟健順動止，浩然湛然之得言，皆可名之象爾」〔註79〕，乃不止於「靜觀萬物之理」，且更進一步「動處萬物之分」，返歸「體驗、實踐的心靈」，落在此「心」上，以為存有或空無的判準，由此而謂上乘意義的有無。姑稱之曰：「理性心靈實踐義的有無」或「神化義的有無」。是則直指心性之誠，而「感性形跡義的有無」自

品類萬端，則表現出種種不同的理。五峰說：『萬物不同理。』（卷四）事物的理雖有萬殊，但聖人能會通萬物，探得萬物共同的理。這共同的理是萬物創生、存在與變化的共同律則。萬物依此理而產生、存在與變化……這共同的理，實際上就是前節所說的『性』。五峰說：『性，天下之大本也。』（卷一）又說：『理也者，天下之大體也。』（卷四）大體即大本，理即是性。五峰說：『大哉性乎！萬理具焉，天地由此而立矣。世儒之言性者，類指一理而言爾，未有見天命之全體者也。』（卷四）我們說一物有一物的性，實即說一物有一物的理，萬物共通的性，就是共同的理。它貫串了萬理，也就是具備了萬理。」（頁28～29）除王開府先生以上所指出者外，《知言》中尚可找到其他「性」與「理」可互轉的顯例，如：「夫理，天命也。」（四・19）&「天命之謂性……」（一・1），「義理，群生之性也」（四・15）。此種互轉並不限於自天下大本或天命全體以言「性」、言「理」時，而亦適用於就個物言之時；換言之，同時適用於「理一」面和「理在氣中」的「分殊」面。有例可證：五峰云：「觀萬物之流行，其性則異；察萬物之本性，其源則一」（二・30）&「萬物不同理……窮理然後能一貫也。」（四・28）可見雖然五峰不滿意於世儒「言性類指一理、未見天命全體」，但並不廢言具個別差異的「個物之性」或「個物之理」也，唯五峰仍不離天命全體之「性」或「理」以言之耳。

〔註78〕《張載集》，頁7。

〔註79〕同上，頁16。

降到下位了。此中所謂「有於心」之「實而可蹈」的「有」，吾人可先藉西哲康德的一段話加以說明：

> 滿足道德底定言令式（斷言令式），永遠是每個人力所能及；滿足幸福之以經驗爲條件的誡規，則不常見，並且決非對每個人均是可能的（甚至僅就單一目標而言）。此其原因在於：前者僅牽涉到必然眞實且純粹的格律，但後者卻牽涉到實現一個所欲對象的力量和自然能力。〔註80〕

這段話裡，康德表示「滿足道德令式由於僅牽涉到必然眞實且純粹的格律〔註81〕，所以恆爲人人力所能及者；其他牽涉到經驗條件者則不然」。換言之，康德認爲道德令式本身並不牽涉經驗條件，因而欲滿足之並不須依賴後天的力量，而僅繫乎吾人的格律是否純粹（先天、先驗，不雜於感性欲望的）而信實於純粹實踐理性（善意志）所下的「命令」〔註82〕；這本質的關鍵，乃是人人力所能及的，因爲（人是有理性者），道德令式對於人的存心或意念永遠可以是必然眞實的。

吾人贊同康德此意，中國經典不亦云「人人皆可爲堯舜」、「我欲仁，斯仁至矣」？吾人實仍持道德理想主義的人生觀及目的宇宙觀，認爲最基本的人性（理性、精神）其至萬物之眞性，皆必然的要求或自然地朝向道義，因而若順道義而言行，則必信必果。五峰亦已云：

> 先道而後言，故無不信之言；先義而後行，故無不果之行。（一・21）

依上，道德便是人人「實而可蹈」的，而其他牽涉經驗條件者則不然——雖亦不一定就「妄而不可蹈」。孔子云：「富貴如可求，雖執鞭之士吾亦爲之，如不可求，從吾所好。」更曰：「我欲仁，斯仁至矣。」是即渾淪警澈地展示出此中深意，而寓工夫於平易矣！孟子云「求則得之，捨則失之」（「操則存，捨則亡」），則復點醒吾人之道德實踐於「一念之間」也。更進一步論之，「實而可蹈謂之有、

〔註80〕見《實踐理性批判》。此處轉引自李明輝先生〈孟子的四端之心與康德的道德情感〉一文（《鵝湖學誌》第三期 1989 台北，頁 14）。

〔註81〕「格律」指「主觀的行爲原理」或者說「主觀行爲所依照的基本原則」（《道德形上學基礎》，吾人此處據《康德哲學論文集》頁 251），由「意念」所產生（案：關於康德「意念」與「意志」的區別及其與格律的關係，可參閱李明輝先生「孟子的四端之心與康德的道德情感」，見《鵝湖學誌》第三期，頁 7～9）。

〔註82〕康德所謂「命令」（理性的命令）指的是對於意志具有強制力量的客觀原理。此據《康德哲學論文集》，頁 152。

妄而不可蹈謂之無」當還有一層更嚴肅的意義，此即對於道不可行等所遇之命的承擔，而「由命見義」、「知其不可爲而爲之」，乃見天命之無所而不在，「道之無不可行之時」（見下面引文）。〔註83〕正如橫渠《西銘》所云「富貴福澤，將厚吾之生也；貧賤憂戚，庸玉汝於成也」，又如孟子所云「天將降大任於斯人也，必先苦其心志，勞其筋骨，餓其體膚，空乏其身，行，拂亂其所爲；所以動心忍性增益其所不能」。是則正者自實爲之，而邪者恆所以見義，爲義所欲去之妄，乃唯因欲成就義而有其「負面」的實在意義耳。至於「感性形跡義的有無」，亦在此等道德實踐中而有了新意義。是以五峰云：

> 道無不可行之時，時無不可成之事。時無窮，事萬變，唯仁者爲能處之不失其道而有成功。權數智術，用而或中則成，不中則敗，其成敗係人（案：指「他人」）之能否，而權度縱釋不在我者也，豈不殆哉？（一‧19）

二、「價值中心的存有論」體系中「應然」、「實然」、「必然」之調和

> 誠者，命之道乎！中者，性之道乎！仁者，心之道乎！惟仁者爲能盡性至命。（一‧34）
>
> 誠，天命；中，天性；仁，天心。理性以立命，唯仁者能之。委於命者失天心；失天心者興用廢；理其性者天心存，天心存者廢用興。（五‧20）
>
> 誠成天下之性，性立天下之有，情效天下之動，心妙性情之德。（三‧18）

命、性、心是三個偏重存有意義的名詞，相應於此的誠、中、仁則是三個主爲價值意義的名詞。吾人可依次對應之而云「必然」、「實然」、「應然」三種層面的問題。依五峰，此三個層面是一貫的，對貫通的關鍵在於仁心。現在，

〔註83〕關於由命見義、天命無不在、道無不可行等等諸義，可參閱唐君毅先生《中國哲學原論原道篇（一）》，第二章〈孔子之仁道（下）〉第二節〈天命、自命與義之同義及異義，與義命不二、及天命不已〉。其中「由命見義」秉該節所云「蓋當人之所遇與其昔所期所望全不同時，則人昔之所以自命者，至此即可全失其用；而此新所遇之境，即若直接命其以在此境中之義所當爲。」（頁119）而爲言。

我們就針對此三個層面之間的溝通問題，作一探討。首先我們先從「生生之理」談起。

勞思光先生《中國哲學史》裡所指出的「生及生之破壞」的「背反」問題，乃單由「現象界」觀「天道」必須服從「現象義」的「生生之理」時才產生的，換言之，乃如康德所說的誤以現象界為物自身而產生的。其實，我們若由「創化原理」（基于「自由」概念的實踐哲學）配合「實現原理」或「存在之理」以言「生生」〔註84〕——所謂「一元宇宙，大化流行」——則此「生生之理」或「生生之德」乃指謂著「生命精神（神氣）的永恆創化流行」，因而是一個"在「自然」概念之上一層面立一基於「自由」概念的哲學領域"之中的「精神原理」〔註85〕。它是一種特殊的、超越的因果性（依康德哲學而為言）。承此，我們將主張說：沒有離此精神原理而獨有的純粹物質，沒有離此精神原理而獨有的「實然」世界，並且離此精神原理則亦無所謂的「必然」。此話怎講？且大略解析如下：

考察時空中的存在物（包括「人」作為時空中感性或感觸的存在）之「實在」性時，我們之所以認為它們並不虛妄，其初步理由可以說是我們的感性結構及作用使得我們認為有一實在的物理自然世界。但是這樣的理由是不足的，因為它終歸必須先行假定（預設）原始同一的根源意識——「先驗統覺」〔註86〕——而有了如此的預設，懷疑論者便永遠可以逼問其嚴格的「普

〔註84〕此點主要是由唐君毅先生辨析朱子理氣論之處得來，參閱《中國哲學原論導論篇》之〈原太極（中）〉。

〔註85〕此點由吾師張永儁先生之教誨來，並請參閱康德第三批判〈導論〉第一節裡對哲學的分類。

〔註86〕此處吾人乃秉康德《純粹理性批判》第一版〈範疇先驗演繹〉以為說，康德云：「一切知覺皆先驗地基於純粹直覺（一切知覺作為表象皆先驗地基於內部直覺底形式，即基於時間），聯想則基於想像底純粹綜合，而經驗的意識則基於純粹統覺，即是說，基於一切可能表象中的自我之通貫的同一性……一切表象在我之內能表象某種東西是只當此一切表象連同一切其他表象皆屬於一個整一的意識，因而也就是說，它們至少必須能夠如其屬於一整一意識那樣而被連繫起來，它們始能表象某種東西……（康德原注：……一切表象皆有一必然的關聯——『關聯於一可能的經驗的意識』之關聯。因為如果它們不曾有這種關聯，又如果『去意識到它們』真全然是不可能的，則此實際上必等於承認它們的『非存在』。但是，一切經驗的意識皆有一必然的關聯——關聯於『那「先於一切特殊經驗而存在」』的超越的（筆者案：「transcendental」或譯為「先驗的」）意識，即作為根源的統覺的「我自己」之意識』之關聯。因此，這是絕對必然的，即：在我的知識中，一切意識皆必屬於一獨個整一

遍性」，懷疑其絕對的「必然性」（一旦不肯定「先驗統覺」時，便可以合理地如此懷疑或逼問，以致在「知」方面走上徹底的不確定性或相對性，蹈入虛幻；不過，只要尚感到一種「情」或「意」，則還不致走到人生的盡頭或絕地 —— 徹底的「虛無」 —— 而隱藏了柳暗花明又一村的契機，他還可以尋回「我」來）。因此，若要主張它們（時空中的存在物）並不虛妄，則必得有更深切的理由。這更深切的理由，我以為其關鍵便是進行反思逆覺的精神意志之當下直悟其自己為自由（自律而非無規律）的（因而含著目的性的）實踐性的存在，這實踐性的衝動，不容已地指向一「終極關懷」的「影像」（「意象」），只此當兒便即自肯定作為精神意志之統一體底主體（亦即「統一的心靈」或「先驗統覺的我」）存在著；且一旦隨此實踐衝動或流行而達到那終極關懷的影像（意象）之清晰明瞭（實體化）時 —— 所謂「自明誠」 —— 便是充滿著「理性」，一片靈明。此境可云良知內在的生生不容已（必然），非橫攝地認知客觀「對象」，亦非「無明」的盲目衝動，而乃「天理」也〔註87〕。由此一關鍵的體察或肯認，便可以進一步在此指出時空存在物之為不虛妄的那更深切的理由之較整全的面貌，那便是我們統一的精神意志（主體）希望它們存在、不忍它們不存在（例如：不忍把親愛的人視為不存在）或不能設想它們不存在（例如：當它們限制了我們的行動，使我們的意志感到一阻礙時 —— 就像生命哲學家 Dilthey 所以為的〔註88〕）。這種種可以歸約為一點來說，即我們不容這個世界是盲目荒謬的。原來，我們是自覺地或不自覺地以「目的」觀念在看待這個世界（包括自己時空感性的存在）。去掉目的觀念、去掉精神的觀想，則真、妄兩皆不立矣！如上之故，大儒者

的意識，即「我自己」之意識。既然如此，則在此我自己之意識處即存有意識底雜多之一綜和的統一，此一綜合的統一是先驗（筆者案：「a priori」或譯為「先天」）地被知的，因而它可以為那『有關於純粹思想』的諸先驗（筆者案：「a priori」）綜合命題給出根據……『一切經驗的意識之種變（即各種不同的經驗的意識）皆必須被結合於一個獨一而整一的「自我意識」中』，這一綜合命題是『我們的思想一般』之絕對第一而又綜和的原則……一切知識底邏輯形式之可能性卻是必然地為『關聯於此作為一機能的統覺』所制約。）」（《純粹理性批判》第 1 版，頁 115～117。此據牟宗三先生中譯本，頁 261～263。）

〔註87〕 此處所云「良知內在的生生不容已，非盲目衝動而乃天理」之說，取資張永儁先生宋明理學課程中講述陽明學之處。

〔註88〕 波亨斯基著‧郭博文譯，《當代歐洲哲學》第四章〈生命哲學〉述狄爾泰之意云：「我們肯定外在世界的存在是因為我們的意志受到抗拒。」（頁 93～94）

眼中的實然世界並不是純粹的物理或生物現象世界，而是滲透精神色彩的「性理世界」——人文化的世界——至少是莊子式的美感和諧世界（而更往往會是在道德實踐中顯出嚴肅義涵，即義以言命的天命流行世界者）。他不會是以奠基於知性範疇的科學知識中的物理現象世界之自然宇宙論規律為價值標準，以決定「應然」或定立價值，之型態者；亦不是藉著思辯想像，憑空超驗地勾劃必然規律，肯斷其為形而上的真實、乃無從改易的命運，之姿態者。他不委於命，而諄諄於理其性，並志於學以興廢用。在其生命歷程中，隨其所遭遇的氣命或處境而依乎仁心感天命之呼召，見義之所在，應其所感、行其所是，性立而不虛，情效而中節，性情之德乃明著妙顯；由此天命挺立，唯是誠神流行之化，「應然」貫徹「實然」而達至「必然」境界也。是謂「唯仁者為能盡性至命」。

第三章　《知言》「內聖之學」析論（下）

第一節　心與性——莫尊于性，莫貴于心，同久同大

一、心性分設，以心著性：性爲自性原則或形上生化的實體，心爲形著原則或道德實踐的主體

> 天命之謂性。性，天下之大本也。堯、舜、禹、湯、文王、仲尼六
> 君子前後相詔，必曰心而不曰性，何也？曰：心也者，知天地，宰
> 萬物，以成性者也。六君子，盡心者也，故能立天下之大本，人至
> 于今賴焉。（一・1）

甲、心與性在義理結構上的關係

　　此條文直接表明了心與性的關係，點出心乃性得以具體地彰顯而價值
化、道德化地成就或完成其自己的關鍵，所謂「盡心以成性」。蓋五峰稍異
於孟子「本心即性」之直由「內在道德性」以言性或者說直從心之道德自覺
而道德實踐地言性〔註1〕，他是先客觀存有論地說一形式意義的性體或奧
體，突顯天理之尊嚴超越性、普遍滿全性及創生無盡性，然後再具體道德實
踐地（案：「盡心」自是承孟子而言之，故其本質核心爲道德的）以良知靈

〔註 1〕關於五峰論性所採取的進路之異於孟子，請參見《心體與性體（一）》綜論部
　　　　第一章第四節〈宋明儒之分系〉及《心體與性體（二）》頁 431、463 等，或
　　　　參見《鵝湖月刊》總號第 167，頁 27（鄧紹光，〈胡五峰「以心著性」的義理
　　　　結構〉）。

明「形著」﹝註2﹞性體或奧體於天地宇宙間﹝註3﹞。所以,「心性的關係實即抽象地說(性)與具體地說(心)之關係,形式地說(性)與真實化地說(心)之關係,主觀地說(心)與客觀地說(性)之關係,性之『在其自己』(性)與『對其自己』(心)之關係,而最後必歸於一也。」﹝註4﹞此中,人心之形著性體或天理乃在時間歷程中,因其所遇之分殊事物而步步體察道德天命而實現之。就此中當時際、當下之心或生命言,它是全幅真誠惻怛的仁心或良知靈明,並不是形跡所限制、所決定的心或生命,因而它即是性體或天理之自身;但是,若一旦離此當下充分的仁心而望時間或存有界時,便又產生無限與有限或全體(共相)與部份(殊相)之別,而覺其所實現的只是性體奧體或天理之部份而非全部的實質內容了。﹝註5﹞如此,在義理架構上,乃一面強調天道性體之奧祕浩溥或於穆不已﹝註6﹞(淵深隱微而剛健無息地顯發流行,大明終始),如云:

> 皇皇天命,其無息也。(四・24)

> 維天之命,於穆不已。(一・56)

> 至哉!吾觀天地之神道,其時無愆,賦命萬物,無大無細,各足其

﹝註2﹞ 此「形著」義,牟宗三先生曾精細地分辨為兩種:一者「道德地實踐的或本體論地實踐的形著」,如五峰之進路者,此中心與性乃本體論的實體性的;另一者,「認知地實踐的形著」,此中心與性乃關聯的合一(就然與所以然(情與性)說,是縱貫的對應之一,就認知的靜攝說,是橫攝地內在化之之一)。詳見《心體與性體(二)》,頁279～285。

﹝註3﹞ 楊祖漢先生《儒學與康德的道德哲學》頁72即依牟宗三先生之說云:「在儒家,雖亦有胡五峰劉蕺山一系之『以心著性』之說,先客觀存有論地說一形式意義的性體奧體,然後把道德實踐地說的良知明覺視為對這奧體之形著」。

﹝註4﹞ 《心體與性體(二)》,頁446。

﹝註5﹞ 楊祖漢,《儒學與康德的道德哲學》頁72亦依牟宗三先生之說云:「由於道德實踐是具體的、散殊的,而性體奧體,則是完全的,於是人以道德實踐之本心良知彰顯道體性體時,便顯一步步彰顯之相,於每一步,只能顯性體之某一部份之內容,而不能全盡之,由是便覺良知本心並不能等同於性體道體,性與天道穆穆無窮,人只能步步形著之,而不能當下全部朗現之,於是便顯無限進程之相……然於此之每一步之形著,同時亦即是全幅性體之全部呈現,因此刻之心體並不真正受具體形跡所圍,實則是性體之全即在此當下之散殊之分中呈現,例如吾人於對父母孝時,似不能同時對朋友信,對國家忠,而顯有限之相,但其實是全幅之性體內容盡顯於目下具體的機感中,而亦不為此機所圍,此處亦有一圓頓之可能。」

﹝註6﹞ 此義略聞於楊祖漢先生講堂之說。可參閱牟宗三先生《心體與性體》及《從陸象山到劉蕺山》中關於「性宗」一系之論述。

分，太保和合，變化無窮也……惟聖人……處見而知隱，由顯而知微，靜與天同德，動與天同道……（二‧32）

氣有性，故其運不窮。（二‧9）

性也者，天地鬼神之奧也。（四‧5）

乾元統天，健而無息，大明終始。（五‧8）

以及強調性體之存立（生化）萬有，而爲形上生化的實體，如云：

性立天下之有。（三‧18）

性也者，天地之所以立也。（四‧5）

大哉性乎！萬理具焉，天地由此而立矣。（四‧9）

性，天下之大本也。（一‧1）

萬物皆性所有也。（四‧11）

有而不能無者，性之謂歟？（四‧3）

非性無物，非氣無形，性其氣之本乎！（三‧21）

氣之流行，性爲之主。（二‧39）

並以「性」指「心（創化地顯現爲存在者或呈顯在覺識活動中者）之所以爲心」〔註7〕，不謂因身發智，不貪天功以爲己力，只是率性，行其不容已。如云：

指名其（道）體曰性，指名其用曰心。性，不能不動，動則心矣。（六‧3）

天命爲性，人性爲心。不行己之欲，不用己之智，而循天之理，所以求盡其心也。〔註8〕（一‧41）

裁制屬諸心，君子不謂之心也，必有性焉，然後能存。（三‧43）

工夫上便也一面強調「對越在天」或「敬奉天命」，從感性中抽退回來，往內返，操存戒愼不放肆〔註9〕，如云：

奉天而理物，儒者之大業也。（五‧28）

〔註7〕 楊祖漢先生講堂上即約略云：「性宗一系以『性』指『（顯在自覺活動中的）心之所以爲心』。」（案：此蓋本於晚明劉蕺山「心只有人心，道心者人心之所以爲心。」（轉引自《心體與性體（一）》頁394））

〔註8〕 橫渠《正蒙‧大心篇》亦已云：「成吾身者，天之神也。不知以性成身，而謂因身發智，貪天功以爲己力，吾不知其知也。」（《張載集》，頁25）

〔註9〕 同「註6」。

人之道，奉天而理物者也。（五・27）

王者至大至正，奉行天道，乃可謂之天之子也。（五・14）

誠，天道也。人心合乎天道，則庶幾於誠乎。不知天道是冥行也⋯⋯
是故明理居敬然後誠道得。（四・13）

天道至誠，故無息。人道主敬，所以求合乎天也。（四・14）

皇皇天命，其無息也。體之而不息者，聖人也。（四・24）

天理存亡，在敬肆之間耳。（五・10）

君子必戒慎恐懼，以無失父母之性，自別於異類，期全而歸之，以
成吾孝也。（二・30）

爲君子者奈何？戒慎乎隱微，恭敬乎顯沛，勿忘也，勿助長也，則
中和自致⋯⋯（二・32）

但是，這也並非把天道超絕化、人格化，而是以之即呈顯在不息的創化活動、
生生之德（天心）中〔註10〕，更且即內在於精神覺識活動的人心中，爲吾心
或吾意之淵然有定向（道德或宗教之終極式的「意向性」）並光明而莊嚴浪漫
者〔註11〕。如云：

聖人知天命存於身者淵源無窮⋯⋯（一・56）

凡人之生，粹然天地之心，道義完具，無適無莫。（二・32）

人也者，天地之全也⋯⋯夫人雖備萬物之性⋯⋯惟聖人⋯⋯盡人之
性，盡物之性，德合天地，心統萬物，故與造化相參，而主斯道也。
（二・30）

中者，道之體；和者，道之用。中和變化，萬物各正性命，而純備
者人也，性之極也。（二・31）

法天之道，必先知天。知天之道，必先識心。識心之道，必先識心
之性情。欲識心之性情，察諸乾行而已矣⋯⋯乾元統天，健而無息，
大明終始，四時不忒，雲行雨施，萬物生焉。察乎是，則天心可識
矣！是心也⋯⋯怠之則放，放之則死⋯⋯（案：有怠放者即人心也，

〔註10〕關於此，可參閱本論文第二章第一節及第二節之第二小節。

〔註11〕楊祖漢先生講堂上亦約略云：（性宗）也並非把天道客體化、人格化，而是以
之即爲吾心或吾意之淵然有定向者。

是則可見此處乃以人心和天心同顯同隱；人心怠放則天心不識、不存；反之，人心操存不捨，則其性情自識而天心存。人心、天心乃同一於乾行大明也。）（五・8）

然則天心與人心非二，一之於乾行大明。但復論之，若無人之心的靈明覺用感應或其精神覺識創造活動（「知天地，宰萬物」），則一切同歸於死寂，俱爲冥行，無復有價值或目的義涵可言，無復有有機關聯之統一整體可說，而所謂乾行大明自亦泯滅，不可復言其有無矣。如是，性爲尊而心爲貴，義理工夫終又落到人之「心」上來。故五峰前引文云「心也者，知天地，宰萬物，以成性者也。六君子，盡心者也，故能立天下之大本」，又有云：

事物屬諸性，君子不謂之性也，必有心焉，而後能治。（三・43）

氣之流行，性爲之主；性之流行，心爲之主。（三・24）

氣主乎性，性主乎心。心純則性定而氣正，氣正則動而不差……曾子、孟子之勇原於心，在身爲道，處物爲義，氣與道義周〔註12〕流融合於視聽言動之間，可謂盡心〔註13〕者矣！夫性無不體者心也，孰能參天地而不物，關有聖而不惑……（二・39）

性定則心宰，心宰則物隨。（四・20）

乙、「心主性」的義涵及「性體心用」、「心為已發」之辯

上述所云「氣主乎性」（性爲氣之主）、「性主乎心」（心爲性之主）之意，關係義理結構至大，亦易引起心與性之主從次序的混淆，得特加解明其義涵。吾人可先藉牟宗三先生之解釋以初步說明之：

性爲氣之主是客觀地、形式地爲其綱紀之主，亦是存有論地爲其存在之主；心爲性之主是主觀地、實際地爲其「形著之主」，心與性非異體也。至乎心體全幅朗現，性體全部明著，性無外，心無外，心性融一，心即是性，則總謂「心爲氣之主」亦可，此就形著之圓頓義而言也。此則亦綱紀亦形著，綱紀形著爲一也。心亦主觀亦客觀，性亦客觀亦主觀，主客觀爲一即心性爲一也。此所以「莫大于心」也。（實則言「莫貴于心」、「莫尊于性」爲較好。蓋性亦大亦久也）。〔註14〕

〔註12〕此「周」字，漢籍叢刊本及北京中華書局《胡宏集》本皆作「同」字，義亦可通。

〔註13〕同上二版本「心」字皆作「性」字，義亦可通。

〔註14〕《心體與性體（二）》，頁438～439。

性為氣之流行的綱紀之主、存在之主，無聲無臭，潛移默運地主持、導節著氣之運動變化，使存在界生生不窮、秩序景然而日新又新、意義富有，成一精妙神化的宇宙。它（性）是永恆普遍的形而上創化實體，「自始即為『有而不無』者，亦『天地鬼神之奧』，然有其表現（即不能不動），方自見其有而不無。此表現而相續自見其有，即其形為心。」〔註15〕吾人實亦由其有此表現，而得言其創造生化，並逆溯而言其潛移默化也。至於心則為性之形著之主、形著之動用，因為性是自性原則，一旦有了實際的彰顯或具體呈現（走出其自己，對其自己），便已是所謂的「心」了（當然也不能說就不是「性」了），故在實際、具體的領域中，或者更明確地說在可感知、可謂其有無、可下判斷的世界中自當主心而論，以心為一切之主了。五峰不亦明言「萬物生於天，萬事宰於心。性，天命也；命，人心也」（一‧23）？是則心與性可說是用（作用、活動）與體（實體、存有）的關係，並非異體，故五峰有云：「指名其（道）體曰性，指名其用曰心。性不能不動，動則心矣」。其至也，心性融一，俱可說體（存有），亦俱可說用（活動）〔註16〕；心與性將

〔註15〕 唐君毅先生，《中國哲學原論原性篇》〈原德性工夫（上）朱陸異同探源（上）〉，頁548。

〔註16〕 牟宗三先生即以心性俱是體，並以「活動」義說心，其文云：「依五峰，並非性為體，心為用。心性俱是體。就道之用說心（『指名其用曰心』），或就性之動說心（『性不能不動，動則心矣』），皆是就道體或性體之『活動』義說心。此活動義是道體或性體之一本質，故就此說心，亦即是體也。故並非是性是體，心為用。此心性義非可以體用說。又，心以著性，心有形著之用，此亦非體用之用也。此『用』亦不可以『性動而為情』之情用說。」（《心體與性體（二）》，頁491）此處牟先生既肯認就道之「用」或性之「動」說心即是就道體或性體之「活動」說心，則「用」當即相當於「活動」的意義。而活動既是存有之活動，用既是體之用，如是既可言「即活動即存有」、「即存有即活動」，復可言「即用即體」、「即體即用」。故若云「心性俱是體」，自亦可云「心性俱是用」；同樣的，若云「心性俱活動」，自亦可云「心性俱存有」也。在此義下，「體」與「用」之間的立言分際，當猶如「存有」與「活動」之間的立言分際也，故云「指名其體曰性，指名其用曰心」自算切當，但若云「性是體，心為用」則在立言上雖不謬，但若將之死看了，執死了，則又起誤解矣。是則，若順此說下來，此處牟先生所云「並非性是體，心為用。此心性義非可以體用說」便可以解作：「從實處看，性既是體亦是用，心既是用亦是體，不可（將五峰「指名其體曰性，指名其用曰心」的話死看了）截然將『體』劃屬於『性』，將『用』劃歸於『心』。如此即可回應朱子疑五峰「性體心用」之分有失的挑戰（案：在朱子，乃以性為體，情為用，至於心則主身、貫靜動而統性情。靜時，一性渾然，道義全具，乃心之所以為體；動時，七情迭用，各有攸主，乃心之所以為用。見〈晦翁學案〉上〈中和說三〉），且不必如朱子般欲將五峰「性不能不

同久同大（「天下莫大于心……莫久于性」（三・42）），同其永恆普遍，而無限相涵為一。故云：「性無不體者，心也」（二・39）。

此處所云「心性俱可說體，亦俱可說用」乃圓頓地說，若在一般立言分際上，則五峰既云「指名其體曰性，指名其用曰心」，又承伊川「中者，狀性之體段」及後來伊川已以為未當的「凡言心者指已發而言」〔註17〕的說法，而云「未

___

動，動則心矣」中的「心」字改成「情」字了（見〈五峰學案・知言疑義〉）。然而，牟先生底下卻又云「心有形著之用，此亦非體用之用也」，則似乎又主張「心不是用（體用之用）」，而不只是說「心不只是可云用耳（亦即亦可以說是體）」。如是與吾人上面之解釋牟先生「並非性是體，心是用」的說法便似乎前後不一致，而啟疑竇矣。若姑且棄置吾人上面的解法，而直以為牟先生主張心不是用（體用之用），則可有如林家民先生《論胡五峰之「天理人欲同體而異用」》一文中對牟先生上段文的解法：「牟先生亦肯定在五峰學的系統中，心性皆是理，而且進而說心性皆是體，心不是用，因為心既是體（理）怎可又是用（氣），所以說『心性俱是體』。」（《鵝湖學誌》第三期 1989 台北，頁 62）但是，牟先生又云「此『用』亦不可以『性動而為情』之情用說」，則顯然牟先生並未將「用」專屬於「氣」。細察之，原來牟先生之「用」字有兩種不同的用法：一者是道「體」（性「體」、誠「體」、理「體」、神「體」、太極）自身（此就「靜而無靜」之靜或者說「寂然不動」，以立言，以言其自性）之形著或感而遂通的「神『用』」，亦即是「動而無動」之動；在此即寂即感、寂感一如，亦可云「即體即用」、「體用一如」也。另一者則是帶著事的、顯露跡相的體用不二、體用圓融義中分解地表示上的「用」，亦即是與神或理等區別地相對而言的「氣用」；在此用法中，「體」專指「神」、「理」、或「性」等為形而上者，「用」則專指「氣」，乃形而下者，這時所謂的「用」並不等於「即存有即活動」中的「活動」義也。（案：關於以上對牟先生之「用」字的用法之解析，主要是依據《心體與性體（一）》對濂溪「太極動而生陽」和對「太極之理」等的辯析，以及該書對橫渠《正蒙・太和篇》中「太虛即氣」和「神與氣」等的解說，而作成，尤其是頁 378。）依後者的用法，當才能正解牟先生所云「並非性是體，心是用。此心性義非可以體用說」之義。蓋該處牟先生正是針對朱子之疑五峰「性體心用」，而為五峰辯解，以反駁朱子，而表示朱子依心性情三分、理氣二分的格局而疑五峰乃未解五峰思理（參閱《心體與性體（一）》，頁 491）；故切於順朱子「性體（理）情用（氣）」的格局而辨別其與五峰所云「性體心用」間的差異，遂在該處體用合言時，順第二種用法而為說（因為第二種用法較相應於朱子的用法——是否全同，可另議），而其欲明五峰所云「性體心用」為第一種用法的體用義之意旨反若被淡化而不那麼突顯矣！依此而言，林家民先生的解法大致不謬，只是他疏忽了牟先生該處所云之「用」實已前後出現了兩種不同的用法，遂以為牟先生以道體之「活動義」說心雖無悖五峰義旨，然字面上卻不相應，乃多費一番苦心以另為說（案：其說見於《鵝湖學誌》第三期 1989 台北，頁 62～64）也。

〔註17〕《二程集（上）・河南程氏文集》卷九，伊川先生文五，〈與呂大臨論中書〉，頁 609。

發只可言性，已發乃可言心」〔註18〕、「心性固是名，然名者實之表著也，義各不同，故名亦異，難直混爲一事」〔註19〕，則心與性的意義分際自稍異。惟在五峰，「未發」（喜怒哀樂未發）不同於「寂然不動」〔註20〕，故此「未發之中」之庸與聖「同此大本、同一性」的狀態（見註20）不同於五峰所謂「聖人指名其（道）體曰性……性不能不動」之相當於「寂然不動」義的性體、道體或牟宗三先生第一種體用用法中的「體」（見註16），因而不能據此「未發只可言性」句而論斷說「體處只可言性，不可言心」。實則五峰之云「已發」（或「易則發矣」之「發」）乃兼「寂然不動」與「感而遂通」言〔註21〕，而「心」之體段，亦正以此「聖人無思也無爲也，寂然不動，感而遂通天下之故」的「已發」狀之〔註22〕；故「心」自亦可兼「體」（存有）與「用」（活動）而言也。《知言》不就云「仁（心也，人心也〔註23〕）其（道）體」（一・17）、「天命爲性，人性爲心」（一・41）乎？又「已發乃可言心」一語並未限制說「已發不可言性」，更不可由此說已發便不再是性了。五峰云「聖人盡性，故感物而靜」〔註24〕即是一明證（否則此句中「感物而靜」之「已發」與「盡性」之「性」間的必然關聯如何可解？）並且如此一來，所謂「盡心以成性」、「唯仁者爲能盡性至命」

〔註18〕 《五峰集》卷二〈與僧吉甫書〉，頁45。

〔註19〕 同上，頁47。

〔註20〕 同上，頁46云：「先君子所謂不起不滅者，正以靜亦存、動亦存而言也，與《易》『無思無爲，寂然不動，遂通天下之故』大意相符，非若二先生（案：指楊龜山、尹和靖）指喜怒哀樂未發爲寂然不動也。某愚謂：方喜怒哀樂未發，沖漠無朕，同此大本，雖庸與聖無以異也；而無思無爲，寂然不動，乃是指易而言，易則發矣。故無思無爲，寂然不動，聖人之所獨……『喜怒哀樂未發』句下，還下得『感而遂通天下之故』一句否？若下不得，則知立意自不同。」另外，頁45亦云：「未發之時，聖人與眾生同一性；已發則無思無爲，寂然不動，感而遂通天下之故，聖人之所獨。夫聖人盡性，故感物而靜……眾生不能盡性，故感物而動，然後朋從爾思，而不得其正矣！若二先生以未發爲寂然不動，是聖人感物亦動，與眾人何異？」其中「感物而靜」之「靜」字，當類同明道〈定性書〉裡「動亦定」、「靜亦定」之「定」字的意義，乃寂感一如、即動即靜，與前文「靜亦存、動亦存」之「靜」字略異，但與其動靜皆存而相符於《易》「寂然不動，感而遂通」者相當。

〔註21〕 同上。

〔註22〕 同上，頁45。

〔註23〕 《五峰集》卷二，〈上光堯皇帝書〉云：「何謂本？仁也。何謂仁？心也……蓋良心者充于一身，通于天地，宰制萬物，統攝億兆之本也……仁，人心也；心，一也……」（頁2～3）。

〔註24〕 《五峰集》卷二，〈與僧吉甫書〉，頁45。

（一‧34）亦方能順遂地言之也。更何況，五峰〈與僧吉甫書〉三首即歸結於「蓋尹先生所論已發、未發卻偏指未發爲眞心，故某疑其不然。今蒙坐誨，若見眞心，則已發、未發皆眞自是。釋然無疑矣！」〔註25〕則「眞心」豈非貫徹已發、未發而實爲其體、其究竟本質，既可云「心體」、「性體」，復可云「中體」、「奧體」乎？五峰曰：「凡人之生，粹然天地之心⋯⋯此中之所以名也⋯⋯夫心宰萬物⋯⋯眾人昏昏不自知覺⋯⋯惟聖人超拔人群之上，處見而知隱，由顯而知微，靜與天同德，動與天同道，和順於萬物，渾融乎天下，而無所不通。此中和之道⋯⋯」（二‧32）即其證也。

　　以上辯析，吾人可再藉牟宗三先生的兩段解說，使其間義理更爲明朗：

　　心是就情之已發而超越地被體證，即體證爲實體性的本心，即「無思無爲，寂然不動，感而遂通」之本心、天心⋯⋯此心由情之「已發」見，而五峰于此心自身亦言發⋯⋯此是由情之已發而見及心之動用、神用也。無思無爲、即寂即感、寂感一如，即是心之動用、神用。即以此動用、神用規定其「發」義。此「發」與情之發不同也。此「發」實只是道體性體之「活動」義⋯⋯就聖人之盡言，即是「盡心成性」中的心之形著之用⋯⋯故五峰即由此寂感爲一之神用言心爲已發也。〔註26〕

　　五峰自情之未發言超越之性體，此不是以「未嘗發」者爲性也；自情之已發言超越之心體，此不是以「方往方來」之發出來爲心也⋯⋯其進而亦視心爲已發⋯⋯實是發而不發，惟是一定境、神境、寂感一如之本心之呈現也。即以此本心形著性體之奧密。其所以于情之未發言性體，于情之已發言此本心，心性對設，正爲言「盡心成性、心以著性」之形著義也。依此，則彼亦實不是一定視性爲不發者。心以著性，心性爲一，心之動用神用即是性之動用神用也⋯⋯亦同樣可於性之動用神用言發，發而不發也。其初心性對設言形著，性體心體俱是體；最後心性爲一，則只是一個體。此唯是盡心成性，立天下之大本，以主宰乎情用與氣變也⋯⋯此一義理間架，朱子根本未有了解，而以爲與其《中和舊說》相合者謬矣。〔註27〕

〔註25〕同上，頁 47。
〔註26〕《心體與性體（二）》，頁 496～497。
〔註27〕同上，頁 499。

綜上所述，所謂「心主乎性」或「性之流行，心爲之主」並非表示一般所說的「主從」關係，而只是「活動對存有」或「彰著對自性」的關係；至於「性體心用」之名義，亦非表示性體爲主，心用爲從屬之謂也。五峰言「天命爲性，人性爲心」（一·41）即其明證。故既可云「心純則性定」（二·39），亦可云「性定則心宰」（四·20）也。蓋此「性」（存有）之定（「綱紀之定」〔註28〕）實由「心」（活動、形著）之純、之定而顯、而可言其有，乃如牟宗三先生所詮：「因心定而形著性定，性定自示心之主宰之用。不是離開心之形著而別空有個性定，然後才至心宰也」〔註29〕。又「心爲已發」之說，則就「無思無爲，寂然不動，感而遂通天下之故」的本心之發（動用、神用、呈現、流行）而爲言，乃所以形著、彰顯性體；而從「性」的立場觀之，亦可云乃性之發用（動用、神用、呈現、流行、形著）也。

丙、「盡心成性」的本質實義 ——「知天地、宰萬物」的解析

上面所述尚多止於表明心與性在義理之形式結構上的關係，至於心性形著之實質內容爲何，則吾人猶未深入闡述以交待之；換言之，吾人得再探詢：在五峰學中，所謂盡心、盡性（至命）或所謂「心體全幅朗現、性體全部明著」（前面「乙」段所引牟宗三先生解釋文）其本質實義爲何？或者說人之心的靈明覺用感應或其精神覺識創造活動之內容層面究竟爲何？凡此，皆視此心之如何生發其自己而定〔註30〕，或者說視此心之性質和涵量如何而定，但首先已可確定的一點是：它有一個必要條件，即必須符合吾人前文所指陳之性體的形式意義 —— 普遍滿全性、尊嚴超越性、創生無盡性。以是，此心便必須是一個「無限制者」（「無條件者」）〔註31〕，換言之，它必須是「無限心」〔註32〕。今觀五峰之論心，「無限心」之義果爲其所再三提撕矣，如云：

〔註28〕同上，頁445。

〔註29〕同上。

〔註30〕《中國哲學原論原性篇》頁548說明五峰學中的心性關係有云：「至於由心以反觀性，則性之如何流行，或心如何形此性，又視此心之如何生發其自己而定。」

〔註31〕關於「無限制者」或「無條件者」此一概念，可參閱黃振華先生《康德哲學論文集》〈論康德哲學中之『必然性』概念〉一文之（二），頁331～342。

〔註32〕「無限心」（或「自由無限心」）爲牟宗三先生常用語，可參見《現象與物自身》等書。另楊祖漢先生即指五峰所論無死生的心爲無限心，見其〈「無限心」的概念之形成〉一文（《鵝湖學誌》第一期1988）。

天下莫大于心，患在於不能推之爾；莫久于性〔註33〕，患在于不能順之爾……不能推，故人物內外不能一也。不能順，故死生晝夜不能通也。（三・42）

心無乎不在，本天道變化，爲世俗酬酢，參天地，備萬物。人之爲道，至大也，至善也。（二・43）

或問：「心有死生乎？」曰：「無死生」……曰：「子無以形觀心，而以心觀心，則知之矣。」（四・6）

宰物不死者，心之謂與！（四・3）

心也者，知天地，宰萬物，以成性者也……盡心……故能立天下之大本。（一・1）

若心與跡判，則是天地萬物不相管也，而將何以一天下之動乎？（三・41）

誠者天之道也。心涵造化之妙，則萬物畢應。（六・4）

自我而言，心與天地同流，夫何間之有？（二・19）

凡此，究其實，大致非抽象地言心之普遍形式耳，而是「具體地就其無隔無礙、無內無外、遍體萬物而不可遺以言其絕對普遍性，就其通徹不已以言其永恆無盡性」〔註34〕，並就其主知天地、妙宰萬物而不役於物以言其尊嚴超越性和自由創生性，以及就其不離於物、與跡不判（並見《五峰集》〈與原仲兄書〉）、與天地同流無間斷以言其悉備圓成、精實平等性。此中吾人首須加以闡述者乃是所謂「知天地，宰萬物」的意義，因爲這直接扣著「成性」而爲言，對於五峰盡心成性的本質義涵具有決定性。

歷來關於「心知」（「有是心則有知，無是心則無知。」（三・10））有「見聞之知」和「德性之知」之分〔註35〕，依今日牟宗三先生之語即是所謂「橫攝的認知」和「直貫創生的心知」。吾人可順西哲對於「存有者」（"beings"）和「存有」（"Being"）的劃分，說前者所知的只是「存有者」而非「存有」本身；後者所知的才是「存有」本身。顯然，五峰所云的心知，其本質核心

〔註33〕此「性」字《宋元學案・五峰學案》誤作「心」字，然於義理無害。

〔註34〕參照《心體與性體（二）》，頁437。

〔註35〕橫渠《正蒙・大心篇》云：「見聞之知，乃物交而知，非德性所知；德性所知，不萌於見聞。」（《張載集》頁24）

是指後者而言；至於前者那種感性直覺之感取和知性作用之範疇等等理論認識活動〔註36〕則只是心跡不判、體用圓融、形上形下貫通之義下的積極肯定。因爲就如在本論文第二章第二節裡所可推想到的，這種理論認識活動儘可是固限的、形而下的，所成之境可只是物物（包括「事」）固限於形構的自我存在內而不相通貫之偶然的個別存在世界耳，這豈可說是靈明覺用感應或精神覺識創造？又豈配稱得上「知天地、宰萬物」？固然此種理論認識活動非無理成份在〔註37〕，亦有其造就經驗現象、不使陷於死沈冥頑之使命在，而在體用圓融義下可稱屬此「知天地，宰萬物」之心的一個環節（"moment"）。試依序看如下條文：

1. ……此伏羲、神農、黃帝、堯、舜、禹、湯、文、武、周公、孔子、孟軻氏之學，立天地之經，成萬物之性者也。然則請問大學之方，可乎？曰：「致知。」請問「致知」。曰：「致知在格物。物不格則知不至，知不至則意不誠，意不誠則心不正，心不正而身修者未之有也。是故學爲君子者，莫大於致知，彼夫隨眾人耳目聞見而知者，君子不謂之知也。」（四・35）

2. 大學之方，在致其知。知至然後意誠，意誠則過不期寡而寡矣。事之誤，非過也，或未得馭事之道焉耳。心之惑乃過也……（三・27）

是則致知以體知德性心靈、無惑無過而立天地之經、成萬物之性爲極至。然則絕棄聞見之知乎？非也。事之誤，雖非過，然吾人自亦期事不誤以成其用，故亦當講求馭事之道，而不能棄聞見。此論當可爲五峰所贊同，五峰云：

3. 有情無情體同而用分。人以其耳目所學習，而不能超乎聞見之表，故昭體用以示之則惑矣！惑則茫然無所底止，而爲釋氏所引，以心爲宗，心生萬法，萬法皆心，自滅天命，固爲己私，小惑雖解，大礙方張，不窮理之過也。（一・58）

4. 萬物不同理……窮理然後能一貫也。（四・28）

〔註36〕關於感性直覺及知性作用，可詳見康德，《純粹理性批判》之〈先驗感性論〉及〈先驗分析論〉（尤其是〈範疇先驗演繹〉）。「範疇」一詞乃牟宗三先生用以表示康德所云「範疇」（純粹知性概念，如「因果」概念）之將感性直覺取得的已在時空中的雜多與料加以組織、安排、定立而陶鑄成客觀知識。

〔註37〕關於理論認識活動中，理性的角色或地位如何，可參閱黃振華先生《康德哲學論文集》，頁32～36。

5. 性情之德，庸人與聖人同，聖人妙而庸人之所以不妙者，拘滯於
有形而不能通爾。今欲通之，非致知何適哉？（三‧18）

只要超越乎耳目聞見的表面，不拘滯之，而真下格物窮理的工夫以致其知，
則意誠心正、無惑無過、體用昭明而通貫萬有，如此即是矣。若不能至此，
固限於聞見之表而惑體用大道，遂為釋氏引去，矯枉過正，以聞見所知萬物
萬事為幻妄緣影，乃絕之而空守一個自謂獨高於萬物而生萬物的心（參見一‧
20），則雖確也是超乎聞見之表了，然反而是自私其身心，捨滅天命，更為大
礙矣〔註38〕！此則不能「立天地之經、成萬物之性」，而非「立天下之大本」
的「盡心」也。是則五峰所謂的心知乃不捨聞見而亦不拘滯於聞見，其層次
可略如下面一條文所云：

6. 目之所可睹者，禽蟲獸皆能視也；耳之所可聞者，禽蟲獸皆能聞
也。視而知其形，聽而知其聲，各以其類者，亦禽獸之所能也。
視萬形、聽萬聲而兼辨之者，則人而已。睹形色而知其性，聞聲
音而達其義，通乎耳目之表、形器之外，則非聖人不能與於斯矣！
斯道不明，則楊朱、墨翟之賢而有禽獸之累，惟安於耳目形器，
不知覺之過也。君子履安佚之地，當安佚之時，戒慎恐懼不敢須
臾息者，以此。（二‧33）

「通乎耳目之表、形器之外」，故「事物屬諸性，君子不謂之性」（三‧43）。
君子所感應到的是諸事物、諸萬有對其心的一種天命呼召，召喚著他以其心
的靈明覺用或精神覺識去治理諸萬有（存有者）、去酬酢世俗，以完成它們，
顯發道德的價值，使宇宙秩序等同於道德的秩序，形成至善的目的王國，同
歸「存有」，一體「太和」。然君子亦只是行其所是，順奉天命，只覺良知良
能之不容已、天命之不可違，故「裁制屬諸心，君子不謂之心」（三‧43），
而視此心知的裁成萬物、實現道德的價值為天理性體的具體彰顯也。

然人非君子又將如何？曰：在復其本心，求德性之知，以歸仁也。故五
峰云：

7. 心無乎不在……放而不知求，耳聞目見為己蔽，父子夫婦為己
累，衣裳飲食為己欲。既失其本矣，猶皆曰我有知，論事之是非，
方人之短長，終不知其陷溺者，悲夫！故孟子曰：「學問之道無
他，求其放心而已矣。」（二‧43）

〔註38〕此為五峰闢佛的見解，至於確當與否，請參閱第四章中〈闢佛論〉的評析。

8. 良心者充于一身，通于天地，宰制萬物，統攝億兆之本也。〔註39〕

9. 仁者，天地之心也。

二、「心無死生」辯——「無限心」是否存在？其認識如何可能？

> 或問：「心有死生乎？」曰：「無死生。」曰：「然則人死，其心安在？」
> 曰：「子既知其死矣，而問安在耶？」或曰：「何謂也？」曰：「夫唯
> 不死，是以知之，又何問焉？」或者未達，胡子笑曰：「甚哉，子之
> 蔽也！子無以形觀心，而以心觀心，則知之矣。」（四·6）

上一小節「丙」段裡，吾人已說明了「無限心」的性質及「心知」的層次，
現在，吾人要進一步追問：這種「無限心」或「無死生的心」是否存在？其
認識如何可能？五峰自然是肯定「無限心」之存在的，此在上一小節已甚明
白，而上引心之死生的問答，更直接就此作一析辯，並帶引出認識「無限心」
的方法、門徑——「無以形觀心，而以心觀心」。所謂「以心觀心」，即是就
道德本心或體用圓融的精神靈明之覺用創發而反觀其自己，亦即「仁者，心
之道」（一·40）、「仁，人心」〔註40〕之所謂的「仁心」之自我覺識也。而仁
無不體，是則：「心之自循其道，以自成其性之事，皆爲超越于其一己之形氣
之外之事。循此道，而心之用之所通者，亦非己成之萬物之形氣之所能限；
則此心固當不隨其一己之形氣，與所通之萬物之形氣之存亡而存亡，亦不隨
其生死而生死。」〔註41〕

　　然而，朱子卻疑此心無死生之說而云：

> 心無死生，則幾于釋氏輪迴之說矣。天地生物，人得其秀而最靈。
> 所謂心者，乃虛靈知覺之性，猶耳目之有見聞爾。在天地則通古今
> 而無成壞，在人物則隨形氣而有始終。知其理一而分殊，則又何必
> 爲是心無生死之說，以駭學者之聽乎！〔註42〕

朱子以五峰心無死生之說幾於佛教的輪迴，這當是以「實然的形氣之心」看待
五峰所指的心產生的結論。「心……在天地則通古今而無成壞，在人物則隨形氣
而有始終」一句，正證實此點。蓋朱子言心「或不免承橫渠之說，而即『氣之

〔註39〕 《五峰集》卷二，〈上光堯皇帝書〉，頁2～3。
〔註40〕 同上，頁3。
〔註41〕 唐君毅先生，《中國哲學原論原性篇》，頁549。
〔註42〕 《宋元學案‧五峰學案》〈知言疑義〉，頁1374。

靈』或『氣之精爽』或『氣中之靈的事物』而言心，乃或未能即心之知理踐理處以言心」〔註43〕。何以如此？近儒唐君毅先生又有一段話分析得最清楚：

依朱子，心之所以為心，要在其為兼綰合理氣。心一方面內具理，而上通天道，故曰「天道無外，此心之理亦無外，天道無限量，此心之理亦無限量。」心一方面又為氣之靈，以與此身之氣以及萬物之氣，相感而相通，而使「此心之理，無一物之不體。」如「天道之無一物不體」者。若然，則心應為一真正貫通理氣之概念，則吾人不能不問：何以朱子不以此心為最大之極至，稱之為太極，或宇宙之第一原理，乃只以性為太極，理為太極乎？又此心既具理以為性，又何以不直就此理以言心，只說此心為一具理性，而能自盡其心，以知此理性之心，而必說此心乃氣之靈乎？沿吾人之問題而追尋至此，則見朱子之以心為氣之靈，無形中即顯出一重心與氣之關係，而輕心與理之關係之色彩。其所以重心與氣之關係，而忽心與理之關係，則關鍵在其言天之生物雖以理為主，而言人物之受生，則以氣為主。天之生物，乃理先氣後，而理行於氣中，此天理流行於氣，是為天道。而人物之受生，則是緣此天理之流行於氣，或緣此天道，而後「氣成而理亦具焉。」（《中庸》註）即吾人之生乃先由天以稟得此氣，而後可言理具於其中，以為其性。此以今語釋之，即吾人之存在，是依於先有其所以生之理或本質，此理此本質，乃先於人之存在而有，人初固不存在者也。而言人之具理，則是依於人之既存在而後可說。無人之存在，固無所具之理之可說也。人必存在然後有心，以自覺其此理，故心必依於人之存在而說，即後於人之有氣而說，故只有說心為氣之靈。而此義亦原非不能成立。然此義卻只是先由外面之天之生人，以看人之存在，再由人之存在以看心之存在之觀點；而非出自一直在內部即心以看心之存在，由心與理之關係，以看心之如何存在之觀點也。〔註44〕

是則對於心，朱子偏向採取經驗主義或實在論的態度，而對於心之道德上的應然義與超越義正視不夠〔註45〕。蓋朱子始終深覺成德之艱難，意謂現行之

〔註43〕唐君毅先生，《中國哲學原論導論篇》，頁478。

〔註44〕同上，頁481～482。

〔註45〕牟宗三先生，《心體與性體（二）》，頁469裡，更直截表示：「對于心，朱子

心當有氣稟物欲之雜，而恆不能為如理、呈理之道心或本心，換言之，現行之心與道心或本心當有距離存焉；故理即往上而推，更顯其尊嚴，而人即當先尊此理，先有自去其氣稟物欲之雜之工夫，以達於心與理一〔註46〕。如是，朱子遂將道德上之應然義與超越義繫屬於理，而往往不自人之心以言之。然後再自「理氣不離」的側面顯示「理氣互為依據，而互相保合以存在」〔註47〕的關係，強調理在氣中現，性在心中見，人心為靈秀之貴，以提撕人心向理、顯理的道德實踐。然猶保留理與人心之距離，認為在天地理一氣變，生生不息，亙古通今而無成毀；在人物則只是稟受有限形氣之分殊，隨形氣之始終而始終，其分有異於天地。他並未足夠正視顯性之道心或本心自身而充分注視之，遂不能贊同心即太極、心無死生也。

　　至於五峰，則「心以成性」之說一立，心與性即同久同大，性無成毀，心自亦無死生、出入、存亡。然語不虛立，言「無以形氣觀心」以排遣眾生情識，舉「以心觀心」以點醒眾生之識仁、之逆覺其本心，並因問者之惑而隨機導引而云：「您難道是已經知道或知覺心死了，而後問心是在哪裡的嗎？」如此使問者若堅持心死則將走入自相矛盾的境地，而逼迫之，使其自己去得到如下的結論：「只因心不死，所以才能（經由反思或逆覺而）知覺它自己，又有什麼心死、不心死的問題好問呢？」由此，帶引自己一念超昇而致意志上下通貫，醒覺此心光明常存、不容毀亡。然或者仍未能自己明達於此，故五峰先排遣「以形觀心」之情識，再合盤托出「以心觀心」，點明逆覺識仁（參見下面第二節），教人自去用此工夫，以立於明誠之地，而「無限心」之認識自然水到渠成，於焉落實。

三、「性無善惡」辯——本然之性不與惡對，至善乎？無善無惡乎？

1. 或問性。曰：「性也者，天地之所以立也。」曰：「然則孟軻氏、荀卿氏、揚雄氏之以善惡言性也，非歟？」曰：「性也者，天地鬼神之奧也，善不足以言之，況惡乎？」或者問曰：「何謂也？」

始終採取經驗主義的態度或實在論的態度，而從未能正視其道德上之應然義與超越義。」

〔註46〕唐君毅先生《中國哲學原論原性篇》已云：「朱子果有以心與理為二之言，則初是自人之現有之心，因有氣稟物欲之雜，而恆不合理；故當先尊此理，先有自去其氣稟物欲之雜之工夫，方能達于心與理一上說。」（頁534）。

〔註47〕唐君毅先生，《中國哲學原論導論篇》，頁479。

曰：「宏（或作某）聞之先君子曰：孟子所以獨出諸儒之表者，以其知性也。宏（或作「某」）請曰：「何謂也？」先君子曰：孟子道性善，善云者（或作：孟子之道性善云者），嘆美之詞，不與惡對。」（四・5）

2. 凡天命所有而眾人有之者，聖人皆有之……聖人發而中節，而眾人不中節也。中節者爲是，不中節者爲非。挾是而行則爲正，挾非而行則爲邪。正者爲善，邪者爲惡。而世儒乃以善惡言性，邈乎遼哉！（四・10）

3. 人事有是非，天命不囿於是非，超然於是非之表，然後能平天下之事也……（四・27）

4. 凡人之生，粹然天地之心，道義完具，無適無莫；不可以善惡辨，不可以是非分，無過也，無不及也，此中之所以名也。夫心宰萬物……眾人昏昏，不自知覺，方且爲善惡亂，方且爲是非惑，惟聖人超拔人群之上，處見而知隱，由顯而知微，靜與天同德，動與天同道，和順於萬物，渾融乎天下，而無所不通。此中和之道，所以聖人獨得……（二・32）

以上一至四條，點出「性之超善惡相對相，而爲『超越的絕對體』之至善」〔註48〕。其中第三條說的雖是天命，然「天命之謂性」，故描述「天命」者，亦同樣可適用於「性」；第四條雖云「天地之心」，然自人之生言之，則又何異於「性」？況五峰既云「中者，性之道乎！」而此處復以「中」述「天地之心」。五峰不就明言「天命爲性，人性爲心」（一・41）乎？

　　然而，朱子於此等處，則以爲五峰乃如告子湍水之說般視「性」爲無善無不善之中性義者，而再三深疑之。除〈知言疑義〉中所載者外，另有許多處針對此說而批評之，如《知言・附錄》云：

胡季隨（筆者案：五峰之子，名大時）主其家說——「性不可以善言，本然之善本自無對，纔說善時便與那惡對矣。纔說善惡便非本然之性矣。本然之性是上，其尊無比；故孟子道性善，非是說性之善，只是贊嘆之辭，說好個性！如佛氏云『善哉！』贊嘆之辭也。」（原自注：此胡文定之說）某嘗辨云：本然之性固渾然至善、不與惡對，此天之賦我者然也。然行之在人則有善有惡，做得是者爲善，

做得不是者為惡，豈可謂善者非本然之性？只是行於人者有二者之
異，然後見善者是那本然之性也。若如其言，本然之善又有善惡相
對之善，則是有二性矣！方其得於天者，此性也；及其行得善者，
亦此性也；只是纔有個善者，便有個不善底，所以善惡須著對言，
不是元有個惡在那裡，等待你來，與你為對，只是行得錯底便流入
於惡矣……若善底非本然之性，那處得這善來？……若非性善，何
贊嘆之有？（《知言‧附錄》12）

朱子乃認為行得善者（善之事相）便是本然之性的流行，本然之性得內在於
諸善的事相之中，否則無法解釋其所以為善；故所以為善的根源——本然之
性——必得是渾然至善。

　　考諸真正的道德行為（動機），其與德性本身（本然之性）的關係當不只
是部份對全體的關係，而當更是「全體（理一）在部份（分殊）之中」的關
係；更且一旦出現了善的觀念，則便已在道德自覺的意識當中，而與惡相對
出現，俱起俱滅。自此而言，朱子所云誠為有理，其評擊胡家「性不可以善
言……纔說善惡便非本然之性」等說法而云「豈可謂善者非本然之性？……
則是有二性矣」亦有其諦處。然胡氏之言亦非全然不可說。問題便出在「善」
字上。胡氏對與惡相對而言的「善」之體會蓋有異於朱子心中意會。試觀五
峰「善不足以善之，況惡乎？」、「有善行而不仁者有矣，未有不仁而能擇乎
善者也」（二‧29）之語，則見五峰心中「善」字的義涵不似朱子心中「善」
字義涵之莊重、尊嚴。蓋朱子著眼於善行之為德性本身的呈顯流行，而注視
於全體（理一）在部份（分殊）之中，故善行之善便是自身證立自身，顯得
莊嚴無上，與德性本身（本然之性）一般無二，而「惡」之觀念亦正成「為
善去惡」之道德使命中所需要者。是則不必再有超善惡相的「本然之性」和
與惡著對而言的相對之善之區分的說法。但是，胡氏則蓋著眼於一般與惡相
對的善之行為可能只是「合乎義務」或一時「出乎義務」，而非工夫所至之浩
淵肫肫、純亦不已的仁心或道德人格之自然如如流行，故連帶的其心中所以
為的「善」的義涵層次便不若「天地鬼神之奧」的「性」之無上矣！是則將
「性」置於「善」之上層，以之為超越的絕對體，而略帶觀賞意味地嚮往它、
嘆美它。這時「性」便只能做為一切事的價值判斷之根源（標準）或一切存
在物的存有根據，而永不能是價值判斷上的指謂謂詞〔註 49〕，但可以是其自

〔註49〕同上，頁 472 云：「是非、善惡等乃是對于表現層上的事作價值判斷，乃是價

己逆覺其自己的價值實感之境界〔註50〕。此義吾人可作如下的展示：

（1）A is B（A：被判斷者。B：價值判斷的指謂謂詞）

（2）若云「A is A」則除了表明一思想邏輯形式外，並沒有說什麼。不過，當 A 是「判斷之自身」時，則在判斷作用乃由「人」（「我」）內在發出（即使言「攝握」〔註51〕亦不能離乎此，因意識內容是「我」的意識內容，或更確切地說正在思想的意識流之自己）之思路下，吾人即可望由人之逆覺其內在的祕奧（呈現的我自身）而探得其實義。於此，若要說論證，則該論證便存在於該逆覺的實踐進路中，別無其他更上層義的形式也，它便是最上層矣！

關於性無善惡之辯，《知言》中尚有兩條文為朱子〈知言疑義〉所指出者：

5. 好惡，性也。小人好惡以己，君子好惡以道。察乎是（或作「此」）而（或作「則」）天理人欲可知。（二・1）

6. 天理人欲，同體而異用，同行而異情，進修君子宜深別焉。（一・24）

「好惡，性也」大致有二解：一者以「好惡」為一般中性義的喜好與厭惡的情緒，而將「性」解為五峰論性中少數的旁言的「生之謂性」者〔註52〕，如是若能依道以統御之，自表顯出某種道德意義，可云天理；反之若順一己之私去喜好、厭惡，則愈滾愈雜亂，不能中節，人欲熾焉。二者以「好惡」為「好善惡惡」，而性為性體之性〔註53〕，如是，即以人之實際表現此好善惡惡的作用常不能稱體而發，不免夾雜而為說〔註54〕。

至於「天理人欲同體而異用」之解釋，則今之學者分歧更多：有以「體」

值判斷上的指謂謂詞。至於心體、性體之自身乃是判斷之絕對標準，其本身不是一事相，故亦不是接受判斷者。」

〔註50〕此種逆覺的價值實感之境，可云正如牟先生所言「體之如如之是，如如之善」（同上，頁472）。

〔註51〕「攝握」一詞可參閱波亨斯基著，郭博文譯《當代歐洲哲學》，第 23 節〈懷德海〉，頁 176、177。

〔註52〕王開府《胡五峰的心學》頁 91 即如此主張。

〔註53〕牟宗三先生《心體與性體（二）》即如此主張，見頁 457～458。

〔註54〕同上書，頁 458 有云：「非謂一言『好惡性也』，便能擔保好惡之實際表現全盤合理也……『小人』亦非無好善惡惡之性，其本有之性體亦能發好善惡惡之用，然其實際表現常不能稱性體而發，常不免夾雜之以己私……則表面上雖是好善惡惡，而底子（實情）卻是『人欲』……『君子好惡以道』，則是稱體無雜，故其好惡純是『天理』。」

爲「心體」義，兼含心之道與性，及心之知或覺，則人欲與合天理之行即同此一心之所發，差別在於一是依「仁者心之道」以好惡而發，一依己私者〔註55〕。又有以「體」爲「事體」而非「本體」者〔註56〕。此二說皆可避免朱子之質疑。另還有認爲「體」字雖是「本體」義、「性體」義，然乃在超越的「中」義下潛在地、圓頓地講一切皆具有此性，而原可蘊涵著一種藝術性的觀照態度者〔註57〕。吾人則以爲此處「體」字當是以「氣」爲中介觀念而說的，「同體」如云「同一氣之本體」（五峰通常「體」「用」對言，故「體」字當解爲「本體」義較合五峰常例，甚至宋明理學常例），如此可將「性體」善惡的問題下緩一步，移到「氣」上言──固然此「氣之本體」與「性體」不能截然二分──而這是可由五峰之「氣宗」的側面得到某種支持的。

第二節　成德與工夫

一、識仁盡心之逆覺體證的工夫並其他路數

> 彪居正問：「心，無窮者也，孟子何以言『盡其心』？」曰：「惟仁者能盡其心。」居正問爲仁。曰：「欲爲仁，必先識仁之體。」曰：「其體如何？」曰：「仁之道，弘大而親切。知者可以一言盡；不知者，雖設千萬言，亦不知也。能者可以一事舉；不能者，雖指千萬事，亦不能也。」曰：「『萬物與我爲一』，可以爲仁之體乎？」曰：「子以六尺之軀，若何而能與萬物爲一？」曰：「身不能與萬物爲一，心則能矣。」曰：「人心有百病一死，天下之物有一變萬生，子若何而能與之爲一？」居正竦然而去。他日，某問曰：「人之所以不仁者，以放其良心也。以放心求心，可乎？」曰：「齊王見牛而不忍殺，此良心之苗裔，因利欲之間而見者也。一有見焉，操而存之，存而養之，養而充之，以至于大。大而不已，與天同矣。此心在人，其發見之端不同，要在識之而已。」（四‧23）

─────────────

〔註55〕此說爲唐君毅先生之主張，見《中國哲學原論導論篇》，頁576。王開府《胡五峰的心學》亦接近此說，然較淺白些。

〔註56〕牟宗三先生如此主張，見《心體與性體（二）》，頁454～457。

〔註57〕林家民先生〈論胡五峰之「天理人欲同體而異用」〉（《鵝湖學誌》第三期），頁71～72。

此乃承明道「學者須先識仁」的命題，歸到孟子「求放心」、「因苗裔之見而操存充養」的工夫路數。人人皆有良心，放失陷溺雖易，然欲其全然不生發卻也難上加難。故「就其萌蘗之生當下指點之，令其警覺，或自警覺，覺而漸存漸養，以至充大，則涓滴之水可以成江河，此所謂『以放心求心』也……是『就放心以求心』也，不是拿已放之心去求心……良心發現之端雖有種種不同，然從其溺而警覺之，則一也。」〔註58〕五峰此處指點學者因利欲之間見良心苗裔時立刻操存充養，勿使放失，實為甚平實、符合常情的教法。

此種「就現實生活中良心發見處直下體證而肯認之以為體」即謂之「內在的逆覺體證」〔註59〕。「這是道德踐履上復其本心之最切要而中肯的工夫，亦是最本質的關鍵」〔註60〕。

當然五峰亦承二程學，強調「居敬窮理」、「格物致知」等工夫，亦非全然忽略情氣未熾發時之靜中工夫者。如云：

> 情一流則難遏，氣一動則難平。流而後遏，動而後平，是以難也。察而養之於未流，則不至於用遏矣。察而養之於未動，則不至於用平矣。是故察之有素，則雖嬰於物而不惑；養之有素，則雖激於物而不悖。易曰：「艮其背不獲其身，行其庭不見其人，无咎。」此之謂也。（四‧12）

不過，此語較寬，似不若朱子所云之於「思慮未萌，知覺不昧，而一性渾然，道義全具」中作「靜中涵養」的工夫之緊切也。而此當亦非龜山「觀喜怒哀樂未發是何氣象」之工夫進路者，考之五峰〈與僧吉甫書〉「方喜怒哀樂未發，沖漠無朕……『喜怒哀樂未發』句下，還下得『感而遂通天下之故』一句否？」可知。

二、「察識」與「涵養」孰先孰後之辯──「自由良知是呈現而非假設」（或「本心為發」）之解析

就人之實然的、經驗的心而言，常處在生發動念之中。此時人的心往往是被種種動機所充滿的而由最強的動機決定了行為。朱子即著眼於此人心之靈明常為氣質所雜染，致理不易呈現的經驗事實，欲先「涵養敬心，使實然

〔註58〕《心體與性體（二）》，頁476。
〔註59〕同上。
〔註60〕同上。

的心氣收斂凝聚而不散亂昏沈」〔註61〕，這時眾慮皆歇，吾人之心方能先立於不被諸情念動機所決定的不敗之地，而後始得使理呈現於心之中。如是，此心靈明，察識情之已發方能真澈，格物窮理方能如實。故先涵養後察識也。此朱子所以云：「夫必欲因苗裔而識根本，孰若培其根本而聽其枝葉之自茂邪？」〔註62〕

　　然而，正如唐毅先生所指出的：

> 然是否無事先之涵養主敬、致知窮理，則其察識之本身，即必然為氣稟物欲之所雜，則是一真實問題之所在。今吾人若真承認：察識亦能察識及其自身之所雜，則此察識，即明可居于其所雜者之上一層次，而可超于此所雜之上以自運行，而無朱子所言之弊害者。若然，則謂必待識而後存固不可，然謂必待涵養窮理，而後人乃能從事察識，以免於氣稟物欲之雜，亦同不可……察識之工夫本身，是否可單獨進行無弊害，關鍵亦儘可不在其前之涵養窮理之工夫有無，而可只在此察識之本身之性質，如……此察識之是否能運行于其所夾雜之氣稟物欲之上一層次。如察識之運于此上一層次，乃可能之事，如朱子之察識及察識之弊害，即是其例。則察識固自可為一獨立工夫也。〔註63〕

吾人可順此唐先生之言，作進一步申論：對此察識之性質為何的判斷，亦只能取決於吾人之心靈對該性質的察識而後加以是非善惡的肯認或否定。因此必得「察識之運行于其所夾雜之氣稟物欲之上一層次」乃一在最終原則上為可能者，否則道德判斷之絕對性便不可能，且人終無由得知什麼是「善」的、「是」的，什麼是「理」，而只能落入道德的相對主義。當然與云工夫論，不能僅就「判斷原則」（立法原理）著眼，亦得注重「踐履原則」（執行機能）；否則就如朱子所云：「則雖就此識得未嘗離之天理，亦安所用乎？」〔註64〕故「根本工夫即為自昔儒者與朱子象山所同重之『誠』、『實』或『自信』」〔註65〕，而自由良知是呈現而非預設亦由此而得其確諦也。

〔註61〕同上，頁478。
〔註62〕《宋元學案‧五峰學案》〈知言疑義〉，頁1376。
〔註63〕唐君毅先生，《中國哲學原論原性篇》，頁598～599。
〔註64〕《宋元學案‧五峰學案》〈知言疑義〉，頁1372。
〔註65〕《中國哲學原論原性篇》，頁599。

第四章　《知言》「外王之學」評析

第一節　政治與經制

一、政道與治道之大者

　　五峰之論政治或經制乃承儒家立己立人、達己達人而「以王道治國平天下」的基本精神以說，如是尋本究根於內聖之「仁心」，以此爲最高政治原則、爲大本。然而，政治既非只是個人內在心靈狀態或修爲，而是以客觀外在地處理眾人之事爲其直接的領域，故一方面不能不察天下大事之緊要幾變，另一方面不能不守社會之基本秩序或禮法。是以五峰曰：

> 天下有三大本：大本也，大幾也，大法也。大本，一心也；大幾，
> 萬變也；大法，三綱也。（五・34）

至於此天下三大之具體條目爲何呢？五峰曰：

> 上得天心，中得聖賢心，下得兆民心，夫是之謂一心（案：前文謂「大
> 本，一心也」，故「一心」即「大本」），心一而天下一矣……其大幾
> 有四：一曰救弊之幾，二曰用人之幾，三曰應敵之幾，四曰行師之幾。
> 幾之來也，變動不測，莫可先圖，必寂然不動然後能應也。其大法有
> 三：一曰君臣之法，二曰父子之法，三曰夫婦之法。夫婦有法，然後
> 家道正；父子有法，然後人道久；君臣有法，然後天地泰。天地泰者，
> 禮樂之所以興也；禮樂興，然後賞罰中，而庶民安矣。（五・34）

此段文，論大本一心處，乃一面標舉天與聖賢，一面強調兆民；是則此所謂

「心」，上可保持其尊嚴超越義，中可得其珍貴的具體呈現義，下又不失民瘼常情義，而能上下通貫，不虛懸，不溺流。言大幾固切，然謂必寂然不動然後能應等，則似有混「實踐哲學」領域與「理論哲學」領域之嫌。講大法，則超出政治結構層面，而自整個社會結構層面著眼以觀之，作一治道的推演。其將禮樂與興天地泰配應起來，蓋本《禮記・樂記》「禮者，天地之大序也；樂者，天地之大和也」以申論。賞罰中蓋謂賞罰公正不循私而確切分明，法律合情中理而其前因名（職責）責實，同名同職則其刑責一律平等也。唯此天地泰之說仍限制於傳統君王政體下由上而下施恩式的披拂之思考模式，未進至於現代「民主」理念下之人人為一政治主體也。故在該君王政體之思考模式下，最緊切而直接有效之治道自只能是正人主之心術及起用賢臣明相以輔佐。此五峰所以曰：

> 欲大變後世之法度，必先大變人主之心術。心術不正，則不能用真儒為大臣；大臣非真儒，則百官不可總己以聽。……本正，則自身之措之百官萬民而天下皆正矣。（三・31）

二、由法制以成治功

五峰固如上一小節所言以人主之心術為政治第一要件，然亦認為徒人仍不足以成治，須得法制以為舟楫方能濟渡。五峰云：

> 荀子曰：「有治人無治法。」竊譬之欲撥亂反之正者，如越江湖，法則舟也，若舟破楫壞，雖有若神之技，人人知其弗能濟矣。故乘大亂之時必變法，法不變而能成治功者，未之有也。（三・32）

此處之「法」何謂邪？五峰有云：

> 法制者道德之顯爾，道德者法制之隱爾……有道德結於民心而無法制者為無「用」，無用者亡（劉虞之類）。有法制繫於民身而無道德者為無「體」，無體者滅（暴秦之類）。是故，法立制定，苟非其人亦不可行也。（一・25）

可見五峰所謂「法」或「法制」乃是道德之客觀化、形式化的展現。離卻道德固亦可定立「法制」等表面形式，卻只是用以制繫民身之惡法、劣法耳。但若道德未客觀化、形式化於外在社會中，則亦不能期其挺立於人世間，而治世難有望矣。五峰此段文，似略見黑格爾說客觀精神的影子。

又法制須應時而變，尤其大亂時若法不變則無以成治功。此非謂亂世得用

重典、嚴刑峻法之意，而當只是應機通變、行其「時中」之意。五峰有云：「刑以助教而已，非爲治之正法也。」不過，此所謂變法蓋不包括前文所謂「三綱」之大法，王開府先生即指出：「法制不能建立在三綱倫常上，必然導致衰亡。所以變法不是變三綱的大法。」〔註1〕此解可維持五峰以「三綱」爲天下「大法」的觀點之一致性。但仍得看三綱之具體內容而定其是否具備永恆的價值，是否眞不可變，否則妄言三綱亦可爲大害，如中國歷史上之所見的末流者是，其形成僵化的、不經反省的虛僞的他律道德之意識型態，遺害至今。若三綱僅指五倫中的「父子有親、夫婦有別、君臣有義」則大致具有永恆意義而無大害。五峰雖視野仍受傳統政體及時代條件之限制，未能澈底擺脫「人治」思想的束縛，以存其精、去其蕪，然亦絕非僵固的、劣質的他律道德者流也。

其中有一點須得澄清，即五峰雖強調「法制」之重要，然並未至今日「法治國」〔註2〕的理念層次，視人人爲一政治主體，視國家爲保障人權（依普遍律而能相一致的「外在自由」）而合組成的組織也〔註3〕。故五峰並未眞正擺脫「人治」的限制。

三、主井田與封建以言治道

五峰屢強調井田與封建之重要。五峰云：

> 聖人理天下，以萬物各得其所爲至極；井田、封建其大法也。（三·17）

〔註1〕 王開府，《胡五峰的心學》，頁141。

〔註2〕 朱高正，《走在理性的鋼索上》，頁295～296提及「法治國」、「社會國」、「文化國」三種國家理念。其中有云：「『法制國』基本上主張國家的公權力原則上是要受限制的，受到天賦基本人權的限制，它最高的理想是國家不能侵犯到人民的基本權利。

〔註3〕 見被公推爲最能得康德國家哲學思想神髓的耶賓浩斯（Julius Ebbinghaus, 1885～1981）所留下的「人格主義的自由主義」的國家哲學大綱一～三條：
第一條：國家的概念。「國家」乃是人們爲了保障每個人的權利所結合而成的群體。
第二條：權利的概念。「權利」乃是每個人的「外在自由」，只要此「外在自由」能與所有其他人之「外在自由」依據律則和諧並存的話。
第三條：「人的權利」是以不得與「人的利益」相混淆。「權利」並非用以保障人們需求的滿足，而是用以保障──爲了滿足此需求──人們有做他們所想做的事的自由，只要其所願望之事與普遍律則能相並存的話。（以上依據朱高正，《走在理性的鋼索上》，頁225～226。）

> 封、井不先定,則倫理不可得而敦……禹周視海內,奔走八年,辨
> 土田肥瘠之等而定之,立井牧多寡之制而授之,定公侯伯子男之封
> 而建之。然後五典可敷而兆民治矣。此夏后氏之所以王天下也……
> 噫!孰謂而今而後無繼三王之才者乎?病在世儒不知王政之本,議
> 三王之有天下不以其道,而反以七秦為可法也(案:秦行郡縣,廢
> 封建)。(四・1)

凡此俱見井田、封建在五峰經制思想上的份量,且五峰以歷史上的興亡以言之,更形力量。雖然「黃帝、堯、舜安天下,非封建一事也」(六・14)然「封建其大法也」(六・14)。五峰認為封建乃一種分人而治,不以天下自私的制度:

> 分天下有德有功者以地,而不敢以天下自私;於是有……邦國之制
> 焉。(六・9)

然此並非今日「邦聯」或「聯邦」之側重個別差異的多元考慮,而仍是大一統政制背景下的模式,由下面一條文可見:

> 制井田所以制國也;制侯國所以制王畿也。王畿安強,萬國親附,
> 所以保衛中夏,禁禦四夷也。(五・38)

五峰又云:

> 仁心,立政之本也;均田,為政之先也。田里不均,雖有仁心而民
> 不被其澤矣!井田者,聖人均田之要法也。恩意聯屬,姦宄不容,
> 少而不散,多而不亂,農賦既定,軍制亦明矣!三王之所以王者以
> 其能制天下之田里,政立仁施……(三・11)

是則井田一方面又是以均田為目的,以客觀化仁心發用於政制上所要求的先務──公正、平等;但另一方面又不限於此,而以組織人民、凝聚群體、安立社會為考慮也。

第二節 闢佛老

一、闢佛論──直從義理之當然,與佛家正面對抗

甲、本其全體式的道器觀──「仁者天地之心」的一元有機泛神論──以闢佛

吾人如切實理解五峰之道器觀,如在本論文第二章第二節所展示者,則

五峰之闢佛的基本著力處，自可一目了然，水到渠成。五峰云：

> 堯、舜、禹、湯、文王、仲尼之道，天地中和之至，非有取而後爲之者也。是以周乎萬物，通乎無窮，日用而不可離也。釋氏乃爲厭死、生、苦、病、老然後有取於心以自利耳。本既如是，求欲無弊其可得乎？（一‧7）

> 釋氏之學，必欲出死生者，蓋以身爲己私也。天道有消息，故人理有始終。不私其身，以公於天下，四大和合，無非至理；六塵緣影，無非妙用。何事非眞？何物非我？生生不窮，無斷無滅。此道之固然，又豈人之所能爲哉？夫欲以人爲者，吾知其爲邪矣！（一‧44）

> 釋氏窺見心體，故言爲無不周徧。然未知止於其所，故外倫理而妄行，不足與言孔孟之道也。（三‧22）

> 物無非我，事無非眞，彼遺棄人間萬務，惟以了死生爲大者，其蔽孰甚焉！（三‧26）

> 物象有形影，實而可用之謂形，空而不可用之謂影。儒者之教踐形，釋氏之教逐影。影不能離乎形者也。是故聽其言則是，稽其行則非。唯高明篤實之君子，乃知釋氏之妄大有害於人心……（四‧43）

> 釋氏隱不知奉天，顯不能理物，竊弄鬼神之機以自利者也。（五‧23）

> 天命不已，故人生無窮……聖人明於大倫，理於萬物……一以貫之，性外無物，物外無性；是故成己成物，無可無不可焉。釋氏絕物、遯世棲身沖漠，窺見天機有不器於物者，遂以此自大，謂萬物皆我心，物不覺悟而我覺悟，謂我獨高於萬物。於是顛倒作用，莫知所止，反爲有適有莫，不得道義之全。名爲識心見性，洞然四達，而實不能一貫，展轉淫遁，莫可致詰……（一‧20）

以上諸條，無非一面表示儒家的道器觀（本體宇宙觀）及自順中和天道，「無私意之取而爲之」的無條件精神，一面表示佛家反於是而批評其非。其中對於佛教最基本的理解無非認爲佛教根本上乃出於厭棄生、老、病、死等苦，由是希望超脫自己的苦惱，又見自己在生死流轉之流中，遂返取於心，棲身沖漠以圖解脫，如是乃視萬物日用爲幻妄粗跡。五峰於此試圖經由掘發佛教的出發點之爲自私，以抨擊其視天下萬事萬物之幻妄緣影之非。且進一步表明若能不私其身以公於天下，則在此仁心的觀點下，乃皆實理實事，妙用無

盡，物物目的一致，有機地關聯在一起，而與我爲一，一體綿延。而此中自見有典則法度可循，有倫理仁義可依止，奉天理物，唯無條件的天命之流行。不像佛家雖窺見天機（自心而窺）有不器於物者，卻因離開仁者渾然與物同體的觀點，把捉一己覺悟之心，視爲己我獨具，遂自高於一切，狂肆自大、固執洞然光景，心之用、物之位乃生顛倒，而其行乃放蕩失則，遁逃天命，終莫知所止，不得道義之全體，而「罔于恍惚夢幻」〔註4〕

乙、由妙道精義俱在，天性彝倫不可磨滅的心性論以闢佛

> 釋氏以盡虛空沙界爲吾身，大則大矣，而以父母所生之身爲一塵刹幻化之物，而不知敬焉，是有間也。有間者，至不仁也，與區區於一物之中，沈惑而不知反者，何以異？（二·22）

> 拘於耳目聞見者眾人也，無典彝法度者釋氏也，安得其心該遍流通，與論性命之理，而返之哉？（一·11）

此二條文已點出天性彝倫等內在心性面，綜天道性命而言以評擊佛家。在五峰〈與原仲兄書〉二首裡，於此義表明得更清楚：

> ……曾不知此心本於天性，不可磨滅，妙道精義具在于是……今釋氏不知窮理盡性，乃以天地人生爲幻化；此心本於天性不可磨滅者，則以爲妄想粗跡，絕而不爲，別談精妙者謂之道，則未知其所指之心將何以爲心？所見之性，將何以爲性？……釋氏狹隘褊小，無所措其身，必以出家出身爲事，絕滅天倫，屏棄人理，然後以爲道，亦大有適莫矣……非邪說暴行之大者乎？……〔註5〕

> ……釋氏與聖人大本不同，故末亦異。……聖人退藏於密而吉凶與民同患，寂然不動感而遂通天下之故，體用合一未嘗偏也……釋氏毀性命、滅典則，故以事爲障、以理爲障，而又談心地法門，何哉？縱使身心休歇，一念不生，以至成佛，乃區區自私其身，不能物我兼忘，與天下大同也。以其不識本宗，故言雖精微，行期顛沛，其去仁遠矣！正是小智自私之流，謂之大覺可乎？……且其教天竺國人自不可皆從之，其泥而不可行，施于四夷八蠻皆然，何獨中國？使天倫可已，秉彝可滅，則有行而不泥之方矣，然烏有是哉？〔註6〕

〔註4〕橫渠《正蒙·太和篇》。
〔註5〕《五峰集》，卷二，頁52～53。
〔註6〕同上，頁53～55。

此心、此秉彝（道德本心）本於天性，不可磨滅，一切妙道精義具在於此，
俱由之運轉而出。如敬親愛親之念，是那麼的不容已，無以磨滅；又如是非
之念，亦同樣的那麼具有強制性，欲其全然不生，難上加難！凡此等等具有
必然性的道德本心（仁），正是聖人之教的大本大源，前述五峰全體式的道器
觀（一元有機泛神論）正亦因之不流於思辯空說，而具有真實的意義。然佛
家因深感人生之無常煩惱、無明之苦，無以安頓身心，遂欲與道德本心所發
出、所體認到的必然天命相抗，欲走向身心休歇，一念不生，以達到斷滅道
德理性──不思善不思惡──而成佛的地步。然五峰則認為：這是不可能
的，且即若有可能，亦是自私其身，不能物我兼忘、與天下大同的。當然，
大乘佛教強調菩薩行，大慈大悲，悲憫渡人，如如平等，亦未始不與儒家之
教相涵，五峰之評擊佛家，誠有過激處也。然佛教「涅槃」、「無我」的根本
教義，確與儒家堅持道德自我的教義正相背反也。於儒佛之大分際，五峰確
掌握得甚切。

二、闢老氏

> 道者體用之總名。仁其體，義其用，合體與用斯為道矣！大道廢，
> 焉有仁義？老聃氏非知道者也。（一‧17）

此乃自仁義實理以非老氏。

> 一陰一陽之謂道，有一則有三，自三而無窮矣。老氏謂「一生二，
> 二生三」，非知太極之蘊者也。（一‧29）

此以太極和兩儀乃一時並了，同體併現。老氏則只自形式上言一、二、三，
未自陰陽太極以言道，故五峰非之。

五峰又本其有無論以非老氏以有無（「感性形跡義的有無」）為生物之本
乃陋見。此則並不相稱老子之「有無」矣！

> 夫人目於五色，耳於五聲，口於五味，其性固然，非外來也。聖人
> 因其性而道之，由（案：「由仁義行」之「由」，順也）於至善，故
> 民之化之也易。老子曰：「不見可欲，使心不亂。」夫可欲者天下之
> 公欲也，而可蔽之使不見乎？（一‧59）

此乃反對老氏絕欲、去欲之說，主張導欲以發揚人天生感官知覺之用以成善，
寡欲而不絕至於無。

> 天地之生生萬物，聖人之生生萬民固其理也。老聃用其道，計其成，

而以不爭行之，是舞智尚術，求怙天下之權以自私也，其去天事遠矣！（一‧60）

此則認為老氏耍弄權謀，欲自私天下之權，不似聖人順應天理、行其天事。此種以權謀之說看老子書者固亦一派之見，然五峰此處之評恐太過也。

要之，五峰之闢老並不若其闢佛之得體有力也。

第五章 結 論

　　五峰《知言》「內聖外王之學」的創闢處大抵在於其「仁者天地之心」的一元有機泛神論以及心性分設、「盡心成性」、「以心著性」的義理架構。在後者中作為客觀性原則的「性」，初只是形式地建立，只突顯天理之「普遍滿全性」、「尊嚴超越性」、「創生無盡性」等，但經由主觀性原則的「心」之形著、彰顯而具體化、眞實化，心性打成一片。實則在前者（「仁者天地之心」的一元有機泛神論）中，由於以仁體的作用為基本條件，離開「仁」即無法成立，而「仁，天心也、人心也」，仁實無法離開「心」而說其意義究為何，故前者即已蘊含了後者也。

　　在《知言》「內聖學」一面，我們闡述了五峰的基本哲學心靈，找到了其「仁者天地之心」的一元有機泛神論立場，舉凡心性論、工夫論俱是此泛神論世界一而不二的伸展或回歸也。吾人亦嘗試確立了「性」和「氣」的地位，並指出其具備「氣宗」側面的先機，還解明了「性無善惡」的辯難，此乃本論文自覺到的承傳後的創闢處。另外，吾人也嘗試了一番「存有」與「價值」之調和的工作。

　　「外王學」一面，吾人則作了精簡的評析。在政治、經制方面五峰雖未能突破傳統的限制，然大抵平正，以「公」為準則，以「治心」為基要。關佛說則於儒佛分際掌握甚切，卓然有成也。

主要參考書目

（一）書 籍

1. 《知言》，胡五峰著，影印《四庫全書》本，台灣商務印書館。
2. 《胡子知言》，胡五峰著，《近世漢籍叢刊》本，廣文書局。
3. 《五峰集》，胡五峰著，影印《四庫全書》本，台灣商務印書館。
4. 《胡宏集》，胡五峰著，吳仁華點校本，北京中華書局。
5. 《宋元學案》，黃宗羲、黃百家、全祖望等編著，陳金生與梁運華點校本。
6. 《四書讀本》，朱熹集註・莊伯潛廣解，啓明書局。
7. 《十三經注疏》，藝文印書館。
8. 《周子全書》，周濂溪著，廣學社印書館。
9. 《張載集》，張橫渠著，里仁書局。
10. 《張子正蒙注》，王船山著，世界書局。
11. 《二程集》，程明道、程伊川著，里仁書局。
12. 《朱子年譜》，清王懋竑撰，世界書局（民73年3月3版）。
13. 《老子微旨例略・王弼注總輯》，王志銘編，東昇出版事業公司。
14. 《莊子集解》，王先謙著，台南，世一書局經銷（民國65年4月初版）。
15. 《莊子集釋》，郭慶藩輯，河洛圖書出版社。
16. 《增註莊子因》（下），林雲銘評述，廣文書局。
17. 《般若波羅蜜多心經》。
18. 《六祖壇經（流行本、敦煌本）合刊》，慧炬出版社（民國70年7月再版）。
19. 《心體與性體》第一、二冊，牟宗三著，正中書局。
20. 《從陸象山到劉蕺山》，牟宗三著，學生書局。

21. 《中國哲學十九講——中國哲學之簡述暨其所涵蘊之問題》，牟宗三著，東海大學《中國文化月刊》影印集本（或學生書局）。

22. 《中國文化之特質》，牟宗三著，學生書局。

23. 《生命的學問》，牟宗三著，三民書局。

24. 《中國哲學原論導論篇》，唐君毅著，學生書局。

25. 《中國哲學原論原性篇》，唐君毅著，學生書局。

26. 《中國哲學原論原道篇（一）》，唐君毅著，學生書局。

27. 《中國哲學原論原教篇（上）、（下）》，唐君毅著，學生書局。

28. 《哲學概論》，唐君毅著，學生書局。

29. 《中華人文與當今世界》，唐君毅著，學生書局。

30. 《人文精神之重建》，唐君毅著，學生書局。

31. 《道德自我之建立》，唐君毅著，學生書局。

32. 《人生之體驗》，唐君毅著，學生書局。

33. 《人生之體驗續篇》，唐君毅著，學生書局。

34. 《胡五峰的心學》，王開府著，學生書局。

35. 《二程學管見》，張永儁著，東大圖書公司。

36. 《宋明理學·南宋篇》，蔡仁厚撰述。

37. 《新儒家哲學十八講》，方東美著，黎明文化事業公司（民國72年2月初版）

38. 《尊聞錄》，熊十力著，聯經出版事業公司。

39. 《中國哲學史》第二卷，勞思光著，香港友聯出版社。

40. 《中國哲學史》第三卷（上），勞思光著，香港友聯出版社。

41. 《中國哲學史》，馮友蘭著。

42. 《中國近三百年學術史》，梁啓超著，台灣中華書局（民國76年2月台11版）。

43. 《中國近三百年學術史》，錢穆著，台灣商務印書館（民國76年3月台9版）。

44. 《近代中國思想學說史》，侯外廬著。

45. 《中國文化要義》，梁漱溟著，問學出版社（民國70年8月再版）。

46. 《文化型態史觀》，林同濟、雷海宗著，地平線出版社。

47. 《中國文化與中國的兵》，雷海宗著，里仁書局（民國73年3月出版）。

48. 《儒家與康德的道德哲學》，楊祖漢著，文津出版社（民國76年3月出版）。

49. 《康德哲學論文集》，黃振華著，時英出版社。

50. 《康德的道德哲學》,(含《道德形上學基礎》、《實踐理性批判》等),康德原著,牟宗三譯註,學生書局。

51. 《康德「純粹理性批判」》,牟宗三譯註,學生書局(民國72年7月初版)。

52. *Immanuel Kant's Critique of Pure Reason*, translated by Norman Kemp Smith.(馬陵出版社,民國71年出版)。

53. 《判斷力批判》上卷,康德著,宗白華譯,滄浪出版社(民國75年9月初版)。

54. *Kant's Critique of Judgement*, translated with introductioin and notes by J.H. Bernard. D.D., D.C.L.(馬陵出版社,民國64年9月出版)。

55. 《倫理學》,斯賓諾莎著,賀自昭譯,仰哲出版社(民國76年9月)。

56. *The Collected Works of Spinoza*, Edited and Translated by Edwin Curley.(雙葉書店,民國74年)。

57. 《柏拉圖巴曼尼得斯篇》,柏拉圖原著,陳康譯著,問學出版社(民國68年8月出版)。

58. 《當代歐洲哲學》,波亨斯基(I.M. Bochenski)著,Donald Nicholl & Karl Aschenbrenner 英譯,郭博文中譯(協志工業叢書,民國58年3月初版,75年3月5版)。

59. 《西洋哲學史》,傅偉勳著,三民書局(民國70年12月6版)。

(二) 論 文

1. 《朱晦菴與王陽明論學異趣說》,王志銘撰,國立台灣大學哲學研究所碩士論文(民國76年4月)。

2. 〈「無限心」的概念之形成〉,楊祖漢撰,《鵝湖學誌》第一期1988台北。

3. 〈孟子與康德的自律倫理學〉,李明輝撰,台大哲學研討發表論文。

4. 〈孟子的四端之心與康德的道德情感〉,李明輝撰,《鵝湖學誌》第三期1989台北。

5. 〈朱子道德學型態之重檢〉,李瑞全撰,《鵝湖學誌》第二期1988台北。

6. 《胡五峰心性哲學的定位》,鄧紹光撰,香港新亞研究所哲學組碩士論文(1987年度)。

7. 《論「佛說無我」後一切法存在的問題》,李淳玲撰,台大哲學研究所碩士論文。

8. 〈論胡五峰之「天理人欲同體而異用」〉,林家民著,《鵝湖學誌》第三期1989台北。

胡五峯之心性論研究

陳祺助　著

作者簡介

陳祺助，1961 年出生於台灣彰化縣。1983 年畢業於國立台灣師範大學國文系，1986 年畢業於高雄師範學院國文研究所碩士班。曾任台中縣立霧峰國中教師兼導師（1983）、台南女子專科學校專任講師（1988 年），1989 年服務於正修工專即現在的正修科技大學，現任該校通識教育中心專任副教授。著有《王船山「陰陽理論」之詮釋》（高雄，復文書局，2003 年）、《天道、善惡與人性的關聯──王船山儒家道德形上學理論之研究》（本書獲國科會 2006 年補助）等書。另外，曾發表關於王船山哲學的研究論文十數篇於國內各大學術刊物上。專長研究領域為王船山哲學，同時也旁通宋明理學與先秦儒哲學。

提　　要

　　本文之完成，多蒙曾師昭旭之指導。主旨在闡明胡五峯心性思想之義理內涵及其學術性格。資料乃以五峯著作為中心，在近人的研究基礎上，廣予搜集。全文共一冊，約八萬字。共分五章，並附錄〈五峯年譜〉一篇。

　　第一章〈五峯學術性格所以形成的思想淵源〉。乃從學術史的角度，剖析直接導致五峯形成其學術性格的思想淵源。

　　第二章〈五峯之實體義〉。旨在疏解「心性分設」、「盡心成性」、「心無生死」及「性不可以善惡言」等義。

　　第三章〈五峯之理論中的圓教義理〉，乃在說明五峯係基於「道德創造性」一義建立其圓教理論，由此以判開儒佛之別。並疏解五峯在圓教理論之背景下，所建立的獨特義理「天理人欲詭譎相即」之內涵。

　　第四章〈五峯之修養工夫論〉。旨在闡明五峯之修養工夫在於「識仁」即內在的逆覺體證與「定性」二義。

　　第五章「結論」，綜述全文大義，及五峯之學術性格。

　　附錄：〈五峯年譜〉，旨在敘述五峯之交遊情狀及其立身處事之大節。

　　五峯之心性精微，自朱子肆力批評之後，其潛德幽光竟至沈埋而不彰。本文乃透過一較合理之觀點，重新詮釋五峯著作中所隱藏的義理蘊奧而彰顯之。透過這樣一種方法，希望能對五峯之思想有一合理的詮釋與恰當的了解。如此，得出之結論為：五峯乃是以「盡心成性」、「以心著性」為其學的特色，由此而替圓教模式─心性天──建立了理論根據。至於，達至此一圓教境界的工夫進路，則在「逆覺體證」。此上之結論，則與朱子之批評截然相異者。

目

次

序　言

　　中國向重義理之學，亦曰心性之學，今語則謂生命之學問，蓋所以安身而立命也。

　　生命粗分之，略有形軀，理性二層。凡人所為事行，常不免於順軀殼起念，任情識而動；馳騁於利害之場，較量於是非之間。其形盡如馳，而其心亦與之俱逝而不返。吾人當息思靜慮，默識此心之際，必不能安於此若浩浩大化，傾湫倒海之生命氣習，而必思有以安頓之於貞一寧定之常所也。

　　智者有見於形氣為煩惱罪惡之源，乃以解脫為安身之道，寂滅為常樂之境。儒者則以為形色天性，可調理而不可捨離，有成全而實無絕滅。故道德實踐不在於去吾而在於潤身，必以生色、踐形，睟面、盎背為極詣。蓋儒者本於仁心惻怛之意識所體現之道德創造性，必肯定形氣之意義，視之為價值之彰顯也。

　　宋明儒學初興，其立教之義理骨幹，即植基於仁心之道德創造性，由之以嚴判儒佛疆界，冀期恢復先秦儒家之宗旨，重建儒家式之圓教。五峯值宋室南渡之時，優游南山之下，潛修濂洛之學；精思力行，親切至當。所著《知言》，言約義精，於圓教義理多所闡發，於先儒工夫亦別有會心，於創造性一義更具體悟。惟自朱子著《知言疑義》，對之大肆批判以來，五峯學之真義，並其潛德幽光，竟至沈埋不彰，亦可傷已。

　　愚以頑鈍之資，荒廢於修身者有年。賴趨庭之承訓，始有知於志學；蒙師友之提攜，方獲入道之門。然真理無涯，是篇之作，於先儒孤明固不敢謂能發揚於萬一，亦所以消化昔時之所學，開日後之新境耳。又此文之成，諸師友之助實有足多，祺助思無所報，唯望來日勇猛精進，庶幾無忝於所生；日新不已，所以慰藉於諸德。

中華民國 75 年 4 月

陳祺助謹序

第一章　五峯學術性格所以形成的思想淵源

第一節　引　言

　　胡宏，字仁仲，號五峯。〔註1〕生於宋徽宗崇寧四年，卒於高宗紹興三十一年（1105 年～1161 年），年五十七歲。〔註2〕

　　五峯「自幼志於大道，素以人傑自許，而人亦以是許之」。〔註3〕十五歲，授學於家庭，即由其父文定公（諱安國）處，聞二程之說，而欣然心會。〔註4〕弱冠，遊京師，嘗見楊龜山。又因文定公之命，從侯仲良遊。〔註5〕楊、侯二人皆二程門人，是知五峯自早年始，即頗受伊洛之學的影響。而五峯亦極推尊二程。此外，五峯同時也甚推崇濂溪與橫渠，為《通書》及《正蒙》作序（見《五峯集卷三》）。並以為「周子啓程氏兄弟以不傳之學，一回萬古之光明」（同上《通書》序）。然五峯之學，則是重新消化北宋四家，而另建系統，以發揚其家學者。張南軒謂其「卒傳文定公之學。優游南山之下，餘二十年。玩心神明，

〔註1〕五峰之號的由來，《宋史》及《宋元學案》均未見道及。王開府氏謂此乃因地以為號，見《胡五峯的心學》（台北，學生，民國67年）頁5至6。
〔註2〕五峯之生卒年，自《宋史》本傳以下，諸有關傳記皆無明文記載。此處所著錄之生卒年，其考證之經過可參考看本文〈附錄〉：拙著之〈五峯年譜〉。
〔註3〕明楊應詔《閩南道學源流》（明嘉靖43年刊本）卷7。
〔註4〕明朱衡《道南源委》（百部叢書初編，正誼堂叢書本，台北，藝文）卷1。
〔註5〕安國〈與楊大諫書〉，見朱子《伊洛淵源錄》（百部叢書初編，正誼堂叢書本，台北，藝文）卷12引。

不舍晝夜。力行所知,親切至到。」(《知言》序)著作有《知言》六卷、附錄一卷,《五峯集》五卷,《皇王大紀》八十卷。

本文不擬從思想史的角度,探討五峯之心性思想所以「發生」的原因;而擬自學術史的角度,剖析導致五峯建立其義理系統,形成其學術性格的思想淵源。共分二節;第二節敘述北宋四家與五峯之關係,重其私淑傳承的說明;第三節敘述安國與五峯之關係,明其家學淵源,又,本文乃內在於五峯之心性思想,直接考察其形成的淵源;凡屬生平事蹟,時代背景等外緣資料的敘述,因與本題無關,統摒之於本文之外,不予討論。其詳,可參考〈附錄〉:拙著之〈五峯年譜〉。又,本文各處,凡引五峯之言,於《知言》則僅註明卷第幾,於《五峯集》,則註明「《五峯集》卷某」。

第二節　北宋四家與五峯的關係

宋儒崛起,爲對治佛老,特從宇宙論之立場,大談天道性命之理,上契先秦儒家之古義。而首先能「闡發心性義理之精微,端數濂溪之破暗」(黃百家語)。其次,則橫渠與二程並起,大張理學旗幟,重續儒家道統,復活原始儒家教義,闡揚心性義理蘊奧。指示契悟天道,踐履修身之入路,然後學者有所持循。

五峯於宋室南渡之後,重新消化北宋四家之學而建立其獨特之義理系統。本節非欲於四子之學作全盤的敘述。僅就五峯形成其學術性格,而明顯地有得於四子之學處,略述其間之關係。

一、濂　溪

就心性義理而言,濂溪乃宋儒中之首先「默契道妙」者。其《通書》以「動而無動,靜而無靜」之神用(動靜第十六章)體悟天道實體,而以「動而無靜,靜而無動」(同上)詮表「物」,正式分解地判別了形上的道體與形下的器物二層。而道體則是可以動靜去體會,卻是即動即靜,非動非靜的妙體,故是「即活動即存有」之體。此義上承詩經「維天之命,於穆不已」之古義,而大抵爲宋明儒者所共契。五峯亦不悖此義,故謂「性不能不動,動則心矣。」(卷六)。

但,濂溪所悟之道體,尚只停於客觀面,自宇宙生化的立場而言。就其自覺地義理詮表看,濂溪並未以爲此道體即是吾人之性體(橫渠、明道在此

一方面的意識皆極強）。故濂溪謂「易何止五經之原，其天地鬼神之奧乎？」
〔註6〕此文所謂易，乃指易道，非僅謂易經這部書。而易道即天道，因天道變
化，而有萬物之生生，萬化之流行。而天道自體則玄微深妙，淵藏幽隱，不
可測度。萬理就如自此奧體生化出，流現出。故謂易道乃「天地鬼神之奧」。
而五峯則謂「性也者，天地鬼神之奧也」（卷四），此一方面將天道的內容收
攝於性體來了解；一方面建立性體爲宇宙生化的客觀性原則。對於「天道性
命相貫通」之義有眞切的體悟。〔註7〕故五峯曾說：「天命爲性，人性爲心。」
（卷一）。

二、橫　渠

《正蒙・誠明篇》有言：

> 人之剛柔，有才與不才，氣之偏也。天本參和不偏，養其氣，反之
> 本而不偏，則盡性而天矣。性未成則善惡混，故亹亹而繼善者，斯
> 爲善矣。惡盡去，則善因以亡。故舍曰善，而曰成之者性。

此段話，重點有二：一、修養工夫之極致目標在「成性」。二、成性之後，只
是一性體之如如呈現發用，既無惡，即善之名亦不須置。此隱以性體乃超越
於善惡等名言之上，而爲善惡不足以言之者。此二義對五峯之影響極大，前
者促成五峯建立其「盡心成性」、「以心著性」之理論；後者則形成其「性無
善惡」之說。

（一）成性義

性體既是「即活動即存有」的創生實體，爲宇宙生化的超然大主，其體
自常存遍在，不已地起創生大用的，何以有待於「成」呢？原來，吾人既稟
天命而爲性，復稟形氣而爲個體。個體處所有之形軀的錮蔽，氣質的駁雜，
常成性體呈現的險阻。故有待於道德修養的工夫，以變化氣質，誠身踐形，
然後性體創生的義蘊方得以彰著顯現。否則，性體不能暢遂地直貫，主宰於
現實日用中，則其爲創生大主將只成抽象虛懸的體，不能盡其創生大用。「成

〔註6〕《通書》（收入《周濂溪先生全集》，百部叢書初編，正誼堂叢書本，台北，
　　　　藝文）精蘊第30章。
〔註7〕五峯「性也者，天地鬼神之奧也」一語所隱涵「天道性命相貫通」的意識，
　　　　及其與濂溪之關係，蔡仁厚先生已提及。見《宋明理學・南宋篇》（台北，學
　　　　生，民國66年）頁68。

性」，即是要通過道德實踐的工夫，以使性體直貫於日用中，成其爲具體而眞實的體。

此一成性的工夫，在上引橫渠之文中，乃是透過變化氣質，「反之本而不偏，則盡性而天」，然後完成的。依牟宗三先生之意，成性的觀念對五峯影響甚大。因變化氣質的工夫之可能的最後根據，必在於心體，由盡心以成性。故橫渠亦言：「心能盡性，人能弘道也。性不知檢其心、非道弘人也。」〔註8〕而五峯則正式提出「盡心成性」之義，成其學術性格之特色。〔註9〕橫渠「成性」一義，五峯已自覺地正視之，故《正蒙》序謂：「知禮成性，道義之出，粹然有光。」（《五峯集》卷三）

（二）性超善惡之名言

當性未成，則吾人之所行，常順氣稟之偏勝處而發，故或過或不及，因而時善時惡，或正或不正。此時，性體因混雜，融即於氣稟中而表現，因而爲氣稟之駁雜所桎梏，致令其表現有善惡之夾雜，故謂「性未成，則善惡混」。

而當吾人眞能盡心易氣以成性，則善行之表現將是亹亹相繼，純然無間。此時，惡固盡去，即「善亦因以亡」。此所謂「善因以亡」，非謂無善之實。乃謂惡去盡後，善之名亦不可執著。因，吾人之擡頭舉目，動容周旋唯是性體之流行呈現，而性體則是超然於是非善惡之表，不受名言所限的純粹至善體。

橫渠此一思理與明道同（明道之說見下），而爲五峯所承繼並發揚。

三、明　道

初期宋儒講論心性之學，多由《中庸》，《易傳》入手，自宇宙論方面，大談天道性命。對論、孟之重主體性方面的義理，稍缺乏重視。濂溪主體性之意識最薄弱，橫渠已能切悟孔子之仁，但爲其言太虛太和等客觀面義理所掩蓋，因而言仁之意識亦不顯。至明道，則主客觀面之意識皆甚飽滿，而盛言一本義，確立儒家圓盈充實的圓教模型——心性天是一。其言謂：「只心便是天，盡之便知性，知性便知天，當處便認取，更不可外求。」又說：「只此便是天地之化。」〔註10〕於是，儒家立教，乃不只限於人倫教化的道德立場；

〔註8〕《正蒙》（《張子全書》，四備部要本，台北，中華）〈誠明篇〉。

〔註9〕《心體與性體》（台北，正中，民國57年）第一冊頁518至519。

〔註10〕二段俱見《二程全書》（四部備要本，台北，中華）《遺書》第2上，二先生語2上。《宋元學案》（四部備要本，同上）列入〈明道學案〉。

更通於天地之生化，而具有形上的意義。

　　五峯提出「盡心成性」、「以心著性」之義，乃特就明道之一本圓教模型，而建立其所以可能的理論根據。依儒家，原本「天體物不遺，猶仁體事無不在」，〔註11〕此是共同肯認的事實。而五峯則是先分設心性，以天道性命爲客觀的超越體，以本心仁體爲主觀內在之體；然後經由盡心以成性：「心本天道變化，爲世俗酬酢」（卷二），心由原是道德意義的實體，漸上融於性天，而成爲具形上意義的天心、宇宙心；性體由原是宇宙生化的形上實體，因下貫於日用倫常中，漸合於仁心，而具有道德的意義。最後，因盡心而成性，主觀客觀打成一片，心性爲一，而圓教之義乃眞正確立。

　　除「盡心成性」之義外，五峯論「性超善惡之名言」，及其「識仁」、「定性」之工夫，亦兼承明道而闡發。

（一）性超善惡說

　　明道有言：「生之謂性。性即氣，氣即性，生之謂也。人生氣稟，理有善惡，然不是性中元有此兩物相對而生也。……善固性也，然惡亦不可不謂之性也。蓋『生之謂性』，人生而靜以上不容說，才說性，便已不是性也。」又謂：「故不是善與惡在性中爲兩物相對，各自出來。」〔註12〕其意乃以性體爲超越善惡對待之相的絕對體。當「人生而靜以上」，則只是天命之體創生流行，不可致詰，故不容說，當說性體，則已是就天命流行之體下貫於個體，爲個體所稟受處而言。此則使性體創生之用必受氣稟之險阻所桎梏，所限制。故說性體，必就個體形成（生）後，與氣稟融即，混雜而表現處說，此即「生之謂性。性即氣，氣即性，生之謂也」之意。

　　因性體必融即於氣稟中而表現，氣稟之駁雜必使性體呈現或不呈現；呈現亦有暢遂不暢遂之分，而人乃有時善，有時惡。然善惡乃表現於事相上者，不關性體本然之當身，此即「才說性，便已不是性也」之意。所謂「不是性」，非謂性體在本質上起了變化，成爲它物；乃因一說性，即意含混融於氣中表現，而非其自身純粹的本然之體，故曰「不是性（之本然）」。因爲性中並無「善惡兩物相對而生，各自出來」，故性體必是超越善惡之對待相，不可以名言致詰，而又純粹至善的絕對體。

　　明道此一思理與橫渠同，而爲五峯所發揚。五峯進而建立「性不可以善

〔註11〕橫渠《正蒙・天道篇》。
〔註12〕《二程全書》，《遺書》第 1，二先生語 1。《宋元學案》列入〈明道學案〉。

－5－

惡言」之義，其目的：一、在建立是非善惡等價值判斷的絕對標準；二、在保證道德行為的純粹性；三、在強調道德實踐之不可須臾離。其義，詳見下章第六節。

（二）識　仁

明道之踐履醇熟，造詣極深。其〈識仁篇〉與〈定性書〉〔註 13〕乃其言工夫義理之精髓。本小段先述其識仁及其與五峯之關係，定性之義見後。

〈識仁篇〉謂「學者須先識仁。仁者渾然與物同體，義禮智信皆仁也。識得此理，以誠敬存之而已。」其意，乃透過仁者聖證的境界來指點仁。仁心朗現，必求感通萬物，遍潤一切；己立而立人，成己而成物。其不安不忍之情，必於所有廢癃殘疾，皆能痛癢相關，而求安頓之，成全之。故仁者必視萬物莫非己，而「渾然與物同體」。故〈識仁篇〉背後所隱藏之義理，實是由「不麻木」、「有所覺」指點仁。但對於如何識仁，明道則缺乏明確的入手工夫之指示。五峯則提出「內在的逆覺體證」，就日用間，良知端倪發見之端，提醒學者猛省提撕，察識仁心而操存之。其義乃本孟子「求放心」之路而來，指點親切可尋的工夫進路，足以補明道思理之罅縫。

（三）定　性

明道之〈定性書〉首提「動亦定，靜亦定；無將迎，無內外」的工夫化境；而言吾人所以不能定性之故，其患常在於「自私而用智。自私則不能以有為為應迹；用智則不能以明覺為自然」。而其所提出之對治之道，則是本《易傳》無思無為之教而來的工夫：「天地之常，以其心普萬物而無心；聖人之常，以其情順萬物而無情。是故君子之學，莫若廓然而大公，物來而順應。」

原來，自私者常貪著形軀，而強分內外物我，故其所行不免隨順軀殼起念。於是，一切營生之為總止於養一身之小體。不知，順本心而行，則一切奉身養生之事，皆只是本心之應迹而發。事過則相泯，不滯於迹，而本心乃能不為物累，得以朗然大定。用智者，其所為常出於成心之構畫揣量，情識之臆計造作。不知本心天然之明覺，應感而動，當幾而發，靈妙善應，自能相應事幾而知明處當。凡參之以心識之結，意念之網，將致本心喪失其圓通活潑，自然善應的明覺。明道提出「無心無情」、「廓然大公，物來順應」的工夫，即為求化掉吾人因自私而來的有為之貪著，及由用智而致的成心之執念。使本心從成套的框

〔註13〕〈識仁篇〉見於同上，《遺書》第 2 上，二先生語上。〈定性書〉見《二程全書》，《明道文集》卷之 3，乃答橫渠之文。以下之引文皆同此，不另註出處。

框之格局中超拔而出，呈現其明覺之體，達到大定的境界。

對明道此等氣稟清純的儒者，渾淪地由「無思無為」的工夫，或能一悟即頓至定性之化境。但，對一般氣稟駁雜或強欲的學者，總覺欠缺細密的工夫步驟可尋。五峯則發揮定性的義理，一方由「內本外末」，不留情於外物，以破形軀我執的自私；一方由「無為之為」，審權而無定用，以破成心情識之執著。一心而雙行，兼施並用，既除私執，復去用智，以達到定性之境界。

四、伊　川

五峯雖宗伊洛之學，但在義理傳承的痕迹上，其與伊川之關係不甚明顯。惟自五峯著作中，可知伊川「中者所以狀性之體段」一語，對五峯「盡心成性」義的形成，極具關鍵性的地位。其次，則是五峯對大學一書的重視，及「致知格物」、「居敬窮理」等成語的襲用，受伊川的啓發。

（一）《五峯集》卷二〈答僧吉甫書〉中，引「中者所以狀性之體段」〔註14〕一語，而謂伊川不以中字「狀心之體段者，蓋以未發只可言性，已發乃可言心」。此是先說「心性之分設」，為的是通過「盡心成性」，以說明「心性合一」之所以可能。原來，在情氣未發動前，只是天命性體生生之幾潛行默運，無過無不及，故可以中字狀其體段。而在七情發動處，則性體創生之蘊彰著。但，此時只可謂之心，不可謂之性。因，「性不能動，動則心矣」。在情變氣動處，可以見出實體調理裁制，使之發而中節之用，此則惟心體之名足以當之。但，五峯之義，非謂性乃是「只存有而不活動」之體。其對「中」的理解，亦未必同於伊川。其借用伊川之語，乃為說明心對性的形著關係。凡此，其詳具見下章第三、四節。

（二）《五峯集》卷三有〈題大學〉之文，以伊川所正之大學授學者，而頗重其書。並襲用致知、格物、居敬、窮理等成語以抒發其義理。惟五峯使用此等語詞，只是隨文點撥過去，並未著於此，做詳細分解地說明。亦不甚成系統。然順通其文，則其實義可見，而未必同於伊川。

依五峯，此類詞語之義理，皆是在「逆覺體證」之背景下，發於本心，稱體而施之工夫。致知含後返地致察本心，及前進地推擴良知二義；格物則與致知之義相涵，乃當物之來感，順本心之推擴以格之。其義理間架實與陽

〔註14〕《二程全書》《伊川文集》卷5。

明極為相同。居敬乃心體之自我操存涵養，不使間斷；窮理與盡心義同，乃謂窮盡性分本具之天理以及物潤物。凡此數義，其所言之工夫，唯是就實體性的道德心而言。與伊川就認知心言居敬涵養，即物窮理者不同。有關此數義之疏解，其詳並見第四章第二節〈附論〉。

第三節　安國與五峯的關係

五峯之父安國精研春秋之學，其《胡氏春秋傳》曾與三傳並列學官。而在心性義理之學上，則大抵因襲前輩成說，無多發明；且只有零詞碎義散見各處，缺乏完整而有系統的著作。〔註15〕但，五峯自幼受學家庭，在講明先儒之學上，安國卻能述而不作，不悖儒家義理之矩矱；同時，安國某些零星的觀念，卻對五峯極具啟發性，而在其學術性格的形成上，有著決定性的影響。安國實可視為北宋四家之學過渡到五峯的橋樑。

（一）「性無善惡」之義

《知言》卷四，五峯曾引安國之言：「孟子道性善。善云者，嘆美之詞，不與惡對」。安國此言對孟子之義的理解恰當否，暫不置論。其義總是以性體為超越善惡對待之相，名言窮於置詞的超越絕對體。而其自身乃是純粹至善者，故可以善來嘆美之。朱子以為此意乃安國得之楊龜山，而龜山得之佛徒東林常摠。〔註16〕實則，此意自橫渠，明道已發明之，不必得之方外。

（二）成　性

安國嘗言：「四端固非外鑠，五典天敘不可違。在人則一心也，在物則一理也。充四端可以成性，惇五典可以盡倫。性成而倫盡，斯不二矣！」〔註17〕其意乃自心與理一而說成性與盡倫。按說，心具萬理，原與理一。但因氣稟的昏昧，常使本心之知明不能彰顯，而在日用酬酢之間，失其裁制調理之用，以致不能成物潤物，合物我為一。故在物之理與在我之心乃宛若相判，不相綰攝，心與理為二。

心理相判，即是物有未成，則於性分有虧，不能完成其為「萬物皆備」

〔註15〕安國有《文集》15卷，然不見於《四庫全書》之中，或已亡佚。此處所述安國之思想，其言皆散見各書所引。

〔註16〕《朱子語類》（正中書局，影印自中央圖書館所藏，明成化9年江西藩司覆刊宋咸淳穴年導江黎氏本）卷第101。

〔註17〕胡寅《斐然集》（四庫全書珍本，台北，商務），卷25〈先公行狀〉引。

之體。故成性之道，即在擴充四端之心，篤行天敘五典，使一身盡爲天理之流行，而心與理一，物成而性亦以之成。安國此言成性的工夫在充四端，實即盡心之義，較橫渠之說爲進一步，而爲五峯所發揚。

（三）主體性之意識

五峯建立「盡心成性」之說，提出逆覺體證的工夫，顯示其主體性之意識極爲強烈，並對孔子之仁，孟子之本心有極相應而貼切的契悟。甚至，在象山之前，眞能對孟子之本心義，予以積極之正視者，乃爲五峯。而此受安國之啓發頗大。

前一小段，引安國由「充四端」以言「成性」之義，已顯示其對孟子本心義的重視。此外，試看下引各文：

（1）自孟子既沒，世無傳心之學。……釋氏自言直指人心，見性成佛。吾卻言失其本心，莫知所止，大道懸遠。〔註18〕

（2）子又謂充良知良能而至於盡，與宗門要妙兩不相妨，何必舍彼取此。則非某之所敢知也。夫良知不慮而知，良能不學而能，此愛親敬長之本心也。儒者擴而充之，達於天下，立萬世之大經。〔註19〕

（3）元年之元者，仁也。仁，人心也。〔註20〕

（4）學者必求仁。須將孔門問答仁處編類考察，自體認一箇緊要處方可。〔註21〕

據此，安國之主體性意識已甚濃厚。對仁心之性格掌握得亦甚貼切。第四條中，安國欲學者由孔門問答仁處，考察體認以求仁，在工夫的指點上，尚嫌籠統。但，他處則有具體而明確的工夫進路。《五峯集》卷五〈語指南〉中，曾引安國「觀過知仁」之義。其意乃由氣質之偏勝處說過，由人之內觀自省己過，而心之不安不忍以有所覺處說仁。此義對五峯「逆覺體證」之說的形成極有影響，亦成爲逆覺工夫下之重要思理。其詳，具見第四章第二節，論五峯「識仁」工夫處之疏解。

〔註18〕〈龜山誌銘辨〉。見朱子《伊洛淵源錄》卷10引。

〔註19〕同註17。

〔註20〕《胡氏春秋傳》（四庫全書，文淵閣藏書本，台北，商務）卷1，〈魯隱公元年〉下註文。

〔註21〕《胡氏傳家錄》。明楊應詔《閩南道學源流》卷之3引。

第二章　五峯之實體義

第一節　引　言

　　體謂本體，其義可簡言之，謂一切存在的根據，即一切存在所以存在的最高根源。《中庸》說之為「天下大本」，而五峯稱之為「萬化之原」（《五峯集》卷二〈與孫正孺書〉）。所謂一切存在（萬化），是指現象界中，凡耳目所接，心知所象而可名可稱者皆是，統屬形而下的物。五峯曾謂：「有聚而可見謂之有者，知其有於目，故散而不可見者謂之無。有實而可蹈謂之有者，知其有於心，故妄而不可蹈者為無。」（卷二）此段話中的有，即是指存在物。〔註1〕依儒家義，存在物皆為本體所創生。本體直貫萬化之中而創生之，故物無妄生，事無非真，存在及有其存在之必然性，即皆有其存在之理，因而皆具價值，事物皆實，因此，理必為實理，而本體亦為實體。

　　此做為天下之大本的實體既是創生萬化的根源，則由於此實體的肯定，吾人可對一切存在有根源的說明。因此，此實體是形上實體，而儒學這方面的理論乃為一形上學。對此形上實體，儒者乃透過作用來了解，〔註2〕而認為體不離用，即於生化而顯，不把它推出去當作人格神（超越而外在）。《詩經》「維天之命，於穆不已」之詩，是體悟此形上實體的最根源智慧。所謂天道、

〔註1〕橫渠謂：「所謂氣也者，非待其鬱蒸凝聚，接於目而後知之。苟健順，動止，浩然，湛然之得言，皆可名之象爾。」（《正蒙・神化篇》）此所謂氣，即形而下的存在物之統稱。而五峯則謂之為有。

〔註2〕本牟宗三先生之說。見《中國哲學的特質》（台北，學生，民國 52 年）頁 20。

-11-

天命乃唯是一無限的創生妙用之自身。對此無限妙用之體的肯認,儒者並不由智測而建立,乃以精誠的道德意識,經由實踐的進路來體悟。因為,只有由道德心的無限妙用,才是使人能澈悟天道此無限奧體的義蘊之唯一道路。因此,儒學此方面的理論雖為形上學,卻是以道德來解釋存在,故儒學之性格,基本上為一道德的形上學。

五峯學承北宋四家,對實體的體悟本於濂溪、橫渠、明道。而上契先秦儒家之原始教義。理解精熟,言之通透。實體本超言說界之奧體,而只能經由實踐之路來契悟。出之於言詮,往往因契悟之進路的不同,而宛似有異。但須知,雖有種種名,而其所指之實則無別,故凡說天道、天命、性、心、神、理、誠、仁等等,其義皆同指目一實體。此義,明道已發明之,而五峯則發揮更詳,以諸名揭發實體義蘊。本章第二節即以五峯之言所及,略釋其對實體所下種種名之義。實體本一,但因契悟進路不同,言詮著重點有異,致最初所呈顯的意味有別。同一實體而有主觀地說與客觀地說之分。第三節即由此說心性分設。但做為天下之大本的實體不能有二,故心性終究是一。其所以是一的關鍵何在?第四節即由盡心盡仁以成性,以明心性為一。第五節即順一本之義——心性天為一,而述五峯之「心無生死」義,說明心體乃永恒遍在者,及吾人所以能具無限價值之故。第六節論五峯「性超善惡」之義,明其言性之層次與內容具不同於告子「性無善無不善」之中性義。

第二節　五峯對實體所下諸名釋義

實體本一,然因契悟之進路,立言之重點有異,遂立種種名。此點,五峯本人已自覺到,曾說:「平仲云:『心者,萬化之原,至理之所在。』此是籠罩語,非端的見也。何以明其然?天也,命也,性也,豈不可如此言乎?餘所立言皆如此。」(見前)籠統地說個「萬化之原,至理所在」,未必真能明曉其實義,同時,也將泯失諸名立言的分際及其所以然,故五峯說是「非端的見」。當然,心固是萬化之原,至理所在,但天、命、性未嘗不可如此說(故知心,性,天,命諸詞之實義為一,皆指目形上實體),必須先清楚諸名立言之所以異,而見其義蘊之終同,如此,對於實體的了解方是真知,而見亦為端的見。

以下,試就五峯立言所及,略釋其對實體所下諸名之義。〔註3〕

────────────────

〔註3〕以下有關實體諸名的詮釋,除太和、乾、和等之外,皆本曾師昭旭之說。見

　　總持地就生化全體而言，稱之為天。五峯說：「天以生為道。」（《五峯集》卷二〈求仁說〉）又說：「萬物生於天。」（卷一）

　　就天之生化，不已地起作用，淵然有定向，以賦予萬物處言，稱之為命。就人物同稟受天命實體於己而言，稱之為性。〔註4〕就人性特具虛靈之明覺，足以相應天化而創生道德行為之主宰言，稱之為心。五峯說：「天命為性，人性為心。」（卷一）

　　就天之發用必顯為種種理，而為一切理之所由出與所歸藏而言，稱之為理。五峯說：「理，天命。」（卷四）

　　就天之創生必資氣化而顯，其生化必顯為有方向之動序而言，稱之為道。就天道為一切存在之活動之總依據而言，稱之為太極。五峯說：「一陰一陽之謂道，道謂何也？謂太極也。陰陽剛柔，顯極之幾。」（卷五）

　　就天道之作用於氣化，而引生陰陽交感，生生無窮及化育之絪蘊保合而言，稱之為太和。五峯說：「陽中有陰，陰中有陽；陽一陰，陰一陽，此太和之所以為道也。」（卷四）

　　就天道之生生無窮，乃因其自體之純一無雜，真實無妄而言，稱之為誠。五峯說：「天道至誠，故無息。」（卷四）又說：「誠，天道。……人心合乎天道，則庶幾於誠乎？」（卷四）

　　就天道之生生不息，而指其具剛健之德言，稱之為乾。五峯說：「乾者，天之性情也。」（卷五）

　　就天道之當體自持，亭亭當當，無過無不及而言，稱之為中。體必發用，就其呈現必能中節合度而言，稱之為和。五峯說：「中者，道之體；和者，道之用。」（卷二）又說：「道者，體用之總名。」（卷一）就其生化妙用之應幾而動，靈妙不測而言，稱之為寂感真幾。五峯說：「寂然不動，感而遂通天下之故，與未發已發不同。體用一源，不於已發未發分之。」（《五峯集》卷二〈與彪德美書〉）

　　又，五峯言鬼神，或自氣化之往來而言，如「往而不窮者，鬼之謂歟？來而不測者，神之謂歟？」（卷四）但，又以鬼神之存在須由吾人誠心之感通

　　　《王船山哲學》（台北，遠景，民國72年）頁325至328。
〔註4〕橫渠謂：「性者，萬物之一源，非有我之得私也。」（《正蒙·誠明篇》）此所謂性，乃遍就萬物而言；故是客觀性原則。此非單就人的道德創造性而說。五峯謂「天命為性」，正是橫渠此言之意。此意，下節有疏解。

來印證，而說：「鬼神之爲物非他，即吾之誠也。」（《五峯集》卷四《皇王大紀論──祭祀郊社》）。此實本中庸由至誠以言鬼神之「洋洋乎如在其上，如在其左右」（十六章）之意而說。則神之義亦可上提而自氣化之所以生化不測的妙用處說，而稱之爲神體。

以上各語散見知言及《五峯集》各處，會而觀之，諸名同指一實體之意甚明。五峯則更自覺地將諸名組織起來，以明其所以是一的關鍵，及實體的眞正內涵、意義。而說：

> 誠，天命；中，天性；仁，天心。理性以立命，惟仁者能之。（卷五）

又說：

> 誠者，命之道乎？中者，性之道乎？仁者，心之道乎。惟仁者爲能盡性至命。（卷一）

此二段，先以道德意義的實體字眼仁、誠、中來實化天道性命心的本質義蘊。而惟仁者能盡性至命，則誠、中之義亦收攝於仁。就實體之具道德創生與感潤之性而言，稱之爲仁。仁心朗現，必求感通萬物，遍潤一切；而天道實體之義蘊亦不外是。故盡心盡仁乃是澈悟實體諸名所以是一的端的見。

第三節　心性分設──主觀性原則與客觀性原則

實體之主觀與客觀二義，是僅就個體形成後，人之能自覺地相應天道而創造道德行爲以彰著天命之義蘊上分。

原本，盈天地之間，只是於穆隱微的天命實體之創生大用在流行、鼓動、潛運，因而有宇宙萬化之生生不息。而天命之創生必帶動氣化俱行，由氣化之感應相蕩，分合聚散，而有個體之生生。個體凝成皆稟天命以爲性，故謂「天命爲性」（卷一），實體生化的義蘊至此方得彰著。否則，離了氣化，天命之創生大用將只成爲一股虛流，其實蘊無由顯現。但，在此說性，乃統就人物而言，就人物同稟於天命而爲性，因有其個體之存在上說，是易乾卦象傳所謂「乾道變化，各正性命」之意。故性體乃創生萬物的根本原理，是遍就一切人物而說其所以存在的根源之理，五峯因說：「故觀萬物之流行，其性則異；察萬物之本性，其源則一。」（卷二）此乃橫渠之言：「性者，萬物之一源，非有我之得私也」之文中所意謂的性。因爲，性體乃就一切存在的根源說，是人物之所共，非有我之得私，因而，它不能是只屬於人類所特有的

主觀質素，而乃是萬物所共具的本體──具創生大用之體，且是只說著實體之創生大用當身，未落於個體形成後，能自覺地相應天道以起道德創造說。故在此說性，乃指實體之客觀義。

然萬物雖同具天命爲性，而眞能相應天化，以起創造之用，彰顯天道創生之實蘊者，惟人爲能。故五峰特謂「人性爲心」（卷二），而物性不得與。因人心乃寂然感通之體，善感善應，足以裁成萬物，盡其成物潤物之用，而形著天地生生之德。萬物雖同稟天命爲性而有其存在，但其體則膠固而昏昧，未具虛靈明覺之用，能相應天化而起道德創造性。此亦分別人物之處。因此，說心乃是就人類所獨具的特質──道德創造性而說，是內在於個體而能自覺地實踐以創造道德行爲處說，故是指實體的主觀性。

因此，分設心性，乃是僅就人之個體形成上分。天命實體生生之用，原是推前無始，引後無終，而又無方所、無定限，而恒自遍運的，不因人之形著與否而蹈空淪虛。但是，若不經由人的道德創造，則其生化之蘊終只是潛隱自存，無由彰顯。因而說性體是就未經自覺之用而彰著其生生義蘊，其創生性乃只是潛運的之體，是指宇宙生化的創造性之當身自體，是遍就萬物而說其所以存在的超越之體；而說心體，則是就自覺地盡用以彰顯天地生生之德，其創生性乃是明著的之體，是對應天道之創造性而形著之之體，是單就人所獨具而能起道德創造的內在主體說。總之，性乃客觀地說之體，心乃主觀地說之體。〔註5〕

五峯在〈答僧吉甫書〉（《五峯集》卷二）中，即已自覺地分辨心性之不同，說：

> 所謂心性二字，乃道義淵源，當明辨不失毫釐，然後有所持循矣！竊謂未發只可言性，已發乃可言心。故伊川曰：「中者，所以狀性之體段也。」而不言狀心之體段也。心之體段，則聖人無思也，無爲也，寂然不動，感而遂通天下之故是也。」

又說：

> 方喜怒哀樂未發，冲漠無朕，同此大本，雖庸與眾無以異也。而無思無爲，寂然不動，乃指易而言，易則發矣。

此書重在說明聖人由盡心以成盡性之功，乃「以心著性」之思理。此處所引，

〔註5〕以上疏解皆本牟宗三先生之說而發揮。參《心體與性體》（台北，正中，民國57年）第二冊頁446。

僅就其中對心性之分的說法。

「未發只可言性」，乃是在喜怒哀樂等情變未發前，異質地指目一天下的大本，即超越的性體；「已發乃可言心」，則是就情變之發而中節處，異質地指目使之如理合度的真宰，即超越的心體。二語皆非就情變自身而同質同層地指其未發為性，已發為心。因為，若如此則心性俱屬形而下者，不得為「道義淵源」了。

又，就未發說性，並非意謂著性體只是靜態的存有，其體乃不活動，不發用者。五峯已謂：「聖人指明其（道）體曰性，指明其（道）用曰心；性不能不動，動則心矣。」（卷六）性體乃即活動即存有之體，只因其自體幽深潛藏，淵奧隱微（卷四：「性也者，天地鬼神之奧也」），亭當自持（中為其體段），且為萬事萬物之貞（卷一：「理者，萬物之貞」）故特顯靜定相，儼若退藏靜存而不活動之體。實則，性體固是具創生大用的大主，為生生萬物的根源。其為客觀義之體，即由此而說。

文中引及伊川「中者狀性體段」之言，但，對中的理解，五峯不必同於伊川。依五峯，「中，天性」，「中者，性之道」，中實即性體，乃實體字，可稱為中體。而伊川意謂的中，乃「只喜怒哀樂不發便中」〔註6〕之意，此正是就情變未發之自身，而同質同層地說中，中成為形而下之字眼，非實體字。又以「中即性也。此語極未安。中也者，所以狀性之體段。」〔註7〕其意乃以為中非即性，只是狀性的一個名目。推尹川之意，或因「性即理」，而中是形下之氣未發前的狀態，雖有似於理之亭當，而未能保其必能常如理，或發時亦能如理。而五峯意謂的中，則即是道體性體，乃即活動即存有，即中即和者。故前節曾引五峯之言：「中者，道之體；和者，道之用。」五峯引伊川之言，並不自覺其對中義之理解與伊川有別。

以上在明心性之分。以下，茲先引五峯論性之言，疏解其義。

（一）性也者，天地鬼神之奧也。（卷四）

　　（1）萬物生於性，萬事貫於理。（《皇王大紀》自序）

　　（2）性也者，天地之所以立也。（卷四）

　　（3）性，天下之大本。（卷一）

　　（4）性立天下之有。（卷三）

〔註6〕《二程全書》，《遺書》第十八，伊川先生語四。
〔註7〕同上，伊川先生文第五。

（5）有而不能無者，性之謂歟？（卷四）

（6）夫可以有無見者，物之形也。物之理則未嘗無也。（卷一）

（一）是根據「維天之命，於穆不已」一詩的體悟而來。性體是生化的根源，乃是一無限的創生作用。既是無限的作用，故必是無方所、無定體，其體乃玄微淵妙，深遠隱奧，不可致詰者。萬物因性體之作用，就如自此幽密之性淵中而生化出，流現出，故說性體是天地鬼神的於穆奧體。

萬化皆因性體之生生而得其存在，故可反而說性體是實現萬事萬物之存在的理。（1）即說「萬物生於性，萬事貫於理」。此意謂，性體之創生萬化是有其理，有其必然性的，而非盲目，無意志之偶然；乃自發律則而淵然有定向者。因此，一切氣化的聚散，情變的交動，物之生死，事之感應，皆有其當然之理；萬事萬物的存在皆有其必然的保證。天地由性體而立，萬化因性體而貞。故（2）說之為「天地之所以立」，（3）說是「天下大本」，（4）說「立天下之有」。他處亦謂「氣之流行，性為之主」（卷三）。一切氣化之流行，若無性體之創生為之主宰，將致盲動狂發，失其存在之必然性，終歸毀滅而不存在。故中庸謂「不誠無物」（二十五章）。

（5）、（6）兩段，重在說性體為真實的存有，且其體恒常自存，雖不見形迹，而未嘗不有。其有，不因物之形而有；故亦不因物之不形而淪於無。盈天地間，原只是性體之妙用在作用，流行，以生生萬化。此是儒家重有重實之學，足以言豐厚富有之盛德大業，而有別於佛者。

以上所說，僅是籠統地說性是天下大本，此尚只道及其形式意義。五峯更本孟子「萬物皆備於我」（〈盡心篇〉）之義指點性，就天地萬有而說性的內容。此則將存有收攝於吾人盡性之道德實踐下，以顯性體之內容實義乃一道德創造性。而體現性體之義蘊者，則在盡心。

（二）中和變化，萬物各正性命。而純備者，人也，性之極也。故觀萬物之流形，其性則異，察萬物之本性，其源則一。（卷二）

（1）孟子曰：「萬物皆備於我矣！反身而誠，樂莫大焉。」自孟子而後，……求如孟子之知性者，不可得也。（卷五）

（2）萬物皆性所有也，聖人盡性，故無棄物。（卷四）

（3）人備萬物，賢者能體萬物，故萬物為我用。物不備我，故不能體我。我應不為物役，而反為物役者，其不智孰甚焉。（卷三）

（4）大哉性乎！萬理具焉。天地由此而立矣！世儒之言性者，類指一理而言之爾，未有見天命之全體者也。（卷四）

（5）子思子曰：「率性之謂道。」萬事萬物，性之質也；因質致用，人之道也。人也者，天地之全也。……夫人雖備萬物之性，然好惡有邪正，取舍有是非；或中於先，或否於後；或得於上，或失於下；故有不仁而入於蠢頑禽獸之性者矣！（卷二）

　　天道之創生，須憑藉氣化之流行，而見其變化繁興之大用。但，即在氣化之分合聚散處，因攻取萬端，故個體之流形萬殊，其性各異。此處所指的性，乃是著於個體自身的形構之性，屬形而下層，非形上實體之意的性體。雖然，萬物之形構之性千差萬別，但其所以得其存在，皆源於天命實體之創造。天命實體之創造萬物，乃以其創造性全體賦予萬物，萬物即稟此創造性為其性，而有其存在。此創造性只能是純一的妙用，非多非雜，故 2.謂「察萬物之本性，其源則一」，指的即是此天命之創造性。惟萬物雖同因天命之變化而正其性命，但，真能吸納此創造性而彰顯之者，惟人為能，故人性乃萬物之性中之極貴者。（二）謂「而純備者，人也，性之極也」，即是此義。

　　上引諸段文，（1）是將孟子「萬物皆備於我」之意，收攝於性體上講，點出人之所以能備萬物之故。故謂孟子知性。（2）明顯地指示備萬物之路，唯在盡性。當吾人真能充盡地推擴性體創生之用，以至其極，則必於一一物，皆求加以成全潤澤，使之各遂其生，各適其性。因性體必不容已地要遍潤一切物而無外無遺，故謂之「備萬物」。唯聖人能盡性。故無棄物。聖人之能盡性，乃因其能不役於物，不蔽於己，而朗現其本心仁體，故當事物來感之際，皆能一一調理潤澤，裁制曲成。如此，則性分不虧，是謂盡性。反之，仁心一有所蔽，而形為物役，心為氣使，不能盡其體潤萬物之用，則是物有未備，而性分有虧，不得謂之盡性。（3）即警學者不可為物所蔽，而當盡性以體之，如此，仁心朗現，遍潤無遺，正名為人。故五峯有言：「萬物備而為人。物有未體，非仁也。」（卷一）

　　但，所謂「性備萬物」，又是何義呢？人以微藐之身，若何能體備萬物？原來，所謂「性備萬物」，乃是就備物之理－成物之理－上說，〔註8〕故（4）

〔註8〕 若自理論上，圓教立場說，天道性命之體，其所備者不只是理，同時亦備存在之萬物。但落實於個體之實踐上，而分解地說，則謂「性備萬物」，其實只

－18－

謂「大哉性乎，萬理具焉」。即是指性體具成全萬物之理。（5）謂「萬事萬物，性之質也」，亦是就事物之理說，故人乃能因質以致用－致物之用。因此，所謂盡性，乃在成物；而成物者，即在朗現本心仁體，當應事接物時，皆能知明處當，調理順遂，使事得其理，而物盡其用。物盡其用，然後成其爲物；否則順私智小己之意念而行，任情戕物，物不當其用，是謂棄物，而非成物。因此，原來性體之備萬物，乃因其具成全萬物各當其用之理爲內容（質），故吾人能因其理而致其用以成之，此之謂「因質致用，人之道也」。

據上述，吾人知五峯之言「性備萬物」，是就性之具道德天理處說。此乃將存有收攝於道德實踐下講，不背孟子之義，同是儒學之性格－道德的形上學。天道實體創生的是個體的具體存在，本心仁體創造的是精神價值意義的實事實理。依儒家看，此二實體畢竟是一而非二。因，天道實體只是一無限的作用，其義蘊只能也只有本心仁體才能彰著，印證。原來，仁心之潤生作用，必不拘限於一己小我之私，而能體潤一切物而無遺。同時，仁心調理裁治之用，感通潤澤之能，即一切物而成全之，保證了萬物存在的必然性，彰顯其存在的價值意義。而天道的創生，也無非是仁恩之流行，道德之創造。於是，仁心實踐範圍的無外，一方保住了性天的意義，使之不至於淪空蹈虛，而爲眞實的存在；一方將萬有收攝於道德實踐的範圍內，彰著萬物存在的價值意義，宇宙唯是一道德世界。由此可以建立儒家之圓教義。自孟子言「萬物皆備於我」，已啓自道德實踐的立場收攝存有之路。五峯更本之，而結穴於性，自聖人盡性，仁心遍潤無外的立場以言之，發揮儒家道德心創生無外的圓教義，或人文的圓教義。此義，具見下章。

（三）氣有性，故其運不息。（卷二）

　　（1）非性無物，非氣無形。性其氣之本歟？（卷三）

　　（2）有是道則有是名。聖人指明其體曰性，指明其用曰心。性不能不動，動則心矣！（卷六）

引此三段，是爲明性體爲「即活動即存有」之體，其爲氣化流行的主宰，乃是動態地創生鼓運之。

（三）及（1）說明性體爲氣化流行的客觀性原則，即「氣主乎性」（卷二）、「氣之流行，性爲之主」（卷三）等語之義。（2）明示性體創生之活動義。特就性體之發用，自律法則，淵然而有定向處，名之爲心。此所謂心，尚是

是備萬物之理而已。此處所述，乃單自分解面而說。

形而上的天心，即宇宙心之義。是特就宇宙生化之秩然不紊，條理井然，乃因其中宛似有主宰之處說心。五峯他處有言：「聖人謂天爲帝者，明其心也。」（卷五）帝本有主宰義。〔註9〕就天之生化主宰歷然，而萬物得以生生而不紊亂處言帝、言心，皆重在說心之形上意義。尚非是落於個體上，就人之自覺處所說的道德本心。當然，二義之實終歸是一。

又，此處尚須說者，乃是五峯對「氣」的看法。（2）雖以性爲氣之本，但又說「非氣無形」。無形則無個體之凝成，性體之創生大用亦將成虛流而不顯。五峯曾說：「一陰一陽之謂道。道謂何也？謂太極也。陰陽剛柔，顯極之機，至善以微，孟子所謂『可欲』者也。天成象而地成形，萬古不變，仁行乎其中，萬物育而大業生矣！」（卷五）氣化之生生，自然之運行，並非盲目地，無目的地，機械式地前進，乃是有一超越的大本（性體）主宰者，因而，萬物乃非只是偶然性的，可有可無的存在。因有性體的創生，萬化的存在乃得其根源而必然的保證。因一切存在無非性體之生生、流行、彰著、顯現，即皆是價值之所在，具道德精神的意義，因而，皆爲必然性的存在。氣之實既如此，故無可鄙視。氣乃實存——實際的存在，〔註10〕爲性體創生大用顯現的憑藉，資具。故儒者必對一切實存皆予以積極地肯定。五峯謂陰陽剛柔之氣乃「顯極之機」，是太極天道顯現的機竅（機爲機竅，有關鍵義。上文解爲資具、憑藉，乃順其語脈而引申。）陰陽剛柔既是顯極之機，故「天成象而地成形」乃無非仁德之昭著。而二氣之交感化生，亦無非至善的可欲之呈顯。此處自氣化說可欲，雖非孟子「可欲之謂善」（〈盡心篇〉）的本義，但自成一說。而由此亦可知五峯對氣的重視，對氣的價值的肯定。天成象，地成形，既皆是仁德之流行，而全宇宙乃成萬物化育，盛德宣著，富有大業，豐厚光輝的世界。儒家之圓教，乃眞爲充實飽滿的圓盈之教。

（四）氣之流行，性爲之主；性之流行，心爲之主。（卷三）

    （1）氣主乎性，性主乎心。心純則性定而氣定。……曾子、孟子之勇原於心。在身爲道，處物爲義，氣與道義同流融合於視聽言動之間，可謂盡性者矣！性無不體者，心也。（卷二）

    （2）性立天下之有，情交天下之動，心妙性情之德。（卷三）

〔註9〕明道有言：「詩書中凡有一個主宰底意思，皆言帝。」《二程全書》，《遺書》第二上，二先生語二上。《宋元學案》列入〈明道學案〉）。

〔註10〕以氣爲實存，此乃本諸曾師昭旭之說，見《王船山哲學》頁512。

（3）性定則心宰，心宰則物隨。（卷四）

以上四段，正式言心性對揚，並明其間之關係。

「氣之流行，性爲之主」、「氣主乎性」，乃指性體爲宇宙生化的客觀性原則，其義已見上。「性之流行，心爲之主」、「性主乎心」，則謂心體爲形著性體之主，是主觀性原則。性體乃天地鬼神之奧，淵亭幽微，玄深奧妙，其生生之實蘊盡在心之自覺中見。心體善感善應，能自律法則，自定方向，以裁制萬化，律導情變，使情氣之發皆能中節合度，然後物成事遂，此即所以形著性體生生之蘊。在天爲氣，含浮沈、升降、屈伸、往來之性；在人爲情，有喜怒哀樂等變異。性體創生萬化，如淵泉之湧，溥博而時出，鼓動氣化之流行不息；於是，有陰陽之聚散，人情之交感。心體則本天道變化，酬酢世俗，裁制萬變，以調理情氣之流行，而妙著性體之生生，故（2）謂「心妙性情之德」。於是，心體主宰於日用，動容周旋，視聽言動，乃莫非妙道精義之著。而性體遍潤萬物不遺之實，盡由此見，是謂盡性。故（1）謂「性無不體者，心也」。

（1）謂「心純則性定而氣定」，由心體之純一不雜而不間斷的朗現，以妙著性體，調理氣動處言性定而氣定，其義同上。唯（3）又謂「性定則心宰，心宰則物隨」，性定與心宰（心純）之因果關係顛倒，其義如何？此或有可說者。原來，「維天之命，於穆不已」，性體之生生淵源無窮，故氣機之流行不息，而人情之感應無間斷。「心含造化之妙」，有感必應，其裁制情氣，妙著性體之用乃無間或歇。性備萬物，故盡心工夫必本天命之全體爲範圍，而成物潤物的道德實踐，乃成無窮無盡之歷程。「性定則心宰」之義，即由此說。因性體若不定其爲天下大本之位，爲客觀性之超然大主，心之形著之用難免稍懈而間斷，終將流於情識之恣肆。

以上，五峯之言心性之關係，不過謂：客觀之性體必待心體之形著而得定其爲超然大主之位；主觀之心體必本性體之生生爲實踐範圍，而得貞定其體，不至放失不存。此關係，以下段引文，析之最詳：

> 事物屬諸性，君子不謂之性也；必有心焉，而後能治。裁制屬諸心，
> 君子不謂之心也；必有性焉，而後能存。（卷三）

性體雖備萬有，立天地，若無心體裁物成治之用，則其爲主氣之大本無由而顯，故「必有心焉，而後能治」。心體裁制萬化，律導情變之用，若不本性體之全幅內容（性之質）爲之貞定，則其宰物之用不免流於情識私智之蕩越，

而其爲眞宰之體無由而存。故「必有性焉，而後能存」。裁制本屬心之智用，但智用必本諸仁心精誠惻怛的道德眞情，因「仁者，心之道」。故此處所謂的裁制，必本於仁心感物潤物之情，而非源於聞見之智測謀慮。

以上引五峯之文，其分設心性，並明二者關係之意甚爲明顯。但，心性對揚，目的是爲建立以心著性的理論，說明心性是一的關鍵。下節即述此義。

第四節　心性合一──盡心盡仁以成性

> 天命之謂性。性，天下之大本也，堯、舜、禹、湯、文王、仲尼六
> 君子先後相詔，必曰心而不曰性，何也！曰：心也者，知天地，宰
> 萬物以成性者也。六君子盡心者也，故能立天下之大本，人至於今
> 賴焉。不然，異端並作，物從其類而瓜分之，孰能一之？（卷一）

此段列於《知言》卷一之首，首提成性義，而由盡心以成之。所謂成性，乃指成全性體創生之實。性體創生之大用，本恆自生生不息。但其體淵奧隱微，必待心體之形著，其生化之實蘊乃能由隱而顯，由微而著。故謂「心也者，知天地，宰萬物，以成性者也」。而成性之成乃完成、成就、成全之義，非謂造成。若謂性體本無，乃由盡心而造成，則不成義。〔註11〕只因性體創生之用不顯，有待吾人經過盡心工夫以彰顯之，故謂之成性。

又，成性可含二義：一是成性之治，此偏活動義。「氣之流行，性爲之主」，性爲天下之大本。成性即成就其爲生化大主之實。一是成性之質（內容），此偏存有義。「萬事萬物，性之質也」，性備萬物，成性即成物潤物，完成其備萬物之實。

成性之工夫在於盡心。而人之不能盡心，其故在由蔽於小體，而爲物所役。五峯有七絕云：

> 心由天造方成性，逐物云爲不是眞。克得我身人欲去，清風吹散滿
> 空雲。（《五峯集》卷一〈次劉子駒韻〉）

天造之心，是所謂良心，具知善知惡，好善惡惡，爲善去惡之良知良能，所以能成性。但，若是出自營爲私智之巧，拘於形軀小我之圄，汩沒於事端之擾，見誘於外物之交，致令「不識本來心」，喪失「一點靈光自在明」（同上），則一切事爲同出智慮之臆計造作，皆屬虛妄，不是眞我，故謂「逐物云爲不

〔註11〕此爲牟宗三先生所特別強調者。見《心體與性體》第二冊頁447。

是眞」。於是，盡心之道，乃在恢復自家一點靈光自在的天明，自做主宰，克去我身人欲之私，純任良心天然之明覺而行，無思無爲。此亦即成性工夫之所在。五峯在此，本孟子「求放心」之義，而有詳明親切的工夫之論，即「逆覺體證」之義，其詳具見第四章第二節。

〈與僧吉甫書〉中，五峯曾由心之無思無爲，寂然感通的體段說盡性之義：

> 心性二字乃道義淵源，當明辨不失毫釐，然後有所持循矣！竊謂未發只可言性，已發乃可言心。故伊川曰：「中者，所以狀性之體段。」而不言狀心之體段也。心之體段，則聖人無思也，無爲也，寂然不動，感而遂通天下之故是也。未發之時，聖人與眾同一性，已發則無思無爲，寂然不動，感而遂通天下之故，聖人之所獨。夫聖人盡性，故感物而靜，無有遠近幽深，遂知來物。眾生不能盡性，故感物而動，然後朋從爾思，而不得其正矣！
>
> 惟先君子所謂不起不滅者，正以靜亦存，動亦存而言也。與易無思無爲，寂然不動，遂通天下之故，大意相符。非若二先生（案：指楊龜山、尹和靖）指喜怒哀樂未發爲寂然不動也。某愚謂：方喜怒哀樂未發，沖漠無朕，同此大本，雖庸與眾無以異也。而無思無爲，寂然不動乃指易而言，易則發矣！故無思無爲，寂然不動，聖人之所獨，而非庸人之所及也。惟無思無爲，寂然不動，故感而遂通天下之故，更不用擬議也。（《五峯集》卷二）

以上二段文之義，說未發、已發之義甚獨特，雖不必合中庸原文之意，然卻自成義理。茲分數點以述其義：

一、未發只可言性，沖漠無朕，同此大本，雖庸與聖無以異。就未發說性，乃因在喜怒哀樂之情未應於物而被激發前說，此時呈渾然無別之狀，故可以中狀其體段。而情氣未動，故人心裁制律導之用未彰，人能未著，調理情氣之發用，使之中節合度之主宰義不顯，因而在未發只可說性，不可說心。

又，性體雖就人情未發之前而說，其體並非即沈空蹈虛，只呈死寂一片之象。在靜默之中，性體生生之機仍是周流遍潤，潛行妙運，故可以爲天下之大本。只因情氣未被激發，故其生生之機不顯；其體乃成淵亭退藏，玄深幽微；其氣象乃呈現爲亭亭當當，無過無不及之狀。而此大本，則人皆有之，唯在能否於情交氣動處，體現之而已？

　　二、已發乃可言心，無思無爲，寂然不動，感而遂通天下之故，聖人之所獨。就已發說心，乃因在喜怒哀樂之情應物而動處，可以見出吾人調理裁制，使情氣發而中節的眞宰，此惟心體之名足以當之。心由天造，良知良能根於天，故其體無智慮，無造作，具善感善應之神用。故感物而發，自能知明處當，順遂暢通；行乎情交氣動之中，仍不失其寂然之常體。此則唯聖人能之，故五峯以爲心之體段「無思無爲，寂然不動，感而遂通天下之故，聖人之所獨」。眾人則因蔽於小已，臨事接物之際，既因緣智慮，徒逞臆計，喪失心體天然感通之神用；退藏靜默之中，又意念紛紛，人欲迭現，泯失其寂然不動之常體。故不能如聖人之體現此心即寂即感，非謂庸眾永不能有此無思無爲，即寂即感的心之體段。若就因地說，眾人亦有此天下之大本的性體，足以盡心而成聖。

　　明乎五峯言心之體段，則知：一方五峯不同楊龜山、尹和靖二人，專以寂然不動限於未發；一方五峯所意謂的心體乃即寂即感，寂感一如之神。寂然不動乃特就其感物而靜，不失其常處說，與感而遂通非截然分爲二段。故文中，五峯引及其父安國論心之言。安國說：

> 不起不滅，心之體；方起方滅，心之用。體用一源，顯微無間。能操而常存者，動亦存，靜亦存，雖百起百滅，心固自若也。放而不知求，靜亦亡，動亦亡，燕居獨處似繫馬而止也。〔註12〕

就心之自體貞定兀然，恆常自如而言，謂之不起不滅。就心之應機顯相，當感而動（百起），而又過境即化，不滯於象（百滅）言，謂之百起百滅。起動時，心體既不逐於物而陷於有；滅靜時，亦不淪於空而溺於無。故一日之間，雖應感萬機，而體素自若，此之謂「動亦存，靜亦存」。而體必起用，用即是體。體用一源，故不起不滅與方起方滅非分二途；寂感一如，寂然不動與感而遂通亦非爲二截。故五峯以爲安國之意與易之大意相符。文中，五峯又稱此心之體段爲易。

　　三、就已發未發分心性，爲的是說明盡心成性之義，以立人極而顯人能。在未發之際，既只是於穆隱微的性體在生生流行，其機乃超自覺地潛運。在已發時，則已是就個體（特別是人）形成以後說。此時因氣稟之險阻，情氣之發動，未必是至善的性體之流行。故有待於人透過自覺以主情宰氣，使性體創生之用能順適地直貫於日用之中。如此，言性乃統天地而說，特重客觀

―――――――――――――――――

〔註12〕胡寅《斐然集》卷25〈先公行狀〉引。

面，超自覺義；言心乃專就人而說，獨重主觀面，自覺義。而性待心之形著，故文中五峯論聖人盡性，乃由心之體段而說。明末劉蕺山嘗謂：「盈天地間，一性也。而在人，則專以心言。」〔註13〕此猶五峯言「天命爲性，人性爲心」之意，特顯人極之貴。蕺山又謂：「性本天者也，心本人者也。天非人不盡，性非心不體。心也者，覺而己矣！」〔註14〕其思路與五峯「性無不體者，心也」之意同，皆屬「盡心成性」、「以心著性」之意。〔註15〕

心本質爲仁。「仁者，心之道」，盡心之寂感神用，即是推擴其道德的感通潤生之能。而天地之生生，全幅是仁恩之昭著。故人而能仁，克配天地，即是心盡而性成。故五峯論盡心成性，心性合一之義，終歸落實於盡仁上說。

> 天地，聖人之父母；聖人，天地之子也。有父母則有子矣！有子，
> 則有父母矣！此萬物之所以著見，道之所以名也。非聖人能名道也，
> 有是道則有是名也。聖人指名其體曰性，指名其用曰心。性不能不
> 動，動則心矣！聖人傳心，教天下以仁也。（卷六）

此段前半，以天地與聖人同爲萬物存在（著見）的根據。天地是客觀性原則，聖人是主觀性原則。聖人對天地的關係，亦猶實體處，心對性的關係。天命於穆不已，其生生大用，本恆自流行不已。但，若無聖人之成能立教，開物成務，其生德亦只是潛隱不彰。道之名無由立，萬物存在之實不著。因，離了人的道德創造，萬物存在的價值、目的無由彰顯，將只成塊然之頑物，毫無精神意義可言，則雖存猶不存。此亦如後來陽明所謂「天沒有我的靈明，誰去仰他高？地沒有我的靈明，誰去俯他深？鬼神沒有我的靈明，誰去辨他吉凶災祥」〔註16〕之意。因此，聖人是天地著見的主觀根據，故謂「有子，則有父母」。然而，一切個體的存在，畢竟皆源於天地之創生。聖人亦本於天地而生，故謂「天地，聖人之父母」。聖人與天地之關係，五峯又謂之「天生人，人成天」（《五峯集》卷四《皇王大紀論──西方佛教》）。此一方立性天之尊，一方顯人能之貴。

後半段則明示道之實在於心性，而心性之實則在於仁。故謂「聖人傳心，

〔註13〕〈劉子全書〉（日本株氏會社中文出版社，西元1981年）卷七，〈原旨〉七篇，〈原性〉。

〔註14〕同上卷二，〈易衍〉八章。

〔註15〕故牟宗三先生分宋明儒爲三系，而以五峯，蕺山合爲一系。見《心體與性體》第一冊綜論第一章，第二冊五峯章。

〔註16〕《傳習錄》（收入陽明全集，四部備要本，台北，中華）

教天下之仁」。下引各段文，其義皆如此。

（一）人盡其心，則可以言仁。心窮其理，則可以言性。（卷三）

  （1）誠者，命之道乎？中者，性之道乎？仁者，心之道乎？唯仁者爲能盡性至命。（卷一）

  （2）誠，天命。中，天性。仁，天心。理性以立命，唯仁者能之。（卷五）

此三段，同是以道德意義的實體字－仁，來規定心性的內容。(1)、(2)二段，於第一節曾引及，乃透過仁者──即大人，聖人──聖證之典範，將天道性命的全幅義蘊，收攝於仁心之道德創造，感通潤澤之用上而澈盡之。「仁者，天地之心」（卷一），因此，人能朗現仁心，即是功參造化，而與天爲一，此乃是成性之極致。

（二）仁者，人之所以肖天地之機要也。（卷三）

  （1）仁也者，人之所以爲天也。（《五峯集》卷二，〈答張敬夫書〉）

  （2）其合于天地，通于鬼神者，何也？曰：仁也。人而克仁，乃能乘天地，御六氣，贊化功，生萬物，與天地參，正名爲人。（《五峯集》卷三〈邵州學記〉）

  （3）夫聖人之道，本諸身以成萬物。廣大不可窮也，通不可測也。而有一言可以蔽之者，曰：仁而已矣。仁也者，人也。人而能仁，道是以生。生則安，安則久，久則天。天以生爲道也。（《五峯集》卷三〈求仁説〉）

此數段，一方以仁爲人之所以爲人之道。人而克仁，乃能正名爲人。否則，將入於「蠢頑禽獸」之異類，而「失父母（天地）之性」（卷二），不得爲人了。一方以仁爲人所以能具無限之價值意義的根據。人而能仁，乃能參天地，育萬物，與天同大同久。如此，吾人之性分不虧，而性體之創生大用亦得以暢遂直貫。而性因以成。故盡心盡仁以成性之極致，必使吾人與天爲一。此義，五峯以孔子之聖證爲型範。其言謂：

孔聖十五而志於學，……未至從心所欲不踰，方纔純是道心，與天無二。故中庸稱孔子之德，終以天地之所以爲大結之，更不稱仲尼也。（《五峯集》卷二〈與張敬夫書〉）

仲尼從心所欲不踰矩，可謂盡心矣！天即孔子也，孔子即天也。（卷二）

至此成性之境，吾人亦可說心即性也，性即心也。心性爲一，無二無別，一本圓教之模型乃得以確立。此義，五峯乃是通過心性之對揚，再經由盡心盡仁以成性而達至者。

故五峯之盡心成性，以心著性義，相對於明道之一本義，亦可說是「十字打開」（陸象山語）。此一義理格局，一方攝存有於道德實踐之下，顯人能之貴；一方明生化之淵源無窮，立性天之尊。茲由此，綜述其大意：

一、立性天之尊。「裁制屬諸心」、「必有性焉，而後能存」。性體爲天地生化的客觀性原則，屬超越面的實體。其創生之大用淵源無窮，推前無始，引後無終，故「萬物生生日新，無一氣之不應，無一息之或已」（卷二）；性備萬物，「萬事萬物，性之質」，其內容亦是無限的豐富。因此，事物屬諸性，雖「必有心焉，而後能治」，性體之義蘊有待心體形著。但，因性體的創生大用恆常遍在，其內容無窮無盡；而盡心則只是就個體凝成之有限生命的實踐上說，故心之形著性體乃只能步步彰顯之，而不能一時徹盡之。在此，突顯出性天的超越性，絕對性與無限性。盡性成爲吾人之道德實踐，在無限歷程中，永不停止的努力所要求實現的客觀理想。挺立性天之尊，於是，吾人之盡心實踐，乃不容稍懈，而須時時操存、保攝此心，以致德行之純亦不已，以免於情識之恣肆。故謂「裁制屬諸心」，然「必有性焉，而後能存」。

二、顯人極之貴。「事物屬諸性」、「必有心焉，而後能治」。心體乃主觀性原則，內在的主體。其體具寂感一如之神用，靈妙善應，自律天則；故能通澈無隔，遍潤無方，而將萬有收攝於其仁恩潤澤之下，調理裁制，使萬物各遂其生，各適其性。此即所以形著性天創生之實蘊。因此，「裁制屬諸心」，雖「必有性焉而後能存」，心體之妙用，必本性體爲之貞定而其體不至放失。然，因性體乃於穆隱微的奧體，其生生之機只是潛行默運，故必待心體之道德創造而後能形著其蘊奧。盡心雖是囿於形體生命，但，「心涵造化之妙」（卷六）、「本天道變化，爲世俗酬酢」（卷二），其寂感善應之神，成物潤生之仁，必不拘限於形軀，而能感通於萬物。故一方將一切存在收攝於道德創造之下，其體乃同性天之無外；一方性天創生之實蘊，可頓時爲心體所形著。〔註17〕因此，吾人眞能反身而誠，便可當下徹盡性天的內容意義，而與天同大同久，具無限之價值。此亦見心體之主宰性，絕對性與無限性。彰顯心體之貴，然

〔註17〕就量而言，心體因囿于形，自不能一時徹盡性天的全幅內容。然自質而言，心體之創造性即是性天之創造；性天之蘊奧可當下全幅爲心體所形著。

後性天的意義乃得其被體悟之正道。否則，一切對性天的妙悟，難免虛玄的蕩越。故謂「事物屬諸性」，然「必有心焉，而後能治」。

三、盡心成性，性體創生之蘊，逐步明澈，形著，而下貫於心，為心所妙著，則即性而心。心體因徹盡性體之全幅內容，乃上融，滲透於性，則即心而性。於是，性體乃不只是宇宙生化的形上實體，同時亦具道德創造的意義；心體不只是道德行為的創造根源，亦即是形而上的天心，宇宙心。心、性、天終歸是一，而一本之圓教乃得確立。

以上二節，分述心性立言之分際，及二體終歸是一本之義。明乎此，然後知五峯所意謂之心，乃實體性的無限心，如此，可無疑於其「心無生死」義。其言性乃未囿于形，自個體自覺創造之人能上說；乃通於天地，普就宇宙之生化說。故不可以人能表現上之善惡等判斷謂詞來指謂。如此，可了其「性無善惡」義。以下二節，即分別論此二義。

第五節　「心無生死」義

> 或問曰：「心有生死乎？」曰：「無生死。」曰：「然則人死，其心安在？」曰：「子既曰其死矣！而問安在耶？」或曰：「何謂也？」曰：「夫唯不死，是以知之。又何問焉？」或曰：「未達。」胡子笑曰：「甚哉！子之蔽也。子無以形觀心，而以心觀心，則知之矣！」（卷四）

此段文，以二句為主：「以形觀心」及「以心觀心」。並由「以心觀心」以說「心無生死」之義。

「以形觀心」，所觀的是具體存在物意義的心。粗之至於知覺運動等生理機能，細之至於記憶、分析、推理、思辨等心理作用皆是。總之，是屬於後天的，經驗的習心、識心，宋明儒自形而下之氣而言的心。因其有形迹，故實是「存象之心，亦象而已」。〔註18〕就其自身言，它有氣跡之形，故是屬具體的存在——象，五峯謂之為「形形之謂物」，而「物拘於數而有終始」（卷三）。故此心乃隨形軀之存亡而有生死者，五峯則告或者，不可以形觀心，因如此將不能通達「心無生死」之義。

「以心觀心」，所觀的是實體性的無限心，是能起宇宙生化及道德創造的實體，它「無乎不在，本天道變化，為世俗酬酢」。其虛明覺照的神知，恆常，

〔註18〕橫渠《正蒙·大心篇》。

遍在，貞一，創造天地的存在；其體物潤生的仁性，賅通，遍潤，周流，化育萬物之生生。「天下莫大於心」、「莫久於性」（卷三），心與性一，故莫大亦莫久。莫大是橫說，言其遍在性；莫久是縱說，言其永恆性。心體亙萬古而常存，遍萬方而常在，貞一自如，自無所謂生死存亡。因此，以心觀心，實是即心之道以觀心，而證其爲遍、常，一之無限體。心體物而無不在，感通無閡，遍潤無方，越越於形軀之限的仁性，正足以顯出心體的無限性。此義，唐君毅先生釋之，說：

> 今按此五峯之言「心無生死」，正爲眞識得仁爲心之道者，所必至之一義，因仁既爲心之道，則心之自循其道，以自成其性之事，皆爲超越于一己之形氣之外之事。循此道，而心之用之所通者，亦非已成之萬物之形氣之所能限。則此心固不當隨一己之形氣，與所通之萬物之形氣之存亡而存亡，亦不隨其生死而生死。」〔註19〕

五峯即是就此心之道的仁以觀心，見出盈天地間唯是一不爲形氣所限，而通化不已的仁心在生生流行。此即「不形形之謂道」，而「道通於化而無盡」（卷三）之意，故謂「心無生死」。

> 自觀我者而言，事至而知起，則我之仁可見矣！事不至而知不起，則我之仁不可見也。自我而言，心與天地同流，夫何間之有？（卷二）

當事至知起，心體調理裁制，知明處當之用顯，成物遂事之功著，故吾之仁可見。雖然，即在洗心藏密，寂寞退聽之際，心體之天明亦焆然在中，其生意亦周流遍潤於一身。因天地生生之機於穆不已，未嘗間斷；心體則與天地同流，未有不仁之時。自觀我者而言，事不至而知不起，則以爲吾心有未嘗仁之時，此純從裁制所顯的事相看，正是以形觀心。但，自我而言，心既與天地同流，生生之意流行不息，自無所謂生死存亡。此正是以心觀心。

五峯建立「心無生死」之說，其意乃爲求替吾人之生命建立無限的意義，爲道德生活求得永恆的價值。吾人可在當下的道德實踐及今生中獲得不朽；而不必將生命寄託於來世或彼岸。因人的形軀雖將隨氣之聚散而有存亡，但生命的根據卻在於永恆遍在的實體——本心性體。此實體乃恆常、遍在、貞一的無限體；同時，其所創造的道德行爲具有普遍的意義，乃「天地不能異此，鬼神不能異此，千古聖賢不能異此」〔註20〕者。因而，吾人若能時時存

〔註19〕《中國哲學原論——原性篇》（台北，學生，民國57年）頁548至549。
〔註20〕《象山全集》（四部備要本，台北，中華）卷十五〈與陶贊仲書〉。

心盡心而體現之，則生命可通於天地之造化，當下便能具有永恆不朽的意義。因形軀雖有存亡，此心則與天地同流而無生死。

《五峯集》卷三有〈不息齋記〉一文，言吾人若能盡心而不滯於物，則能不息而全於天。其意與「心無生死」之義相通，茲引其文以結束本節：

> 日月星辰雖不息于行，而息于象；鳥獸草木雖不息于生，而息于形；
> 卿士夫之不息于爵位也，而同息于名；農工商賈之不息于財貨也，
> 而同息于利。夫有所息則滯于物；滯于物者，不全于天；不全于天
> 者，雖日月星辰不能以自化，而況于六尺之軀乎？噫！六尺之軀有
> 神妙，而人不自知也。聖人詔之曰：「人者，天地之心也。」此心宰
> 制萬物，象不能滯，形不能嬰，名不能榮辱，利不能窮通，幽贊于
> 鬼神，明行乎禮樂，經綸天下，充周咸徧，日新無息。雖先聖作乎
> 無始，而後聖作乎無窮，本無二性，又豈有陰陽寒暑之累，死生古
> 今之間哉？是故學為聖人者，必務識心之體焉。識其體矣！不息所
> 以為人也。此聖人與天地為一之道，大哉言乎！

第六節　「性無善惡」義

「性無善惡」，其義乃謂：因善惡俱不足以指謂性，故性是無所謂善或惡的。其實，說「性超善惡」更為恰當，因五峯本人並不曾用「性無善惡」一詞；而說「性無善惡」，也容易令人與告子之「性無善無不善」聯想在一起（朱子即是如此誤解五峯）。今因後儒已習用此名，以形容本心性體（如陽明及其後學），成為定名，故仍從之。唯須知其實義乃謂「性體超越於善惡等名言之指謂，善惡不足以言之」之意。

> 或問性。曰：「性也者，天地之所以立也。」曰：「然則孟軻氏，荀卿
> 氏之以善惡言性也，非歟？」曰：「性也者，天地鬼神之奧也。善不
> 足以言之，況惡乎？」或者問曰：「何謂也？」曰：「宏聞之先君子曰：
> 『孟子所以獨出諸儒之表者，以其知性也。』宏請曰：『何謂也？』
> 先君子曰：『孟子道性善。善云者，嘆美之詞，不與惡對。』」（卷四）

此段所述，大意有三：

一、善惡不足以言性。

二、孟子之道性善，善乃嘆美之詞，不與惡對。

三、五峯稱其所言，乃聞之其父安國。

有關第三點，其實，「性無善惡」之意，在橫渠、明道已啓其說，安國承之，而爲五峯所發揚。其詳已見〈第一章〉，茲不贅。此處但疏解一、二之義理。

有關第一點，何以善惡不足以言性？此因五峯所謂之性，乃自體而言，即從「先天而天弗違」說。性體是萬化的根源，生天生地，神鬼神帝，是天地所以立的大本，鬼神所以存的奧體。它是超越、絕對、普遍、純一的先天之體，非任何名言所能圍限，善惡自不足以言之。

然則，善惡又將自何層面立言？此則自用而言，即從「後天而奉天時」說。就在個體凝成後，性體創生大用融即於氣稟中而表現之處，可以善惡等名言指謂之。因氣稟有清濁純駁等不齊，致令性體之表現有暢通或滯礙之別，暢通則爲善，滯礙則爲惡。故善惡乃純自後天之用，即性體混雜於氣稟而表現處說。

以上所述，茲引五峯兩段話說明。

1. 凡天命所有，而眾人有之者，聖人皆有之。……聖人發而中節，而眾人不中節也。中節者爲是，不中節者爲非。挾是而行則爲正，挾非而行則爲邪；正者爲善，邪者爲惡。而世儒乃以善惡言性，邈乎遠哉？（卷四）

2. 人事有是非，天命不圍於是非。超然於是非之表，然後能平天下之事也。或是或非，則在人矣！雖聖人不能免也。（卷四）

天命實體之創生大用恆自流行不已，故有天地萬化之繩繩相繼，生生不息。然本體自然，無思無爲，故物生物死，皆非有心於善惡而爲之。因此，凡說善說惡皆是「自我立名，自我立見，不干宇宙事」。〔註21〕但，若在吾人之盡性，則因性體混融於氣稟中表現，氣質本身之險阻駁雜，致令吾人情氣之動或順性而發，或逆性而發，因而有中節有不中節，或是或非，或正或邪，有善有惡。此則雖聖人亦不能免，故謂「或是或非，則在人矣」。落於個體上，從後天之用說，就有善惡之分；若純自先天之體，則「天命不圍於是非」，無所謂善或惡。

雖然，性體不可以善惡言，此是純從其先天性，就其爲超絕，普遍的純一之體，而說其不可用後天的，經驗層上的雜多名言來指謂之意。但，在性體之發有中節不中節處，若問判斷中節與否的標準究何在？即判斷是非、正邪、善

〔註21〕《明儒學案》（四部備要本，台北，中華）卷三十六，〈周海門學案〉，「九諦九解」之一。

惡的根據爲何？則此標準，根據仍在性體自身。因爲，說性體不可以善惡言，絕非意謂「性無善無不善」，因而可以爲善或爲不善，如告子所意謂的中性無記義。「天命不囿於是非（善惡）」，正因其「超然於是非（善惡）之表」，故能做爲判斷是非善惡的絕對標準，而「平天下之事」。凡順性體而行者爲善，逆性體而行者爲惡。原來，性體乃具知善知惡，好善惡惡，爲善去惡之良知良能，不雜有任何情識臆計。故其體乃道義完具而純粹至善之體。五峯因而「喟然歎曰：

> 至哉！吾觀天地之神道，其時無忒。賦命萬物，無大無細，各足其分，太和保合，變化無窮也。凡人之生，粹然天地之心，道義完具。無適無莫，不可以善惡辨，不可以是非分。無過也，無不及也。此中之所以爲名也。（卷二）

天地之心既是粹然而道義完具，故可用「至善」稱之。它是價值判斷的絕對標準，本身不接受任何判斷。凡可以被判斷的，皆是後天的，表現上的「事相」，因而可用名言擬議，善惡指謂。因此，事相可以說善惡，而性體不可以說善惡。即使說性體是純粹至善，也是自「體」上說的嘆美之詞；與自「事相」說善惡，二者之層次並不相同。〔註22〕

據上述，則知善惡乃判斷事相的指謂之詞，因而，只能就事之用，情之發，即自吾人之實踐上，發而中節或不中節處說。天命於穆不已，萬化之生生無窮，「無一氣之不應，無一息之或已」（卷二）。心酬酢於世俗日用之間，其感應乃無間或歇。而吾人乃無時不有道德行爲的決定，生命存在方向上的抉擇；即無時不落於是非善惡的判斷之中。至於天命之性，則超然於是非善惡之表，而爲價值判斷之準。故其體乃是純粹至善，絕對善而無惡者。

康德曾說純粹的實踐理性批判，「將以『原則』開始，由此進到『概念』，只這樣，如果可能，然後可進到『感取』。」〔註23〕道德法則必須單單只被純粹實踐理性所決定，不能參雜有任何感性經驗的成分，這是每一個理性存有（代表者爲人）的意志決定之原則。遵照道德法則而行則爲善，違反道德法則而行則爲惡。善惡是意志決定所建立的概念。由善惡的概念應用於主體上，只要當主體的感取機能有足夠的物理力量時，就能夠產生善或惡的行爲。因此，善惡的概念及行爲乃是後於道德法則的。故康德又說：

〔註22〕此種立言分際，乃牟先生所特重者。見《心體與性體》第二冊頁461至468。
〔註23〕康德《實踐理性批判》之〈序言〉。見牟宗三先生《康德的道德哲學》（台北，學生，民國71年）頁146。

善與惡之概念必不可在道德法則之先而被決定（好像它必須是道德法則的基礎似的），但只能在道德法則之後而且因著道德法則而被決定。……假定我們想開始於善之概念以便由之去推演出意志之法則，這樣，則一個對象之概念（由於對象是一善的對象）必同時即把此對象當作意志底唯一決定原則而指派給我們。現在，因為這個概念既不曾有任何實踐的先驗法則以為其標準。則善或惡之標準不能不置於「對象與我們的苦樂之情之契合」中；而理性之使用只能首先存於「決定這快樂或痛苦即『與我們的存在之一切感覺相連繫』的那快樂或痛苦」中，其次，它存於「決定這手段，即『以快樂底對象擔保給我自己』之手段」中。〔註24〕

此段話，康德從反面論述，說明善惡之概念是因著道德法則而被決定，而非道德法則所因之以被決定的基礎。因為，道德法則若不能先於善惡之概念而決定之，則決定善惡的標準，將沒有任何實踐的先驗法則。則其標準不能不置於「與我們的存在之一切感覺相連繫的那快樂或痛苦之情」中，及「以快樂之對象擔保給我自己的手段」中；亦即善惡之標準只能基於感性經驗。一切符合我們感性經驗之要求的快樂之情為善，反之為惡。但，這樣基於感性經驗而被決定的善概念，是不能絕對地值得被稱為善之名者。因為，以之決定道德法則，將與法則之先驗性，純粹性相矛盾。因此，康德又說：「那『決定道德法則並使之為可能』者，決不是作為一對象的善概念，而是正相反，那『首先決定善之概念並使之為可能』者乃是道德法則，只要當此善概念絕對地值得受此善之名時。」〔註25〕

　　以上藉康德論道德法則與善惡概念之關係，吾人以為有助於了解「性無善惡」之義理。在儒家，本心即性，自律道德法則，而不依於感性經驗。順法則而行則為善，逆法則而行則為惡。善惡正是落於性體之表現上說。而性體自身則純粹至善，超然於是非之表，不可以善惡等名指謂。

　　有關第二點，五峯本其父安國之意，以為「孟子道性善，善云者，嘆美之詞，不與惡對」。孟子自本心之道德創造性說性，乃是從先天，從體上說性。故性善乃體善，非事相之善。〔註26〕籠統地說善乃嘆美之詞，並不算錯，因

<hr />

〔註24〕同上頁215至216。
〔註25〕同上頁216。
〔註26〕明道謂：「凡人說性，只是說繼之者善也。孟子言人性善是也。」（見〈第一

性體亦是純粹至善者。只是，五峯不甚能重視孟子之道性善，乃自體上說；因而亦不能簡別孟子自本心說性與自己自天命說性，二者在言性的進路及所呈現的意味上之不同。〔註27〕

五峯建立「性無善惡」之說，雖前有所本，但諸儒之言此，難免令人易與告子「性無善無不善」之中性說聯想；否則，又似徒逞玄智妙悟，與儒家精切之道德意識不相干。但，吾人以爲五峯之發揮此義，有其用心：

一、建立是非善惡等價值判斷的絕對標準——「凡人之生，粹然天地之心，道義完具」。若不肯定一道德行爲的判斷標準，將容易流於價值的相對主義，善惡的標準既缺乏客觀性與必然性，又易植基於感性經驗。因此，純粹的道德行爲可能與否，將無絕對的保證。

二、保證道德行爲的純粹性——「超然於是非之表，然後能平天下之事」。惡固不可有，善亦不可執著。性之本體無思無爲，純粹天然，自能好善惡惡，爲善去惡。滯於跡而有心爲善，便是著於私意，縱有善行，亦非純粹之道德行爲。故明儒周海門謂：「無善無惡，即爲善去惡而無跡；而爲善去惡，悟無善無惡而始眞。」〔註28〕爲善去惡必至於無跡之地，方能免於意必固有之私，而平天下之事。所行亦方是純粹至眞之善行。

三、強調道德實踐之不可須臾離——「人有不仁，心無不仁」（《五峯集》卷五〈語指南〉）。仁心純粹至善，其明覺無時不烱然在中；而氣機之感應無窮，吾心酬酢世俗，應對日用之事乃無時或已，吾人之生命乃無時不在行爲方向之抉擇中，道德生活乃爲不可逃遁者。然氣質私欲之險阻，常致令性體未能暢遂起用，情氣之動或未中節，而吾人乃有不仁之時。故謂「或是或非，則在人矣！雖聖人不能免也」。而至善之仁心，無時不驅迫吾人爲善去惡，以致德行之純亦不已，而道德實踐乃不可有須臾廢離。

章）註12）即是如此誤解孟子。

〔註27〕此亦有關宋明儒分系之關鍵，參《心體與性體》第二冊頁463。

〔註28〕同註21。

第三章　五峯理論中的圓教義理

第一節　引　言

　　「圓教」一詞源自佛家，依牟宗三先生之判，其義可適用於儒、釋、道教。〔註1〕但因三教建立圓教之義理骨幹有別，決定其爲教之內容不同，故而形成截然相異之系統。雖然，三教同爲圓教則一。此因，其所立之教乃通於一切存在而說，所言之道乃遍於天地萬物，圓滿周遍，無漏無遺，故爲圓教。圓教即圓滿周遍之教，因，一切法（存在）皆爲至理妙道所顯現之故。道外無物，物外無道，故謂「圓滿周遍」。道爲本爲體，物爲跡爲用，道不離存在物而虛懸，故體必貫於用，本必顯於跡，在此，有道器（物）不離，體用不二，本跡相即等圓融話語，乃三教皆可說者。因爲，若道外有物，則本體有虛欠，而教亦不圓滿。

　　但，儒、釋、道三家雖同爲圓教，並不礙彼此系統之相異。此乃繫於三家所依以建立圓教的義理骨幹有別而決定不同之系統。儒家所依以建立其圓教的義理骨幹，乃在於具有道德意義的「即活動即存有」之創生實體。儒者最初是由道德創造性來體悟實體，肯定本心仁體以爲道德價值的根源。本心仁體乃強度的主體，其不容已之情，一方必要求成己成物；一方不願相信一身之外的萬物僅是塊然的物質性存在；更具有道德的意義。如此，乃將萬有收攝於仁心的道德創造之潤生之下。同時，對傳統原具宗教性的人格神之意味的概念——天或帝，又轉化成形上實體，透過作用來了解〔註2〕——天道

〔註1〕詳論見牟宗三先生《圓善論》（台北，學生，民國74年）第六章。
〔註2〕同第二章註2。

只是一無限的創生大用。而此一創生大用，儒者又以爲即是仁心的道德創造，心、性、天是一，儒者立教，乃不只限於人文世界，更通於天地萬物，而成爲圓滿周遍之教。以此仁心之道德創造爲骨幹而建立之圓教，不僅對萬有之存在有根源的說明，且對萬物之價值有積極之肯定，使儒教成爲豐盈充實之教，而有別於佛老。

本章第二節，將論五峯乃據孟子「萬物皆備於我」指點性體，而言「性外無物」之義，再以仁心成己成物之道德創造來實化「道外無物」之內涵，而建立其圓教義。亦即在說明五峯乃由「即事明道」以言「道無所不在」。第三節述五峯辨佛之義，乃以道德創造性一義爲根據，說明其以「本跡不二」與「本跡相判」來分辨儒佛之義理。第四節則闡明五峯消化儒家圓教之義後，所建立的特殊義理——「天理人欲同體異用，同行異情」，即「詭譎相即」之內涵。

第二節　即事明道——道無所不在

五峯本孟子「萬物皆備於我」之義而說性，謂「事物屬諸性」。性原是具仁義禮智等道德天理的字眼，但，同時是創生宇宙萬化的實體，其內容義蘊則全幅融著於仁心成物潤物的道德創造性之中。而萬事萬物既皆爲此具道德意義的創造性實體所創生，乃一切皆眞實無妄，皆爲道德天理之展現。故五峯謂：「何物非我？何事非眞？」（卷一）又謂：「物無非我，事無非眞。」（卷三）此是以心體之道德天理直貫於事物之中，而見出盈天地之間，無非實理之流行，全宇宙乃彌綸著無限之價值。存在之意義獲得積極的肯定，自一身之口腹嗜欲，以至一世之日用人倫，莫不可使之成爲道德實踐之場，天理展現之所。於是，儒者立教，乃不離人文人本之立場，而至理妙道皆即身即事以明之。

故五峯論聖人之教所以爲至，及聖人之所以爲天地，必本於道德實踐之實事，以盡物之用，成物之性而言之。其言謂：

> 中者，道之體；和者，道之用。中和變化，萬物各正性命，而純備者，人也，性之極也。故觀萬物之流行，其性則異；察萬物之本性，其源則一。聖人執天之機，惇敘五典，庸秩五禮；順是者彰之以五服，逆是者，討之以五刑。調理萬物，各得其所，此人之所以爲天地之。（卷二）

又謂：

> 乾者，天之性情也。乾道變化，各正性命。命之所以不已，性之所
> 以不一，物之所以萬殊也。萬物之性，動殖、小大、高下，各有分
> 焉。循其性而不以欲亂，則無一物不得其所。非知道者，孰能識之？
> 是故聖人順萬物之性，惇五典，庸五禮，章五服，用五刑；賢愚有
> 別，親殊有倫，貴賤有序，高下有等，輕重有權。體萬物而昭明之，
> 各當其用，一物不遺，聖人之教可謂至矣！（卷五）

天命實體之創生，既須憑藉陰陽剛柔之氣以為「顯極之機」，而氣化之流行，
則攻取聚散百途，凝合分化萬端，當凝成個體之後，因氣之成分、比例不同，
致令個體有或清或濁、或剛或柔等等程度上的差別，萬物之質性乃散殊互異，
各一其性。故謂「觀萬物之流行，其性則異」，又謂「性之所以不一，物之所
以萬殊也」。在此說性，乃指形而下層的形構之性。至於萬物之存在，則同源
於於穆不已的天命之創造，離天命之創造性，亦將無個體之生成，故謂「察
萬物之本性，其源則一」。而天命之體乃無思無為，其生生萬化，皆無心而成
物；至於物體凝成，乃若受一定軌持的力量所主宰，其生理機括自循一定軌
道而行，自有定性。故五峯又謂：「物有定性，性無定體。」（《五峯集》卷五
〈釋疑孟〉）

　　然物雖萬殊，各有其性。人則純備萬物之性，而為性之極。故前章二節
曾引「萬事萬物，性之質也」、「大哉性乎，萬理具焉」，而申論五峯所意謂的
「性備萬物」，乃指備萬物之理——成物之理而說。正因性備萬理，故人心酬
酢萬變，皆能調理順遂，盡物之性，各當其用。此即是成物潤物，完成物為
一真實的存在。否則，任情宰物，以欲亂之，物不能得其所而成其性，吾人
之性即不得備萬物。故聖人盡性，必「循其性而不以欲亂之，則無一物不得
其所」，「體萬物而昭明之，各當其用，一物不遺」。此即是聖人體物潤物的仁
心，所以能裁成萬化，輔相天地，創造萬物為真實存在的創造性，而足以與
天地為一之故。因天地之創生萬化，亦無非即是道德仁心之創造。在此，吾
人茲順五峯之文，略述仁心創造之義。

　　凡是道德理性所肯認的，才是應然的存在，價值的存在，依儒者說，才是
真實的存在（不誠無物）。如即父子而父子在所親，離了父子之親，亦無父子之
真實存在。反之，凡是道德理性所否認的，皆是不應當存在者，皆是無價值，
負價值者，因而是不真實者（在此，不說為存在，因凡存在皆屬有，有必真實；
不真實則為「無」有，既是無即屬不存在）。如離父子之親，而父子之個體雖仍

存在，依儒者看，無所親的父子雖存在，卻只是實然，塊然頑物的存在；毫不
具價值意義，甚至是不應當的存在。如此，儒者必同之於禽獸，則雖存猶不存。
進一步，凡道德理性所肯認的應然存在，而事實上未存在者，道德理性必透過
人文化成而創生其存在。故「聖人執天之機，惇敘五典，庸秩五禮，順是者彰
之以五服」，五服即是賦命順五禮五典者以存在的意義，因而創造其爲眞實的存
在。反之，凡事實上已存在，而爲道德理性所不肯認，因而是不應當存在者，
道德理性亦必經由聖人立教而剔抉之，廢棄之，使之不存在。故「逆是者，討
之以五刑」。五刑即是討治逆五禮五典者，撤去其存在的價值，而使之不存在。
故道德理性，一方可賦予萬物存在的價值，使萬物成爲眞實而應然的存在；一
方又可使應存在而不存者，創造之，使存在；使不應存而存在者，剔抉之，使
不存在。合此二義，可以見出仁心（道德理性）之創造性。於是，在仁心要求
遍潤無外的道德實踐下，全宇宙乃爲眞實價值——天理所彌綸之世界。而儒家
立教，乃爲豐盈、富實、飽滿的大圓聖教。

　　儒家既依於仁心之創造性而立圓教，故必立於人文人本之立場，即吾身
吾事而求道。因而，對於實存必予以積極的肯定，不鄙視氣之價值而排斥之。
故前章三節曾引五峯重氣之言，謂：「陰陽剛柔，顯極之機，至善以微，孟子
所謂『可欲』者也。」道德實踐乃不須外人倫而遺事物。因「性外無物，物
外無性」，故五峯謂：

　　　　天命不已，故人生無窮，具耳目口鼻而成身，合父子、君臣、夫婦、
　　　　長幼、朋友而成世，非有假於外而強成之也，是性然矣！聖人明於
　　　　大倫，理於萬物，暢於四肢，達於天地，一以貫之。性外無物，物
　　　　外無性、或已成物。無可無不可。（卷一）

天命既是眞實無妄之體，故其所創生之一切存在乃皆實而不虛。性備萬物，
故盡性實踐，亦不離天地萬有，即一身之嗜欲而調護成全之，則形色皆天性；
一世之人倫而昭明顯著之，則五常皆天理。總之，性外無物，物外無性。離
性體之創造，無萬物之眞實存在；離萬物之實存，亦無性體之實，因無虛懸
掛空之體。

　　故日用之間即有至理，不必斥之爲淫陋庸俗；大道不離日用，不必涉乎
玄微，別求妙道。五峯因論邪說暴行所以盛行之故，說：

　　　　道充乎身，塞乎天地，而拘於軀者不見其大；存乎飲食男女之事，而
　　　　溺於流者不知其精。諸子百家億之以意，飾之以辯。傳聞習見蒙心之

官，命之理，性之道，置之茫昧則已矣；悲夫！此邪說暴行所以盛行，而不為其所惑者，鮮矣！然則奈何？曰：在修吾身。夫婦之道，人醜之矣，以淫欲為事也。聖人則安之者，以保和為義也。接而知有禮焉，交而知有道焉，惟敬者為能守而弗失也。語曰：樂而不淫，則得性命之正矣！謂之淫欲者，非陋庸人而何？天得地而後有萬物，夫得婦而後有男女，君得臣而後有萬民，此一之道所以為至也。（卷一）

此言道之精微與遍在，本非玄妙難曉。然人以陷溺之故，反以之為茫昧，而見惑於邪說暴行。對治之道，則在修身，即日用倫常而體道，明其易知易行以救陷溺之禍。

儒者所言之道乃是既致廣大而盡精微，又極高明而道中庸者，因天理不離日用倫常，故既簡樸恬淡，而又親切有味。然，道雖是切近平常，卻也是高明極致之理所在。因此理乃是天地鬼神，四海聖人所皆準而無疑者。正因其不離平常，故廣大；高明極致，故精微。大則廣無不包，觸處皆是。但凡人拘囿於形軀小我之限，強分內外物我，而不知此心之仁與天地萬物為一體，故不見道之大。精則靈妙精至，不可逾越。人若淫於世情嗜欲之求，而不知飲食男女亦為精微之至理所在，則一身盡成情識流蕩之場。庸人常「拘於軀」、「溺于流」而不知道之大與精；諸子百家則反以身為大患，而欲捨離滅棄之；不知即吾身盡天理以體道，乃徒逞其私智，窮深極微，妄臆道體。心官蒙蔽，心之思用不彰，天理不明，故天命之理，性體之妙，終至茫昧而不見。此道之所以不明不行，邪說暴行所以熾盛之故。

五峯以為明道之途，在修吾身；而修身之要，在復其心官之思用，盡心盡仁，朗現仁心之創造性，直貫於日用倫常之中，則一身乃盡為天理流行之所。雖夫婦之道，人以之為淫欲者，亦可成為保合之義。文中，五峯特就夫婦一倫發揮修身之道，除受《易序卦傳》「有天地而後有萬物」一段文之啟發外，或亦有得於《中庸》十二章「君子之道，造端乎夫婦」之言，故詳言之而不忌諱。此是儒家重天地生生之德所必至之理，因夫婦之道乃「宇宙生命之自求充實拓展」者。以仁心之創造性為骨幹，則一切皆實，不容鄙視。

1. 事本乎道，道藏乎事。（《五峯集》卷四《皇王大紀論──西方佛教》）
2. 河南先生，舉世以為得聖人之道者，某言曰：「道外無物，物外無道，是天地間無適而非道也。」（《五峯集》卷二〈與原仲兄書〉）
3. 道不能無物而自道，物不能無道而自物。道之有物也，猶風之有動，

水之有流也，夫孰能間之？故離物求道者，妄而已矣！（卷一）

4. 起居言語，無非妙道精義，自不可須臾離。(《五峯集》卷三〈題張敬夫希顏錄〉)

5. 視聽言動，皆由至理；形色音聲，唱和行止，無非妙道。(《五峯集》卷三〈復齋記〉)

以上五段文皆道器不二之圓融妙語。單看「道外無物、物外無道」之言，乃儒、釋、道三家皆可說者，不足以為儒者之特色。但，凡此類話頭，吾人須會通前面所言來理解，五峯乃以仁心之創造性為義理骨幹，而由「萬物皆備於我」說性，將萬有收攝於盡性之道德實踐下而說著。故理道的內涵意義，乃是人事人倫的道德天理，而非空理、玄理。4、5兩段乃圓教化境的描述語，乃是由聖人盡心成性之極而至者。其意猶明儒羅近溪之言「擡頭舉目，渾全只是知體著見；啓口容聲，纖細盡是知體發揮」。〔註3〕而亦與近溪所代表，陽明門下泰州一派之言「道體渾淪順適」、「道在眼前，當下即是」的風格，如出一轍。

五峯之圓教義，實儒者之一般教義。如〈與原仲兄書〉，即引二程「道之外無物、物之外無道」〔註4〕等語。然五峯則特就聖人盡性，仁心體物潤物之創造性，而即事即物以發揮「道無所不在」之義理。故上引（3）謂「離物求道，妄而已矣」。五峯此一重即事明道之意識，或本於安國之學。

（曾）吉甫嘗問（安國）：「今有人居山澤之中，無君臣，無父子、無夫婦。所謂道者，果安在？」曰：「此人冬裘夏葛，饑食渴飲，晝作入息，能不為此否？」曰：「有之。」曰：「只此是道。」〔註5〕

安國之言，正是就日用之事行指點道，故能積極地肯定口腹嗜欲，四體動作等的價值，而不以之只是幻妄粗跡而已。

儒者雖亦自客觀面，大談天道性命等超越實體，好似徒逞玄悟智測。但，對此天道實體的意義，則以仁心之創造性來實化，而通過道德實踐來體證。對此天道的肯定，是基於圓教之建立而來，而圓教之建立，則因於仁心不容已之情的要求。因仁心成己成物之情，必以「萬物皆備於我」為極致。故凡天命所有，聲色香味之安養此身，喜怒哀樂之暢達性情；父子夫婦，保合太

〔註3〕《明儒學案》（四部備要本，台北，中華）卷34，〈泰州學案三〉，參政羅近溪先生汝芳。
〔註4〕《二程全書》《遺書》第四，二先生語四。
〔註5〕《宋元學案卷三十四》，「武夷學案」。

和，皆宇宙生命之蕃育不息，天地生機之洋溢日新。而一事一物乃皆可爲天理仁德之展現，皆具有無限之價值，道乃眞爲「當下即是」。盡其心則動容周旋，觸處洞然，通體透明。故孟子言盡心之極，必至生色踐形，睟面盎背之境。此見儒家之圓教，一方有萬有爲內容，故眞爲圓實飽滿之教；一方必基於人文人本之立場，不離人事人倫而言道。

唐君毅先生曾說：「儒家之所以重視日常生活，乃原於儒家自覺的肯定全幅人生活動之價值，而教人之貫注其精神於當下與我感通之一切自然人生事物。此即使一切人生活動皆可自身爲一目的。夫然，而飲食衣服，男女居室，勞動生產之活動本身亦皆可自備一價值而非可鄙賤。」〔註6〕一切自然人生事物之自身所以能是一目的，乃因仁心之道德天理直貫於其中，創造其價值而然。仁心之創造性此一義理骨幹，將存有盡收於教內，而眞能達到「本跡不二」之圓境，使儒家有別於佛老。宋明儒之判佛，即純自此而判。

第三節　儒佛之辨──本跡不二與本跡相判

宋明儒者爲復興儒學，對佛教常有嚴厲之批判。若客觀地就佛教義理而言，諸儒所言、或甚籠統，其批判亦不必盡諦。但在大界限上，即儒佛之異的本質關鍵，則皆能有相應的判決與中肯的了解。牟宗三先生說：「佛之由諸行無常，諸法無我，緣起性空，涅槃寂靜而建立其教義，此與儒家之由道德意識出發，而肯認一道德實體，以爲本體宇宙論的實有者，固顯然不同。此點，一經對照，不必說雙方都能明澈者，即若稍能眞切于任何一方者，亦能見出其本質上有差別。」〔註7〕

儒佛本質上的差別，繫於二家之「大本」不同。儒家之大本乃道德創造性的實體。體爲實體，故物爲實存，事爲實事。宇宙人生乃全幅是道德天理所貫注，仁德價值之流行，存在的意義獲得積極的肯定，本貫於跡，而儒教乃眞爲豐厚盈實的大成圓教。佛家以空爲體，故以心識爲障，形軀爲惑，人倫爲累，而欲求超拔解脫，寂滅一切，異竟出離世間。縱至一香一臭，無非中道之圓境，終究本與跡判，對存在未能正視，對萬法之價值未能積極的肯定。

五峯亦自此道德創造性之義理骨幹辨佛，而謂佛氏乃「心與跡判」。其言

〔註6〕《中國文化之精神價值》（台北，學生，民國68年）頁244。
〔註7〕《心體與性體》第二冊頁89。

謂：

> 若孔子下學而上達，及傳心要，呼曾子曰：「吾道一以貫之。」曷嘗
> 如釋氏離物而談道哉？曾子傳子思，亦曰：「可離非道也。」見此，
> 則心跡不判，天人不二，萬物皆備於我，反身而誠，天地之間，何
> 物非我？何我非物？仁之為體要，義之為權衡，萬物各得其所，而
> 功與天地參焉。此道之所以為至也。釋氏狹隘偏小，無所措其身。
> 必以出家出身為事，絕滅天倫，屏棄人理，然后以為道，亦大有適
> 莫矣！（《五峯集》卷二〈與原仲兄書〉）

又謂：

> 釋氏與聖人大本不同，故末亦異。何以言之？五典、天所命也；五
> 常，天所性也。天下萬物皆有則，吾儒步步著實，所以允蹈性命，
> 不敢違越也。是以仲尼從心而以不踰矩為至，故退可以立命安身，
> 進可以開物成務。聖人退藏于密，而吉凶與民同患，寂然不動，感
> 而遂通天下之故，體用合一，未嘗偏也。不如是，則萬物不備；萬
> 物不備，謂反身而誠，某不信也。釋氏毀性命，滅典則，故以事為
> 障，以理為障。（同上）

此二段即從末跡上，佛必以出身出家為事，而斷其教為偏教。其故則因佛氏與
吾儒之「大本不同，故末亦異」，對於日用世俗，性命彝倫未能予以正視、肯定。

　　儒者以道德創造性之實體為大本，故能「仁以為體要，義以為權衡」，裁
成萬化，體物潤物，使之各得其所，而功參造化，與天地同。有此仁心之道
德天理直貫於存在之末跡中，故事物頓時皆具無限之價值，而一一成為聖人
開物成務，人文化成之盛德大業的內容、業績。故談道不必離物，而「心跡
不判，天人不二」。佛氏既以空為體，寂滅一切，鄙存在之物為幻妄粗跡，而
必以出身出家為事，故五峯謂之為「離物談道」。如此，本與跡自相判，焉得
為一？而教亦不得不為偏至。

1. 即物而真者，聖人之道也；談真離物者，釋氏之妄也。（卷二）
2. 物無非我，事無非真。彼遺棄人間，惟以了生死為大者，其蔽孰
   甚焉？（卷三）
3. 釋氏之學必欲出死生者，蓋以身為己私也。天道有消息，故人理
   有始終。不私其身，以公於天下。四大和合，無非至理；六塵緣
   影，無非妙用。何事非真？何物非我？生生不窮，無斷無滅，此

道之固然，又豈人所能爲哉？（卷一）

4. 堯、舜、禹、湯、文王、仲尼之道，天地中和之至，非有取而後
爲之也。是以周乎萬物，通乎無窮，日用而不可離也。釋氏乃爲
厭生死，苦病老，然後有取於心以自私耳，本既如是，求欲無弊，
其可得乎？（卷一）

5. 夫陰陽剛柔，天地之體也。體立而變，萬物無窮矣！人生合天地
之道者也，故君臣、父子、夫婦交而萬事生焉。酬酢變化，妙道
精義，各有所止，亦無窮已。彼惟欲力索於心，而不知天道。故
其說周羅包括，高妙玄微，無所不通。而其行則背違天地之道，
淪滅三綱，體用分離，本末不貫，不足以開物成務，終爲邪說也。
噫！戴天履地，冬裘夏葛，渴飲饑食，語默坐起，應其身，萬事
皆不能與常人殊異。獨於君臣之義，父子之仁，夫婦之禮，則掃
之除之，殄之滅之，謂之盡性可乎？謂之不失其心可乎？（《五
峯集》卷四《皇王大紀論 —— 西方佛教》）

以上引文甚長，然語精要而意明晰，儒佛對顯，足以見出五峯判別儒佛
之立場。儒者既以萬化皆實體所創造，實理所貫注，故乃一切皆眞實無妄；
佛氏既以一身爲煩惱之源，而欲求斷滅解脫，自是「絕物遯世，棲身冲漠」（卷
一），而以空爲體。儒者以創造性之實體爲大本，其體之性情乾行不已！故儒
者必經世主治，而足以裁成輔相，盡倫盡制，繁興大用，顯陽剛天行，創闢
動健之象。佛氏既未能正視實存之價值，而主出世，主捨離，寂滅一切，以
空爲體，但顯虛寂之象，自不足以開物成務。五峯必謂佛家「有體而無用」。

案：朱子嘗有詩，七絕二章云：

先生去上芸香閣，閣老新裁豸角冠。留取幽人臥空谷，一川風月要
人看。

甕牖前頭列畫屏，晚來相對靜儀刑。浮雲一任閒舒卷，萬古青山只
麼青。〔註8〕

五峯見之，以爲其言「有體而無用」，因別作三絕以圓其意。其中二首云：

幽人偏愛青山好，爲是青山青不老。山中雲出雨乾坤，洗過一番山
更好。〔註9〕

〔註8〕《朱子文集》（四部叢刊本，上海，商務）卷81〈跋胡五峯詩〉。
〔註9〕案：此詩後二句，朱子於上註之跋文中引作「山中雲出雨太虛，一洗塵埃山

雲出青山得自由，西郊未解如薰憂。欲識青山最青處，雲物萬古生無休。（《五峯集》卷一）

「青山」喻體，朱子詩中之意，體乃偏於靜態之存有。五峯則更進之以「雲出雨乾坤」、「雲物萬古生無休」。體乃同時是活動的，具創生大用之體，故能生生萬化，萬古無休。

依五峯看，佛氏絕物遯世，但證空體，不能體物潤物，不免心與物相判，而本跡不一。亦是有體而無用。故五峯有言：

釋氏直曰：「吾見是性」，故自處以靜，而萬物之動不能裁也；自處以定，而萬物之分不能止也。（卷一）

此因佛氏無實體之創造性一義，故不能裁物成物，而致本跡相判，終成偏至之教。〔註10〕

第四節　詭譎的相即——天理人欲同體異用，同行異情

宋儒最初從本體宇宙論的立場建立起天道實體，必不免要對「氣」之概念加以正視。因為，氣為實存，它一方是天道實體展現其創造性的憑藉，資具，一方又是建立圓教所必要的質素。因離了氣的體，只是掛空虛無之光板，空無內容。如此，教雖圓，亦只有圓的輪廓，而無圓的實際，故雖圓而不實，此如佛道。

五峯甚重氣的價值，故謂：「陰陽剛柔，顯極之機，至善以微，孟子所謂『可欲』者也。」又謂：「陰陽剛柔，天地之體也。體立而變，萬物無窮矣！」此所謂體正是質素或內容義，非本體之謂。因有此陰陽剛柔之氣為體質、質素，天地方能生生變化，而有萬物之無窮。故氣自屬可欲之善者。但，五峯對氣的肯定，只因它可為天理至善的呈顯；這並不意謂吾人即可使之為如是之呈現。吾人之不盡心，未嘗不可使氣化頓時成為人欲之流。五峯由此，乃建立其天理人欲「詭譎相即」的獨特圓教義理模式。

天理人欲同體而異用，同行而異情。進修君子，宜深別焉。（卷一）

更好」。

〔註10〕：創造性或創生性一義乃儒家所依以建立其圓教義的骨幹，儒佛之辨，其最本質的差異即在此義。「即使至今日，熊十力先生之不滿於佛者，亦在於此創生性一義之有無。」（《圓善論》頁327）

此段中雖有體用之字眼，但不可用尋常「本體──現象」之義去理解。同體異用及同行異情乃同意重述的對句，故須合併在一起了解。行爲事行，行爲之義，情則當作情實講。同行異情乃謂雖是同一事行，而其情實卻可有所不同──即是天理或是人欲之異。同行之所以會有異情，乃因發用事行的根源動機──意念可能有善，可能不善之故所致。同行異情之義既如此；則同體之體當爲事體或事件之義；異用，則發此事體之用可有天理或人欲之異。此爲君子與小人之分野，故五峰警學者：「進修君子，宜深別焉。」

因此，體與行乃踐履上的字眼，是在行爲表現之事上說的。亦即，在發處說體說行。只有在已發之中節或不中節，寂然不動，感物而靜或憧憧往來，感物而動等事行、事體上，才有天理與人欲的分別。在「未發只可言性」，「雖庸與聖無以異」之處，只是天地生生之機之流行，是無所謂天理或人欲的。因而天理人欲實爲對於事體事行的判斷謂詞。至於，判斷的根據則在純粹至善的性體（參見前章論「性無善惡」處）。凡順性體好善惡惡之用而動者，則其行爲善、爲天理；反之，則爲惡、爲人欲。故五峯乃說：

> 好惡，性也。君子好惡以道，小人好惡以己。察乎此，則天理人欲
> 可知。（卷二）

性體乃超越善惡的絕對大本，粹然而道義完具。當吾人不受感性之私的影響時，它即能自立法則，以爲善去惡而主宰吾人之生命。故「好惡，性也」，意謂好善惡惡乃性體之能，此是「唯仁者能好人，能惡人」之好惡，故是純公不私，純善無惡的好惡。性體自身正因好善而惡惡，故乃爲純粹至善之體。〔註11〕但，吾人卻常不免受形軀氣稟之偏雜的影響，臨機發用之行，不能順性體自律之法則（道）而行，以使天理呈現；反而隨軀殼之私（己）起念，而成人欲橫流。故五峯總誡學者，當時時警覺省察此心之發，使爲君子之歸，

〔註11〕「好惡，性也」一語，錢穆先生以爲與陽明「好惡即良知」之意相近【見《宋明理學概述》（台北，學生，民國66年），頁129】；蔡仁厚先生以爲好惡即是好善惡惡之意（見〈胡子「知言」大義述評〉一文，《孔孟學報》27期）。王開府氏則以爲此句所謂性乃傳統「生之謂性」之意（見《胡五峯的心學》頁27）。若會通「君子好惡以道，小人好惡以己」的語派看來，王氏之解正是把善惡的標準推出去，外在化而道德乃成外鑠或他律者。此解不契五峯之思理。案：五峯「好惡，性也」一語乃與「性無善惡」之思理相通，當以性爲純粹至善，而即活動即存有的超越絕對體，故能自發好善惡惡之律則，以爲善而去惡。此方合正宗儒家義內之教，自律道德之義。五峯思理當如此，錢、蔡二說甚是，今從之。

勿爲小人之流。

故在「天理人欲同體異用，同行異性」之句中，吾人將特重用與情二字。此二字爲產生事體，事行的根源，是表現上，行動上的動態字眼。此乃意謂只有在道德實踐上，做行爲方向的抉擇時，才有天理人欲的異用、異情。若離了用與情，而無實踐之事時，則天理與人欲等判斷謂詞亦無從而施。但如前章論「性無善惡」處已提及，「天命之謂性，發用流行於日用之間」（卷五），乃「無一氣之不應，無一息之或已」者，故人情感應之幾乃無間或歇，吾人乃無時不面對行爲方向的決定，生命存在上的抉擇。故時時有事行，而時時須接受善或惡，天理或人欲的判斷。爲天理，爲人欲；成君子，成小人，皆繫於吾人之自由決意所決定，此五峯所以警惕「進修君子，宜深別焉」之故。

康德曾說：「一個人是否善抑或是惡之區別並不存于其所採用于其格言中的動力之區別，但只存于動力之隸屬關係。即是說，存于在那兩種動力中，他使那一種動力爲另一種動力之條件（即是說，不存于格言之材質，但只存于格言之隸屬形式）。」〔註12〕格言是指決意的主觀原則。我們所採用于格言中的動力有道德法則與感性欲望之異，亦即天理與人欲。此兩種動力是格言之材質，康德說，人是善是惡，並不存於這兩種動力的區別（因這樣的區別只是靜態地區分），而是存於動力的隸屬關係，即吾人使何種動力成爲另一種動力的條件，此一隸屬形式上。亦即，只有在踐履上，決定行爲方向時，吾人究竟是使天理（道德法則）成爲決意的動力，而人欲隸屬之呢？（若如此，則爲善。）抑或反以人欲（感性欲望）做爲決意的動力，而天理隸屬之。（若如此，則爲惡。）故人之善惡唯繫於動力的抉擇，此一決意上。依五峯，即繫於用與情上。因此，善惡須是在行動上，由動態地來區分。

至此，吾人乃可進而說明天理人欲究是自何角度上區分？依五峯，天理人欲原是同體同行的，是因用與情而異。而用、情乃實踐上，行爲表現上的動態字眼。各各同一事行，「視聽言動，道義明著，孰知其爲此心？視聽言動，物欲引取，孰知其爲人欲？」（卷五）只有在行爲方向的抉擇時，究是使道義明著？抑或物欲引取？才能決定出是天理或人欲。因此，天理人欲雖是同理同行，卻非已有而可同時存在的，二者並存，而互相對立的兩物。而吾人之道德實踐，亦非是拿取這兩物交相對治，如取天理來去人欲而成君子；或挾人欲而摒天理以成小人。若如此，則天理人欲正是兩體兩行，而非同體同行

〔註12〕《單在理性範圍內之宗教》首部。牟宗三先生譯，見《圓善論》頁100。

了。日用人情之交感萬端，吾人酬酢應對之事亦無窮。每一感應，稱之為幾，吾人之生命乃成事幾相續無間之長流；而各各事幾皆自成獨立之體，天理人欲即是對每一事幾獨體的判斷謂詞。吾人於當下每一應感之幾，若盡心則可使之為天理之展現；蔽物則將成人欲之橫流。故天理人欲乃可相即於同一事幾獨體上，因而是同體同行的；卻因決意此事幾之行有別，而致異用異情。此乃後來陽明所謂「天理人欲不並立」〔註13〕、「不是有一箇善，却又有一箇惡來相對也。故善惡只是一物」〔註14〕之意。故天理人欲，首先是就行為之決意上而為動態的區分，而非靜態的區分。

又因天理人欲不並立，故每一事幾之行，乃非天理，即人欲。絕無程度上的相對差別。如謂某事較合天理，某事較不合天理，而多順人欲而行等等，皆是在程度上有不同。此種程度不同的判斷是就行為的結果及影響之好壞說，已是落於經驗層上分，故其較好較壞只具相對性。天理人欲之分則不如此，它是從決定事行的初機上說，凡是決意順道德法則而行者，不論行為結果的好壞，即是天理；凡順感性欲望而行者，不論影響如何，即是人欲。故天理人欲乃就決意處，即自超越層分；而不自經驗層分；因而是絕對的區分，而非有程度上之差別的相對性區分。

又，天理與人欲二者，在本質上乃截然相異，不相融即者。五峯何以說之為同體同行呢？此因天理人欲雖不並立於同一事幾上，卻可因實踐而詭譎地相即。此非分解地說同體同行，因，分解地說的兩個概念，天理人欲，其本質既不相容，故是不能說同體相即的。

以上縷述，在說明五峯由詭譎地相即說天理人欲同體同行，而因自由決意分出善惡兩歧以說異行異情。且天理人欲之分，乃是自超越層，而作的絕對地區分；不是落於經驗層上，而作的有相對程度之差別的區分。

言至此，吾人當知五峯「天理人欲同體異用，同行異情」之語，決非偶然道及。而是以嚴肅的道德意識為背景，經由精誠的道德實踐而領悟者。二程嘗言：「視聽言動，非禮不為，禮即理也。不是天理，即是人欲。」〔註15〕此言或對五峯有所啟發。然五峯提出「詭譎相即」之義，則較二程為圓熟。其言已將存在與道德之關係揉合至最緊密的地步，而成為圓善──德福一致

〔註13〕《傳習錄》上。
〔註14〕《傳習錄》下。
〔註15〕《二程全書》，《遺書》第15，伊川先生語一（或云明道先生語）。

之義，最恰當的說明。故牟先生以爲此義乃眞足以確立圓教之模型者。〔註16〕
茲引五峯一段話，進一步略述「德福一致」之義。

> 凡天命所有而眾人有之者，聖人皆有之。人以情爲有累也，聖人不
> 去情。人以才爲有害也，聖人不病才。人以欲爲不善也，聖人不絕
> 欲。人以術爲傷德也，聖人不棄術。人以憂爲非達也，聖人不忘憂。
> 人以怨爲非弘也，聖人不釋怨。然則何必別於眾人乎？聖人發而中
> 節，而眾人不中節也。（卷四）

德福一致乃謂德性與幸福之間成正比例的配合。可用中庸的一段話說明，即
「大德必得其位，必得其祿，必得其名，必得其壽。」（十七章）。名、位、
壽、祿乃屬生命存在上的如意順適，即屬幸福。然而現實中，有德者常不必
有福，而有福者更未必有德。故人們可說，中庸之言爲無根，或至多只是理
想上當如此，而現實上則未必。

　　分解地說，或者主張幸福即是全部的最高善，修德只是爲求達到幸福的
方法之合理的使用（古希臘伊比鳩魯派）；或者以爲德性即是全部的最高善，
而幸福只是「得有此德性」的意識（古希臘斯多噶派）。如康德所批判，前者
是完全不符合道德的本性；而後者則不可能，因爲它把德福看成分析的關係，
以爲有德即有福，二者乃必然地聯繫在一起。其實，正相反，德福之關係乃
綜合的。〔註17〕因爲，幸福須涉及個人生命存在上的現實狀況。一涉及現實
存在，就有非吾人之修德所能掌握者。用傳統話說，一落於存在上，就有「命」
的觀念出現。命限使得德福之間只能是偶然的聯繫。因此，說德福一致，必
須對命之限制，有合理的超化。

　　命的超化，可借橫渠「義命合一存乎理」〔註18〕一語進一解。凡天命
所有：情、才、憂、怨、術、欲；皆生命存在上所必有而不可免者；及至入
夷狄，遭患難，處貧賤，居富貴，皆若天所命於吾人，而爲不可逃遁者。凡
此，皆天命所有，乃天命之創生，作用於氣化，而至於個體生命處，與周遭
境遇交感之相順相違所形成者。但，凡命之所在，即是義之所在；吾人生命
當下所遇之境況，皆是天之所命，即有所應之的當然之理。而天命不已，應

〔註16〕《圓善論》第六章有疏解。
〔註17〕參康德《實踐理性批判辯證部》第二章（《康德的道德哲學》頁350至364）
　　　　及《圓善論》之疏解（頁196至197）。
〔註18〕《正蒙・誠明篇》。

之之義亦無窮，吾人之生命乃成道德實踐無間相續的歷程，長流。每一當下，即天命所在，亦是天理所在。存在之現況是命，而應之之天理爲義。故富貴，命也，而素富貴即應之之義；貧賤，命也，而素貧賤即應之之義；夷狄患難是命，而素夷狄、素患難則是應之之義。推之，情、才、憂、怨、欲、術，命也，發而中節是應之之義。每一生命存在的當下現況（命），皆爲吾人盡性所朗現的道德天理（義）所貫注，而吾人生命之長流乃只見有義，不見有命；只見天理之流行，不見存在之分別。此即所謂「一體而化」。但，雖至此不見存在之分別，唯見天理的一體而化之境，並非謂泯除現實存在上，種種事相的差別。情才憂怨術欲，夷狄患難，富貴貧賤，乃至種種分別相具在。只是至義命合一存乎理之時，則存在皆爲純一之天理所貫，差別相泯除。因唯是一如如而非分別的圓融化境，此乃盡性實踐之極致。至此，命乃被超化，而存在皆天理所貫注。存在即德，德即存在，存在之現況隨心而轉即是福。故《中庸》十四章於素其位而行之後，結之以「君子無入而不自得」。自得即福，即是如意順適。故君子即事盡天理，則無論存在之境遇如何（無入），莫不坦蕩蕩，不憂不懼，自得適意（不自得）。如此，即德即福，而德福乃眞成一致。

　　因此，德福一致之眞實可能，須由詭譎相即 —— 存在隨心轉 —— 一義而建立，而不能由分解地說去說明。「天理人欲同體異用」，同一情才憂怨欲術，聖人發而皆中節，存在皆天理，乃無往而非福；小人不能中節，適成人欲橫流，乃頓時皆成禍。於此，人或可有一疑，即聖人盡性而至「無入而不自得」之境，對聖人而言，固是德福一致。但，這只單屬聖人個人實踐而已，外在的現實境況，仍不免充斥著患難與困厄；聖人之素位，中節並不能對此有實際的超轉。甚且，聖人之自得順適，或者將不免成爲對於困厄的逆來順受；其德福一致，或者只是一觀照的虛境（如道家），而外在的現實並未獲合理的改善。則福亦非福，德福不一致，教亦不能圓。此疑，由前述儒家之仁心創造性一義，或可得一解。仁心創造性之開物成務，裁成輔相，聖人盡性之過化存神，上下同流，即可對存在有積極的改善，合理的轉化。亦即給予福之可能眞實的保證。此即「存在隨心轉」之義。如此，便可將外部之現實存在盡收於「德福一致」之義下，而教乃無虛欠，儒家之圓教乃得以確立。

　　以上，由五峯建立「天理人欲同體異用，同行異情」，此一詭譎相即之義，而說明此義在解決德福一致之可能及確立圓教上的貢獻。此義，實五峯經由

真切的道德體驗而說出者。因這在君子之進德修業上極具警策性。道二：仁
與不仁而已，同一事行乃非天理，即人欲，吾人乃無所逃於道德判斷與責備
之外。故進修君子，宜深別之。此非具極嚴肅之道德意識者，不能道出。

第四章　五峯之修養工夫論

第一節　引　言

　　工夫一詞可涵二義：修身之踐履與實踐之方法。前者乃動態地說，指人格修養之事的實地進行；後者則為靜態地說，意指如何可能成就人格之道。但，踐履已隱含有實踐之方法，方法即在踐履中領悟。合踐履與方法二義方為工夫一詞之全。

　　儒家之理想，在建立人文郁郁，禮樂興盛的和諧世界，期望人人皆有士君子之行，彬彬有禮，進而能成就聖賢人格。此一理想之達成，其落實處，可用《大學》「自天子以至於庶人，壹是皆以修身為本」一語為代表，此乃儒家之通義。修身即是要成就自己為聖賢君子之道德人格。如此，便有兩個問題要解決：一是成聖成賢究竟可能否？其根據何在？另一是成聖成賢又如何而可能？其方法如何？

　　有關成聖成賢之根據，是屬本體上的問題。儒家自孔子立教，實已肯定人人皆可以為堯舜，因而說「我欲仁，斯仁至」矣。仁即成就德性人格的最終根據——仁心。孟子由四端及良知良能指點本心，中庸言誠，大學言明德，皆不外指點出人人本具而所以成聖成賢的真實本性——道德主體。此一主體的豁醒，不惟使聖賢人格之可能性有了絕對而必然的保證；同時，亦確立了人的無限性，而挺立人格尊嚴，開闢價值根源。原來，本心仁體必不容已地創造道德行為，成己成物，建立價值人格。而本心自律之法則乃是千古聖賢所同揆共契，天地鬼神所不能違背者。且其自律法則，乃獨立不依於感性經驗，故凡為義之

所當行，則寧殺身成仁，舍生取義。故仁心使吾人之生命，能超拔於形軀之限制，而具無限之意義，與天地同大，此即是聖賢人格之境界。體現之，當下可達此境。二章論實體義，可視爲五峯對「成聖成賢之根據」此一問題的解答。

關於成聖成賢的方法，是屬於工夫上的問題。孔子指點弟子求仁，即是示之以道德實踐的進路；孟子之言求放心及存養擴充、《中庸》及《大學》言愼獨；下屆宋明諸師，無不各具道德經驗之體會，而出之以言詮，皆能指示吾人以親切可循的工夫途徑。工夫之指點，有賴本體的契會；本體之義蘊，必不離工夫之踐履；而「工夫所至，即是本體」（黃梨洲語），二者實是不容相離者。

正宗之儒者，其所悟之體，乃「即活動即存有」，因而是強度的〔註1〕本體。強度一詞，可由仁心不安不忍、不容已之情來契悟。原來，仁心必求一切人物皆能遂生適性，各得其所。若然，其體方能自安。否則，物有毀傷，仁心亦必歉然而餒，惻然而痛，不能自安其體。因而，仁心必不容已地要求成己成物。儒家即是要體證此強度的主體，進而求體現之。吾人若能於此而有所覺，則必不容許其生命有須臾安於墮落，而要求時時能實踐善行。如此，價值之源乃眞能「源泉混混」；實踐的力量，乃眞能「沛然莫之能禦」。

五峯對於強度的主體有極親切而相應的體悟，本明道之〈識仁篇〉，而提出「逆覺體證」的工夫。本章第二節即述其有關此方面的義理，而仍以「識仁」總括其名。又，五峯或受伊川之啓發，頗重大學一書，偶有道及致知格物，居敬窮理之言。凡此諸義，五峯並未自覺地分解、說明其義理。但，若順通其語派，則其實義亦可見，大抵皆能扣緊強度的主體一義而發揮。又，此諸詞散見各處，系統性不強，今爲方便，統列之於本節之〈附論〉，加以論述。

逆覺體證雖是道德實踐最本質的工夫，但這只是始教，並不是全部工夫所在。仁心必須推擴於日用中，而爲具體眞實的呈現。但，即在推擴的過程中，因形軀氣稟之間隔，常使仁心不能順適地直貫下來。此另須一套終教工夫。五峯在此有稱體而動，感物而靜的定性工夫，或有得於明道〈定性書〉之思理。第三節即論訹五峯之定性工夫。

〔註1〕 強度的（intensional），與廣度的（extensional），又可稱之爲内容的、與外延的。原是邏輯上的名詞。内容（強度的）眞理乃繫屬於主體而言，因此，凡是須通過實踐而得的，生命上的眞理，皆屬之。外延（廣度的）眞理，則不繫於主體，而可以客觀地肯斷之眞理，大體是指科學上的眞理而言。有關此二者的意義，其詳可參看牟宗三先生著《中國哲學十九講》（台北，學生，民國72年）第二講。

第二節　識　仁

　　五峯提出「逆覺體證」之工夫，雖有得於明道，實遠承於孟子「求放心」之教而來。此一工夫，自朱子以「不事涵養，先務知識」〔註2〕批評之以來，「察識──涵養」乃成論戰之論題。本節茲以五峯之言所及，分「察識與涵養」、「觀過知仁」、「求放心」三小節，分述其義理。其實，三名皆可涵攝於「識仁」之義下。

一、察識與涵養

　　　彪居正問：「心無窮者也，孟子何以言盡其心？」

　　　曰：「惟仁者能盡其心。」

　　　居正問爲仁。

　　　曰：「欲爲仁，必先識仁之體。」

　　　曰：「其體如何？」

　　　曰：「仁之道弘大而親切。知者可以一言盡，不知者雖設千萬言，亦不知也；能者可以一事舉，不能者雖舉千萬事亦不能也。」

　　　曰：「萬物與我爲一，可以爲仁之體乎？」

　　　曰：「子以六尺之軀，若何而能與萬物爲一？」

　　　曰：「身不能與萬物爲一，心則能矣。」

　　　曰：「人心有百病一死，天下之物有一變萬生，子若何能與之爲一。」

　　　居正悚然而去。他日問曰：「人之所以不仁者，以放其良心也。以放心求心，可乎？」

　　　曰：「齊王見牛而不忍殺，此良心之苗裔因利欲之間而見者也。一有見焉，操而存之，存而養之，養而充之，以至于大。大而不已，與天同矣！此心在人，其發見之端不同，要在識之而已。」（卷四）

此段由仁者之盡心而達至「與萬物爲一」之境，而與天同，一方既徹盡天道實體的義蘊；一方又確立圓教之義理。尤重要者，乃五峯指點盡心之道，由良心苗裔因利欲之間而不同的發見之端以識之，此即逆覺之工夫，極具體明確。

　　文中，彪居正所提及之仁者與萬物爲一，正是明道之思理。而五峯之答似有不以爲然之意。其實，五峯乃故不從無生死的實體心說，而由人心有百

────────

〔註2〕〈知言疑義〉，見《知言》附錄及《朱子文集》卷73。

病一死，欲啓居正之問，以開下文所指示，達至「與萬物爲一」之境界的工夫。原來，仁者與萬物爲一體，乃是聖人盡心盡仁所達至的境界。一般人未下眞切的踐履工夫，驟然語之以此理境，必不免蹈空淪虛，「含糊昏緩」（朱子語）之病。明道〈識仁篇〉即純由此聖證之境說義理，此非大根器，聰穎靈慧之人不易頓悟，而其思理乃雖弘大而不親切。〔註3〕其故乃因明道所言，在當機指引人作道德實踐時，缺乏具體而親切的途徑可循。五峯即順之而進一步，指示一人人可依之而行，並當下有得的工夫進路。

儒者之肯定本心仁體，並非基於理論系統之圓滿建立的要求而來的假設，或是出於抽象定義的構畫。仁心必是具體活潑而眞實的呈現，可隨時呈現於日用生活之中。雖然，吾人在現實中，常是逐物云爲，而致物交物引，形盡如馳。然而，良心之苗裔未嘗不因利欲乘除之際而見。即使殘仁賊義，傷性害德之十惡不赦的罪徒，其天良秉彝亦或因孺子之號而動。此因仁心乃人人皆具的本性，而且是必然不容已地要湧現迸發出來之動態的強度主體。只要吾人能稍一念自反，即可發現仁心之流露，乃觸目皆是，遍在於日用之中。私欲的汩沒，氣質的昏昧，只能決定仁心受錮蔽的程度之大小，呈現度的難易；絕不能掘去其根而使之不存，永不呈現。故，雖盜跖之徒孜孜爲利，習與性成，好似仁心自始未具於其性中，然而，夜氣未嘗不因萌蘖之滋長而生，良心終究殄滅不得。

因此，芸芸眾生雖無道德實踐的自覺，並非毫無道德生活之實事。只是眾人「行矣而不著，習焉而不察」，故「終身由之而不知其道」（《孟子·盡心篇》）。即如齊宣王見牛而不忍殺，亦謂「夫我乃行之，反而求之，不得吾心」（《孟子·梁惠王》），不知即此不忍之情便是良心發見之端，當加以操存，涵養而擴充之者。正因眾人缺乏自覺，故雖偶有道德行爲，卻只是盲動盲行之湊合，終究難以使之持續不斷。因此，仁心的呈現缺乏必然性，其體乃或隱或顯，若存若亡。其實，仁心自體昭然永在，無所謂存亡。實踐的工夫，即是爲求在紛紜無限，茫昧不實，若「傾湫倒海」，而爲「大化所驅」（朱子語）的現實生活中，復此本心，以爲自家安宅。並進而推擴之於日用中，主宰吾人生命，完成眞實人格。

五峯即以齊王見牛不忍殺之例，指示利欲之間，良心苗裔發見之端，就此而識之的工夫。原來，仁心乃是活潑靈妙之體，觸之即動，如珠走盤，圓通不滯。工夫即在日用間，順其觸發、振動，迸現處，而猛省提撕，操存持守，收攝保聚，使之不爲私欲所斲喪，而致浸假消亡。當吾人能操存仁心，

〔註3〕 牟先生已提及此意，見《心體與性體》第二冊頁483。

即已意謂對其自體有所覺，有所證悟；又因此步工夫在使吾人之生命不順軀殼、氣稟之濁流而憧憧下滾；而欲自陷溺之中振拔而出，「迴機就已」（馬一浮先生語），逆返於仁心真體。故整個工夫稱爲「逆覺體證」。此義理所本，乃遠承《易復卦象傳》「復其見天地之心」而來。

雖然，逆覺體證是道德實踐的始教，最本質的工夫。然而，吾人之踐履則不能只停於此。因爲，這只是「截斷眾流，壁立千仞」，單顯仁心真體而已，尚未推擴之，使之直貫於日用之中，以起潤身成物之大用。若只是單證仁心，則其體將只成「光景」（羅近溪語）。五峯於是本孟子之意，於「一有見焉」之後，言操、存、養、充。存乃謂仁心之自持其體；養即滋長其潤生之性；充即推擴仁心及物潤物之用。涵養日熟，擴充日著，則由萌蘗之發而至於喬木，由涓滴之流而放乎四海。然後仁心體物潤物之創生大用，乃真沛然莫之能禦，而人得以與天同大。此即至「仁者與天地萬物爲一體」之境，而與盡心成性之義相通。因爲，由識仁而擴充之，即是盡心而性因以成；天的內容亦同時徹盡於吾人之道德實踐中。在〈第二章〉論實體之義處，已屢言及此。

五峯於文中有識之，存之，養之，充之諸詞，其所施之對象固是仁心，然亦是仁心之施於其自體。當觸動不安不忍之情境，仁心自然湧現怵惕惻隱之情，此情乃心之自身所起的振動（孟子「怵惕」二字形容此心之振動最爲生動）。由於此振動，仁心對其自體之存在乃有所覺知，自證其存在。此即仁心之自明自了。涵養是仁心之施於自體，乃因滋長培育仁心體物潤物之創生性者，除其自具的潤生之能外，天下無一物足以代之。擴充之義亦如之。凡此，皆謂仁心之自識自存、自充自養，因而，無論說察識或涵養，皆無能所之分。朱子所意謂之察識，則是認知心即物窮理之意，因而有能察與所察，能知與所知之分。

又，五峯謂良心一有見，操而存，然後養而充。朱子因而謂之爲先察識後涵養。就義理詮釋上，容有先後之分；但真正落於踐履上時，則察識與涵養並不能截然分爲兩途，甚而可說是即察識即涵養者。原來，涵養若要有本，而非只是空頭無根的工夫，則必先對於仁心自體有所覺知。察識工夫所以在義理上須先確立，即是爲求在逐物云爲的昏昧生活，傾湫倒海的盲動氣習中，悟得仁心以爲自家生命之安宅，然後，涵養工夫才有可施之地。故在理論上，總是先察識，後涵養。至於實際踐履上，則察者察此，養者養此。察識工夫

中即已含仁心潤生之性的日滋日長，日充日擴；而涵養工夫中亦隱有仁心之自明自知，自覺自證。對應事幾之來感而證悟本心之自存，則謂之察識；洗心退藏以滋養此心之潤生性，則謂之涵養。總之，是後來陽明所謂「省察是有事時存養，存養是無事時省察」〔註4〕之意。故涵養察識之工夫乃同時相即而為一事，非有先後二截之分。

朱子既以五峯之工夫乃先察識後涵養，又謂之「不事涵養，先務知識」。既以五峯之工夫有先後之二截，又將五峯察識本心之義，滑轉成認知義的知識。其故，乃因朱子不能相契於孟子的本心義。其所意謂的心乃「氣之靈」，〔註5〕其功用乃外向地即物窮理；但為使窮理工夫有效，必先通過涵養工夫以貞定浮動散亂的心氣，使之凝斂整肅，然後，心才足以發揮其認知之明。此即朱子本伊川「涵養須用敬，進學則在致知」〔註6〕二語所開之工夫教路。故朱子在理論上總謂當先事涵養，後務知識。

如前所述，五峯之察識工夫唯是本心之自識，乃實體心之內向地自證；與朱子所理解之認知心外向即物窮理，固不相同；且涵養察識二者亦非截然有先後之兩事。朱子之批評，固已純屬誤解。案：五峯並未使用「察識」一詞。朱子所以以之批評五峯，並一轉而成認知義的「知識」，或為下段所誤。

> 情一流則難遏，氣一動則難平。流而後遏，動而後平，是以難也。
>
> 察而養之於未流，則不至於用遏矣！察而養之於未動，則不至於用平矣。（卷四）

此段就情流、氣動等事相表現處說察識，最易令人以之為認知意義的觀察義。實則，其義當為察識本心之謂。又，此段言「察而養之」，宛似二者有先後時段之不同。其實，這只是義理詮釋上，不得不如此說；落於踐履上，仍是即察即養，無時段之別。

對於情流、氣動所導致的不合理狀況，本心必觸動其不安不忍之情，而思有以遏之、平之。因此，所謂「察而養之」，其層次仍與前引文就「良心因利欲之間而見」以識之的層次同，皆屬察識本心之義，非謂察識事相。在情流、氣動，乃至放利、循私等事為之流相上，本心即因觸動其怵惕惻隱之情而自證其

〔註4〕《傳習錄》上。

〔註5〕《朱子語類》中論及心處，多富此意，如謂「心者，氣之靈」（卷5），大抵朱子所意謂的心乃形而下之氣，而無形而上實體義的心。

〔註6〕《二程全書》，《遺書》第18，伊川先生語四。

存在。進而操存涵養其自體，使之不至於放失。此即察而養之於未流、未動之義。因此，五峯之文中，雖就事相言察識，卻非是以認知心去知對象，如此，則只成純然理智之冷冷地，不關心地觀察，與自家生命不關痛養。故察識之初雖著於事相，其實，乃是本心自察其不安之情而自識其自體之存在。如此，涵養工夫才有所施，否則，只觀察情流、氣動之事，如何施以涵養之功。

　　以上乃有關五峯「察識與涵養」之義理的疏解，要旨有二：一者察者察此，養者養此，察養工夫皆是本心之施於其自體。一者察識與涵養非有先後時段之不同，而為截然相異之工夫，而乃即察即養者。其所以說先察識而後涵養之故，乃因義理詮釋上不得不然所致。

二、觀過知仁

　　《論語》：「人之過也，各於其黨。觀過，斯知仁矣！」（〈里仁篇〉）五峯曾釋之曰：

> 聞諸先君子曰：黨，偏勝也。有所偏勝，則過而不得其中。或敏慧而過於太深，或剛勇而過於太暴，或畏慎而過於畏縮，或慈愛而過於寬弛。人能內觀其過，深自省焉，則有所覺矣（《五峯集》卷五，〈語指南〉）

此釋本於安國，而由氣質之偏勝說過，以人能內觀自省其偏說覺，覺即是知仁。此亦是逆覺體證之思理。

　　原來，當吾人觀省其氣質之偏勝，而自知其過，則善端已萌。因仁心必不安於過，而驅迫吾人超化偏勝以歸中和。故觀過與前述察養於情流、氣動之義相同。吾人觀過之對象最初是著於實然層、經驗層之過行，然其意則欲由此碰觸到超越層上不安不忍的仁心，使仁心對其自體有所覺知，進而順其不容已之情易氣化偏以成就善行。此是五峯所意謂的「觀過知仁」一語之意義與目的所在。因此，觀過知仁，仍是本心自證其仁之意。非謂以一心觀某事之善不善而知其仁或不仁之謂，若如此，則正成為純然理智之冷冷地，不關心的觀察，而與仁心惻怛之覺情毫不相關。〔註7〕此非五峯之意。

　　「觀過知仁」一義，發自安國，中經五峯，而為五峯之門人胡廣仲，胡伯逢，吳晦叔等所承，成為朱子與湖湘學派論戰的主題之一。伯逢嘗謂：「苟

〔註7〕朱子著〈觀心說〉（《文集》卷67），即是如此誤解五峯等。

能自省其偏，則善端己萌，此聖人指示其方，使人覺知，然後有地可以施功而爲仁。」〔註8〕廣仲謂：「夫必致其知，然後有以用力于此。」〔註9〕凡此，皆是本逆覺體證之義而說。又，五峯等由「有所覺」說知仁，或遠本明道，近承上蔡而來，明道由不麻木指點仁，謂：「醫書言手足痿痺爲不仁，此言最善名狀。仁者以天地萬物爲一體，莫非己也。」〔註10〕上蔡承之而由覺說仁，謂：「心者，何也？仁是已。仁者，何也？活者爲仁，死者爲不仁。今人身體麻痺，不知痛癢，謂之不仁。桃杏之核可種而生者謂之仁，言有生之意，推此，仁可見矣！」又謂：「古人曰：『心不在焉，視而不見，聽而不聞，食而不知其味』不見、不聞、不知味，便是不仁，死漢不識痛癢了。」〔註11〕朱子以爲上蔡由覺說仁，乃雜於禪，黃梨洲嘗辨之，說：

> 其論仁以覺，以生意；論誠以實理；論敬以常惺惺；論窮理以求是，
> 皆其所獨得以發明師說也。

朱子言其雜禪，見解大端有三：

（一）謂『灑掃應對只是小子之始學，上蔡不合說得大了，將有不安于其小者。……。』程子云：『道無精粗，言無高下。』此與上蔡之言何殊？……

（二）謂『知覺得應事接物底，如何喚做仁？須是知覺那理方是。』夫覺者，澄然無事，而爲萬理之所從出。若應事接物而不當于理，則不可謂之覺矣！覺外求仁，是覺者一物，理又一物，朱子所以終身認理氣爲二也。

（三）謂「『上蔡說先有知識，以敬涵養，似先立一物了。』上蔡此言，亦猶〈識仁篇〉所云：『識得此理，以誠敬存之而已。』蓋爲始學言，久之，則敬即本體，豈先有一物哉？」〔註12〕

梨洲此處疏解朱子對上蔡之誤解，甚爲諦當，其中，上蔡思理之第二點「以覺言仁」；第三點「先有知識，以敬涵養」，正是五峯「觀過知仁」及先察識後涵養之說的義理。五峯曾說：「上蔡先生仁敬二字乃無透漏之法門。」（《五峯集》卷二〈與彪德美書〉）其有得於上蔡者，似亦頗深。

〔註8〕 《朱子文集》卷46，〈答胡伯逢書〉之三引。
〔註9〕 同上卷42，〈答胡廣仲書〉之一引。
〔註10〕 《二程全書》，《遺書》第二上，二先生語二上。
〔註11〕 二段俱見《宋元學案》卷24〈上蔡學案〉。
〔註12〕 同上，〈上蔡學案〉案語。

　　以上乃五峯觀過知仁之說及其義理所涵之傳承關係的疏解。此與前小節「察識與涵養」之義，同可指點一明確具體的工夫，使人當下可有所持循。其義同爲識仁一名所涵，而其所以能至此者，吾人以爲乃因五峯對於孟子「求放心」的工夫有貼切而相應的契悟。故前引彪居正問仁一段，五峯即就齊王見牛而不忍殺指點求放心之道，以下即述此義。

三、求放心

（一）夫心宰萬物，順之則喜，逆之則怒；感於死則哀，動於生則樂。欲之所起，情則隨之，心亦放焉。故有私於身，蔽於愛，動於氣，而失之毫釐，繆以千里者矣！（卷二）

（二）易卦有復。孔子曰：「復，反也。」所以返本復始，求全其所由生也。人之生也，父天母地，天命所固有也。方孩提未免於父母之懷；及少長，聚而嬉戲，愛親敬長，良知良能在而良心未嘗放也。逮成童既冠，嗜欲動于內，事物感于外，內外糾紛，流於所偏勝，故分于道者日遠也。（《五峯集》卷三〈復齋記〉）

（三）心無乎不在。本天道變化，爲世俗酬酢，參天地，備萬物。人之爲道，至大也，至善也。放而不知求，耳見聞見爲己蔽，父子夫婦爲己累，衣裳飲食爲己欲。既失其本矣，猶皆曰我有知，論事之是非，方人之長短，終不知其陷溺者，悲夫！故孟子曰：「學問之道無它，求其放心而已矣！（卷二）

（四）人之生也，良知良能根于天。拘於己，泪於事，誘於物，故無所不用學也。學必習，習必熟，熟必久；久則天，天則神。天則不慮而行，神則不期而應。（卷四）

（五）何謂本？仁也。何謂仁，心也。心官茫茫，莫知其鄉，若爲知其體乎？有所不察，則不知矣！有所顧慮，有所畏懼，則雖有能知能察之良心，亦淪沒于末流，浸消浸亡而不自知。蓋良心者，充于一身，通于天地，宰制萬物，統攝億兆之本也。……是故察天理莫如屏欲，存良心莫如立志。陛下亦有朝廷政事不干于慮，便嬖智巧不陳于前，妃嬪之佳麗不幸於左右時矣！陛下誠於此時沈思靜慮，方今之世，當陛下之身，事孰爲大乎？孰爲急乎？必有歉然而餒，惻然而痛，坐起仿徨，不能自安者，

而臣言可信矣！（《五峯集》卷二〈上光堯皇帝書〉）

此五段皆環繞求放心一義而說，體悟通透，言之精詳。據此，則五峯對孟子本心義之理解，並不遜於陸王一系之心學。

（一）在說明放心之故乃由於欲之起而致情之流。總之，是由於「心不盡用」（卷一），故致情氣之發不能中節，而人乃有不仁之時。（二）即本《易復卦》而言「返本復始」，實「復其見天地之心」的逆覺工夫。（三）即正式本孟子求放心之言，指示為學之路。講學論道，為的是要恢復自家「一點靈光自在」的天明本心，因而盡之於日用倫常之間，潤身成物，合理化吾人生命，成就道德人格。此正是中國重德性之知的實踐之學。

（五）即由「根於天」的良知良能以言為學之道。良知良能發於良心，當機呈露於日用之中。為學之道即是首在自紛紜汩沒的現實中，隨其發見之端而覺識之，進而操存、涵養、擴充，使之不至於放失。而學必不可捨，故謂「學必習」。此所以深厚、培育本心潤生之能，使之日益盈盛宣著，強化其湧發迸現之強度，而達至沛然莫之能禦之地。習之不已，則本心乃真能時時呈現，吾人之行乃如理合道者漸多，悖禮犯義者浸少，而臻「義精仁熟」之境。工夫至於純熟，則能所造而居之安，感物而靜，不誘於欲，動靜行止常合天理而不間斷。故習必至於純熟，熟則能長久不息。此之謂「習必熟，熟必久」。學能至於熟而久，則能精義入神，善感善應，臻於「大而化之」之域，故能如天之不慮而行，如神之不期而應。此即是「從容中道」的神化妙境。以上，可視為五峯對於工夫踐履之歷程中，境界之提昇的描述語。

當然，對於志道而尚未有得的學者，此一境界之描述，仍只是弘大而不親切。工夫之具體下手處固在求放心，至於如何求呢？則又須有進一步的指點。孔子答宰我問三年之喪，已由不安指點仁心，孟子最善於就日常生活中的具體事例指示人以本心發見之端：由齊王見牛之觳觫而不忍殺，由乍見孺子入井而有怵惕惻隱之情，由上世之不葬其親而致其顙有泚（案：此例見滕文公上）等等，不安不忍之情的流露處指點本心。在（五）中，五峯即由徽、欽二帝之被俘，指點宋高宗自察那「歉然而餒，惻然而痛，坐起仿偟，不能自安」的良心，此正是孔孟之教路。

以上自「察識與涵養」、「觀過知仁」、「求放心」三義，疏解五峯之識仁工夫的義理，實可統括於逆覺體證之義下。因涵養雖不純是證體工夫，但，

如前所述，察識中已有涵養，涵養中即涵察識，故即察即養，非有二段；又逆覺工夫不只單證本體，仁心必求擴充，故識仁之後，必隨之有操存涵養工夫。以此二故，列涵養於逆覺體證之工夫下，統屬「識仁」，不別列一節專論。

五峯因利欲之間而察識良知端倪發見的工夫，牟先生稱之爲「內在的逆覺體證」；以與李延平「終日危坐以驗夫喜怒哀樂未發氣象，以求所謂中」的「超越的逆覺體證」，在工夫的進路上相別。〔註13〕不離日用倫常以證體，即是內在的體證，此猶五峯門人張南軒之謂「于鬧處承擔」。〔註14〕五峯有詩云：「忙中不識本來心，一點靈光自在明。只向靜中尋底事，恐遭顛沛不員成。」（《五峯集》卷一〈次劉子駒韻〉），此正是要吾人做內在逆覺體證的工夫。

逆覺體證是相應道德本性的最本質工夫。道德之本性是指行爲的動力必須是獨立不依於感性的制約，而單單爲義理之所當行而行。如此，必然要於感性層上，肯定一純粹至善的超越本心，以自律道德法則，並依之而行。道覺體證即是在現實生命之濁流中，指示此心，首握玄珠，以保證成德之可能。此本心人人皆具，當下反求即可自足，故妄自菲薄者無所逃於良知之責求；同時，本心亦保證了德行之純亦不已，故畫地自限者無所置其辭。

聖賢教化的薰習，社會規範的責成，所制約成的習慣，使風俗中人未嘗不時有善事；而良知端倪之偶然呈現，更使之有行善之實。但若不能自覺地操存本心，親證盡性實踐乃性分本具的定然義務，則其道德行爲能否純亦不已，亹亹不絕，是極乏有力的必然保證。感性之私，氣稟之雜，太容易致令其善行只成生活之偶然點綴。習俗常勉人：「行善最樂」。若不是發自於本心之當然而親證「理義之悅我心」的樂，則所謂樂只能是來自於感性、性好的樂，正好相反，行善常使這種感性不樂的。縱使因聖賢習俗的規約而不至於犯分逾矩，如「貧而無諂，富而無驕」，亦未免只是勉強把持，頂多是「知之不如好之」的好之；非是稱體而施，發於本心之天然的「樂之」。唯能親證「理義之悅我心」，而至於「反身而誠，樂莫大焉」之境，方能保證德行之純粹與不已。五峯有言：「論語一書，大抵皆求仁之方也。善取其可以藥己病，病去則仁，仁則日新，日新則樂矣！」（《五峯集》卷三〈求仁說〉）逆覺體證即是確立本心，以使吾人能樂善安仁之本質工夫。

〔註13〕《心體與性體》第二冊頁476，第三冊頁4。
〔註14〕《朱子文集》卷46〈與呂士瞻書〉引。

附論：五峯論致知、格物、居敬、窮理諸義

一、致知義

（一）幼翁曰：「我習敬以直內，可乎？」胡子曰：「敬者，聖門用功之
要道也。然坤卦之義，與乾相蒙。敬以直內，終之之方也。苟知
不先至，則不知所終。譬如將適一所，而路有多歧，莫知所適，
則敬不得施，內無主矣！內無主而應事物，則未有能審事物之輕
重者也。故務學聖人之道者，必先致知，及其超然有所見，方力
行以終之。終之之妙，則在其人，他人不得而與也。（卷四）

（二）行之失於前者，可以改之於後；事之失於今者，可以修之於來。
雖然，使行而可以逆制，則人皆有善行矣；使事而可以豫立，
則人皆有善事矣。惟造次不可少待也，惟顛沛不可少安也。則
行失於身，事失於物，有不可勝窮者矣！雖強力之人，改過不
憚，其如過之不窮何？是以大學之方，在致其知。知至然後意
識，意誠則過不期寡而自寡矣！（卷三）

（三）然則請問大學之方，可乎？曰：「致知。」請問致知。曰：「致
知在格物。物不格則知不至，知不至則意不誠，意不誠則心不
正，心不正而身修者，未之有也。是故學為君子者，莫大於致
知。彼夫隨眾人耳目聞見而知者，君子不謂之知也。」（卷四）

以上三段，五峯雖未克就「致知」二字作分解地說明，然其實義為致察
良知與推擴本心之義，則甚清楚。以下試申其義。

案：《易坤卦文言傳》曰：「君子敬以直內，義以方外。」《乾卦文言傳》
曰：「知至至之，可與幾也；知終終之，可與存義也。」五峯以為乾坤二卦之
義相蒙，故敬的涵養工夫必終之力行以方外。但在此之前，須先有「致知」
一番工夫。因「苟知不先至，則不知所終」，故「必先致知，及其超然有所見，
方力行以終之」。原來，若不先致知，對良心大本有所覺，則所謂敬，所謂涵
養，適成空頭無本的工夫；所謂終之，所謂力行，亦將只是徒然盲動之妄行。
若然，則應事接物，雖情識恣蕩、任情宰物而亦不知自覺，終必與物扞格不
通，而「未有能審事物之輕重者也」。

故（一）中，五峯之意，乃欲先由致知，然後敬得以施，有地施功而為
仁。此實即「先察識後涵養」之說，理論上，總當先確立一大本。故致知乃

謂致察良知此一強度主體之義無疑。致爲致察義，乃後返地工夫，與「復」字相同。此自不假於感官而知，故（三）謂「彼夫隨眾人耳目聞見而知者，君子不謂之知也。」而在（二）中，五峯將致知與寡過之義相連，又攝寡過之道於誠意，實即以致知爲愼獨工夫。其意在由致察良知而回復此光明之大本，並以之照察獨體之處的妄念，從而廓清掃除之。如此，妄行自少，而「過亦不期寡而寡矣」。

　　五峯言致知爲後返地致察良知之義既明，然其義是否僅止於此。如前所述，體證本心良知之後，必隨其不容已之情，推擴其潤物成物之性，使之直貫於日用中而爲具體、眞實地呈現。五峯之致知義究有此前進地推擴本心義否？又其與陽明「致良知」之異同如何？凡此，與五峯之言「格物」相關。在 3.中，五峯只是籠統地說「物不格則知不至」，其意未明。下文即疏解此義。

二、格物義

（一）顏子資稟天然完具者，以其天地心。大則高明，高明則物莫能蔽，故能聞一知十，觀聽夫子言行，終日不違，更無疑義。……論語之所謂禮，即中庸之所爲善。顏子有不善未嘗不知，至明也，非物格者不能也；知之未嘗復行，至勇也，若非仁者不能也。（《五峯集》卷三〈題張敬夫希顏錄〉）

（二）人非生而知之，則其知皆緣事物而知。緣事物而知，故迷于事物，流蕩失中，無有攸止。……儒者之道，率性保命，與天同功，是以節事取物，不厭不棄，必身親格之，以致其知焉。夫事變萬端，而物之感人無窮，格之之道，必立志以定其本，而居敬以持其志；志立于事物之表，敬行乎事物之內，而知乃可精。目流于形色，則知自反而以理視；耳流于音聲，則知自反而以理聽；口流于唱和，則知自反而以理言；身流于行止，則知自反而以理動。有不中理，未嘗不知，知之未嘗復行。（同上〈復齋記〉）

　　在（一）中，五峯由顏子有不善未嘗不知之至明說物格，此正是承「大則高明，高明則物能蔽」之語脈說下。則所謂物格，即指物莫能蔽；而格物乃意謂消極地去物之蔽。

　　（二）之意在由物之來感，事變萬端之際，吾人皆能「身親格之，以致其知」。儒者之道既不離日用倫常，故必於「事事物物，人生而不可無，亦不

能掃而滅之者」（亦〈復齋記〉之文），皆身親格之，不厭不棄。然物之感人無窮，故人情之應萬幾，事幾乃相續不絕，吾人格之之行自亦無間或歇。此處，五峯言「格之」的目的，是爲求致其知；而格物既是當物感應事之際，裁之成之；則致知自是前進地推擴良知以潤物正物之謂，而不只是後返地單證本體之意而已。此義，五峯之文已言之甚明。

依五峯，物亦當事物兩指，視聽言動是事，耳目口鼻是物。當物之來感，而致耳目口鼻將「流蕩失中」之際，吾人須加格之之功，以使之「有攸止」。格之之道則在立志居敬以使「知自反而以理視聽言動」。知自反，正是逆覺體證之意，乃良知本心後返地自證其體之謂。以理視聽言動，此言理自是發自於良知當體自具之天理，而不能是在良知之外爲其所把捉的理，若然，道德實踐適成外鑠，此非五峯之意。理之義既如此，則此句之意自是謂良知前進地推擴其本具之天理以正物成物，如此，視聽言動莫不如理合道，而形色、音聲、唱和、行止，亦無非天理之展現，耳目口鼻亦因而成其爲物。事當其理，物盡其用，即是物格。因此，格物不只是意謂消極地去物之蔽，更涵積極地成物正物之意。五峯雖未明顯地如陽明釋格爲正，解格物爲正物，〔註15〕但此義實爲其思理所涵。因爲在應事接物之際，致良知之天理於事事物物，而調理裁制之順遂處，自含有物之正與成。

據上所述，吾人不禁訝於五峯之言致知格物義，竟是向陽明一路發展。只是五峯未積極地以之立說，而陽明則以致良知立教。然二者只有理論上詳密與疏略的不同，而無義理本質上的相異，此則無疑。其故則或因五峯對於論孟之主體性意識既強烈，而契悟又極貼切。

三、居敬義

（一）行吾仁謂之恕，操吾心謂之敬。敬以養吾仁。（卷三）

（二）誠，天道也。人心合乎天道，則庶幾於誠乎？不知天道，是冥行也。冥行者，不能處己，烏能處物？失道而曰誠，吾未之聞也。是故明理居敬，然後誠道得。天道至誠故無息，人道主敬，所以求合乎天也。孔子自志學而至於從心所欲不踰矩，敬道之成。敬也者，君子所以終身也。（卷四）

〔註15〕《陽明先生全集》文錄卷一〈大學問〉。

敬為工夫字，因所施對象不同，而義亦有別：一是施於形而下，實然的心氣，其義實是謂心氣之凝斂整肅。吾人因不安於氣稟意念之雜，感官私欲之害所導致生命上之墮落，最先有的工夫即在收斂此心，勝似奔馳。此是常人最易有之常行。此步工夫純在消極地扞禦惡念惡行之產生，故把持之味重，氣象迫狹，缺乏寬裕溫柔之象，正是外鑠工夫。

另一種則是施於本心自體。其實，此所謂敬，乃指本心之自我操持而不放失。前引五峯論格物之道乃在「立志以定其本，居敬以持其志」。立志實是先悟本心以定生命方向之謂，故立之以定其本；居敬則是所以操存此志，而使本心得以常顯其主宰之用。如此，吾人之德行乃能持續不斷，純亦不已。（一）中謂「敬以養吾仁」，即謂此意。

故敬的工夫是為了「持其志」，如此，吾人之本心乃能溥博淵泉，而時出之，不致間斷。由此，可以使吾人體證天道。原來，天道亦只是一至誠無息，純一不二的創生作用在流行。故謂：「明理居敬，然後誠道得。」又謂：「人道主敬，所以求合乎天也。」當吾人通過敬的工夫，而致本心不已地呈現時；吾人將感到，一體之生命，實全幅即是天道在作用。而敬的工夫即是實體之展現，全宇宙亦可說是敬之流行，而敬乃即工夫即本體，故轉而可說敬體。

此一工夫稱體而施，涵養有本。氣象從容寬泰，正是道德實踐之本質的義內工夫。

四、窮理義

人盡其心，則可與言仁矣！心窮其理，則可與言性矣！性存其誠，
則可與言命矣！（卷二）

案：《易說卦傳》有言：「窮理盡性以至於命。」此語以「窮理」為關鍵，窮得了理自能盡性至命。但，問題是在如何窮？又窮什麼理？此約有二解：一是認知地窮，則窮乃窮究義，窮理乃以認知心窮究事物之理。此乃以朱子之「即物窮理」說為代表，〈大學補傳〉所謂「人心之靈，莫不有知；而天下之物，莫不有理。惟於理有未窮，故其知有不盡也。」另一則是實踐地窮，則窮為窮盡義，窮理意謂窮盡性分本具之天理，而充分地朗現之，使之毫無隱曲。如此，則窮理與孟子之盡心，乃擴充四端之義同。

五峯於此段文中，由盡心說窮理，正是扣緊實體而言之實踐地窮盡義。吾人能充分推擴本心體物潤物之用，即是仁德之流行，故可與言仁，此因仁乃心

之道。而本心之朗現，不外窮盡其自具之道德天理而彰顯之，不受扭曲、蒙蔽，如此，性體創生之義蘊自亦流行、形著，故可與言性。盡心而無間，即所以使性體至誠而不息，天命生化之全幅內容因得以獲得印證，故謂「性存其誠，則可以言命。」此段文實即五峯對〈說卦傳〉之語的注脚，而其義理則套在「盡心成性」之格局上說。故知，五峯言窮理之正義，乃是充分地擴充本心自具之天理以及物潤物之謂。明乎此，以下三段之意，乃可得其實義。

（一）萬物不同理，死生不同狀；窮理然後能一貫也，知生然後能知
　　　死也。（卷四）

（二）人君欲救偏信之禍，莫先於窮理，莫要於寡欲。窮理、寡欲交
　　　相發矣！（卷三）

（三）是故儒者莫要於窮理。理明然後物格而知至，知至然後意誠而
　　　心不亂。（《五峯集》卷四《皇王大紀論——姜源生稷》）。

（一）中，欲由窮理而達至一貫之原。案：萬物不同理，此自是著於個體而言，故散殊各別，千差萬異。窮一貫之理自不能就此著眼。五峯欲由窮理而達至此，只能是窮萬物之所以生的根源之理，此理自只能是天命之理。而此自只能經由盡心而窮理，然後方能盡性而至命。

（二）中言窮理與寡欲交相發，乃因吾人亦是感性的存在，不免有心氣昏沈之時。而導致良知昏昧不顯。寡欲乃消極地對治感性之私，此有助於本心之推擴，故五峯以二者工夫可交相發。（三）所言，若會通前述致知格物義，則亦當理解爲窮盡本心天理之意。

以上解窮理爲盡心，當不悖五峯原義。除此，五峯偶有自讀書講明義理，考究事理、物理處言窮理，似爲認知地窮究義。但，此是汎說，乃窮理之一般意義。此非五峯言窮理之正義。茲附其文於此，不再詳釋。

（一）因秦焚書，後世競傳古先事。……其有能不悖於理者，可不採拾
　　　乎？其有顯然謬妄背義而傷道者，可不剪削乎？其有誣罔聖人
　　　者，可不明辨乎？……考其事，窮其理，以自正而已。（《五峯集》
　　　卷四《皇王大紀論——書傳散失》）。

（二）夫理不窮則物情不盡；物情不盡則釋義不精；釋義不精則用不
　　　妙；用不妙則不能所居而安；居不安則不能樂天，則不能成其
　　　身矣！故學必以窮極物理爲先也。（《五峯集》卷二〈與張敬夫
　　　書〉）。

第三節　定　性

逆覺體證是道德實踐最本質的工夫，亦是始教的工夫，爲的是確立成德的超越根據——本心仁體。當吾人對本心有眞切的證悟時，必能有絕對的自信自肯，相信聖賢人格乃當下可期者。然而，逆覺體證並不是全部的工夫所在；而吾人對本心有所體悟，並不意謂即已達至聖賢地步。因本心必爲具體而眞實的呈現，吾人不能使之成爲光景；而盡性實踐亦是無窮的歷程，不可須臾已者。吾人之生命既有超越的本心以爲眞性，卻同時亦是感性的存在。個體形軀的物理結構，自成一套機括，循著一定的勢能運作，常造成生命上的險阻，錮蔽著本心的呈現。因此，儒家雖肯定形色的意義，承認它在道德實踐上的價值，謂盡性之極在潤身、生色踐形、睟面盎背。然而，如何對治感性生命，卻一直亦是儒者實踐中的重要課題。而如何在吾人生命中，眞實地踐形成德，完成形氣的價值，便成爲道德實踐的終教工夫。

對於生命氣質較駁雜的儒者，其終教工夫，或先偏於由持敬涵養以消極地對治氣稟物欲；再通過進學致知以即物窮理，替道德行爲先求得著實可尋的步驟，然後循序漸進以完成之。此如朱子。〔註16〕至於一般直承孔孟求仁、求本心之教的儒者，則欲由對本心之自覺，進而推擴之，以直接對治物欲，化除氣質之偏。此如明道之定性、識仁，陽明之致良知。

五峯之終教工夫，頗有得於明道之〈定性書〉。且對人性負面的存在，亦較有警覺。本節擬先述定性與定心之關係，然後分由「內本外末」、「無爲之爲」二義，分述五峯達至定性境界的修爲方法。

一、定心與定性

〈第二章〉論「心性分設」處，曾引及二語：

（一）心純則性定而氣正。

（二）性定則心宰而物隨。

此二語論性定與心定（心純、心宰）之因果關係，適成矛盾。然吾人以爲此非五峯思理不透處，其如此言乃有其用意。

（一）由心純說性定，乃以心定爲因，性定爲果。所謂心純，乃指吾人

〔註16〕曾師昭旭曾釋朱子之格物義爲：以認知心不斷反省自身過去的道德經驗，以期獲得愈來愈清晰的道德觀念，並藉以肯定吾人的道德行爲。見〈朱子格物之再省察〉一文。《鵝湖月刊》123期。

之一切念慮云爲皆能純由心發，稱體而行，如如而動。如此，情氣之發無不中節，自然氣正物隨。當心純而主情宰物，性體創生之義蘊亦因而彰著，而成其爲生化之大主，故謂「心純則性定」。（二）由性定說心宰，乃以性定爲因，心宰爲果。其意，前已述及，此乃「裁制屬諸心」，然「必有性焉，而後能存」之意。盡心實踐必本性體之全幅內容、蘊奧爲範圍。唯當性體眞定其爲「天下之大本」的客觀大主之位，然後心之裁制之用，方能免於情識而肆，任氣宰物之蔽，而致放失其體。故謂「性定則心宰」。

故以上二語說定性與定心之關係，五峯實是在「盡心成性」之格局下說的。至於，眞正工夫的著手處，則在定心。因爲，心體乃形著之主，是吾人盡性實踐之樞紐。說性定則心宰，是因性體爲綱紀天下之大主。故就工夫而言，定心是實說，具眞實的意義；定性則是虛說，僅有形式的意義。而所謂定心，則是指心體在自求擴充的歷程中，能如如地展現，不致有所曲撓、隱蔽。最終，可達到行乎紛華波動之中，而體素自若的朗然大定之境界。此是〈與僧吉甫書〉所謂「聖人盡性，故感物而靜」，安國所謂「能常操而存，則雖一日之間，百起不滅，而心固自若」之意。

二、內本外末

常人最易有的執著，是來自於形軀之我執。因而，常隨順軀殼起念，強分內外無我；不知萬物一體，以致人己對立。既是執形軀爲我，則必定貪著有生，故情乃動於欲，逐物於外，終必流蕩失中，徒增應事接物之際的擾攘，此是吾人不能定心的最切近因素。

吾人既經由逆覺體證，而於形軀之上確立一超越的本心爲眞實自我，則當親證此本心乃「大行不加，窮居不損」的天爵良貴，而八字著脚，立定在此。如此，乃不至「留情於物」，而致本心「狃於情」。

五峯嘗論「本心不得其正」之故，乃在於吾人「狃於情」，並勉人能不「留情於物」。其言謂：

> 一裘裳也，于冬之時舉之，以爲輕；逮夏或舉之，則不勝其重。一絺綌也，于夏之時舉之，以爲重；逮冬或舉之，則不勝其輕。夫衣非隨時而有輕重也，情狃於寒暑而亂其心，非輕重之正也。世有緣情立義，自以爲由正大之德而不之覺者，亦若是而已矣！孰能不狃於情，以正其心，定天下之公乎？（卷一）

又謂：

> 江河之流，非舟不濟，人取其濟則已矣，不復留情於舟也。澗壑之
> 險，非梁不渡，人取其渡則已矣！不復留情於梁也。人於奉身濟生
> 之物，皆如是也，不亦善乎？澹然天地之間，雖生死之變，不能動
> 其心矣。（卷三）

人因形軀之執而貪著有生，必留情於一切「奉身濟生之物」，而情氣之動乃一
任感官機能的要求，以致吾人之本心不得不受感情的作用所制約。而形軀之
作用變化不定，情乃狃於習氣，造成本心的干擾，扭曲而不得其正。此中正
心之道，唯在不狃於情；而欲不狃於情，唯在真能有見於本心之大與形軀之
小，重內輕外，不捨己從物、徇外喪內。此亦猶孟子「不以飢渴之害爲心害」
（〈盡心篇〉）之意。

　　當吾人能超拔於感性之制約而不狃於情，則能純任本心主宰生命，而一
本天理而行。如此，事無大小鉅細，因皆爲天理所貫注，乃頓時皆成吾人性
分之所當爲者。行吾性之當然，本心即纖毫不受滯礙。故謂「雖生死之變」，
亦「不能動其心」。生死乃天地之大變，猶不足以動其心，何況其他？故五峯
又論「天下無大事」，而其故即在「窮理盡性以成吾仁」。謂：

> 堯舜以天下與人，而無人德我之望；湯武有人之天下，而無我取
> 人之嫌。是故天下無大事，我不能大，則以事爲大，而處之也難。
> （卷三）

又謂：

> 不仁則見天下之事大，而執天下之物固。故物激而怒，怒而不能消
> 矣！感物而欲，欲而不能止矣！窮理盡性以成吾仁，則知天下無大
> 事，而見天下無固物。雖有怒，怒而不遷矣！雖有欲，欲而不淫矣！
> （卷三）

前段所言，實「舜有天下而不與」之意，其所以能如此，正因堯舜湯武能不
留情於天下，故能不狃於情，而唯是純任天理而行。故後段即由「窮理盡性
以成吾仁」而至「見天下無大事」之境。此猶明道所謂「自視天來大事，處
以此理，又曾何足論」〔註17〕之意。如此，心官如如暢遂地呈現，泰然寬舒，
自不受撓於外物，而得以朗然大定。

　　以上，由「不留情於物」而「不狃於情」，以破除因形軀我執所導致的不

〔註17〕《二程全書》《遺書》第二上，二先生語上，《宋元學案》列入〈明道學案〉。

能定心之蔽，其工夫，可屬之於「內本外末」一路。

三、無爲之爲

感性形軀對於定心的妨害，顯明易察，故對治之工夫易下，而受用亦易奏效。但，定心之障，卻更有細密而隱微的因素，此即來自於吾人情識意念的有爲造作。對治之道，即是「無爲之爲」的工夫。

> 有爲之爲，出於智巧。血氣方剛，則智巧出焉，血氣既衰，則智巧窮矣！……無爲之爲，本於仁義。善不以名而爲，功不以利而動。
>
> 通於造化，與天地相終始。（卷二）

心之體段乃「無思無爲，寂然不動，感而遂通」，其體純粹至善，順其天然之體而動，自能有爲善去惡之善行。有爲之爲者不知心體如此，臨機而動，乃參之以情識，或出以名，或動以利；縱其行有善果，已非純粹之善行。更何況心體滯於名利，便難免時而不能行其義理之當然，而心體乃喪失其寂然感通之神用。

更有甚者，有爲之爲因是出於智巧，便難免受到吾人自有生以來，後天見聞所薰染，心識所構畫成的觀念格套所桎梏，所限制。因而臨機發用之際，往往有臆計造作之弊，將迎助長之害。當血氣方剛之時，或能臆則屢中；及血氣既衰，便難免要執著意念之格套，而本心乃喪失其圓轉靈通，活潑善應的妙用。無爲之爲的工夫，正在化成心，以破執著，去智測。體現本心天然之體，當機而動，乃能善感善應、圓通不滯，不至拘死於成心所構畫成的意念格套。

由「破意念之執著」一義，落實到實踐上，必然要涉及到權行。

（一）仁者臨機發用而後見，不可預指。（卷四）

（二）義有定體，仁無定用。（卷一）

（三）義者，權之行也。仁其審權者乎？（卷一）

此三小段，其思理實與「無爲之爲」相通。茲疏解其義如下。

（一）謂仁須臨機發而後見，故吾人胸中不可預先存有任何格套。凡格套皆來自情識意念的有爲造作，非發自本心天然之體。若然，以之應事接物，必任情宰物，不得物情，終至鑿枘不通，扞格不入。故謂之「仁無定用」。無用之用，是謂無定用。意即，仁體之發用，不能按著一定的模式，依樣畫葫蘆而行。因爲，在道德實踐的歷程中，吾人究竟應當採取何種步驟，只能決定於當下生活中所遭遇到事幾。而事幾又是化化而生，刹那萬變，道德情境

乃隨時而異，故吾人乃須時時操存仁心明覺之體，涵養其活潑善應之性，使之當幾而動，因時制宜，因而成物遂事，各得其所。此之謂「仁無定用」。所以說「義有定體」，乃因義是特就事行的斷制上說，故顯靜定之相。此之謂「義有定體」。然而，事幾既萬端不同，良知之決斷須因時制宜，故吾人之道德實踐乃不免有權行。權行非妄行，必當於理而後可，故（三）謂「義者，權之行也」。至於權行之當理與否，其判斷之最高根據何在？此自是仁心。故又謂「仁其審權者乎」。

　　以上所言，其意在謂「仁者臨機發用而後見」，故吾人斷不可事先預指。此義背後之義理，實是在破執著。由破執著，無定用，仁心乃能如如呈現，不至受情識所束縛，意念所扭曲，而得以朗然大定。

　　本節分由「內本外末」及「無爲之爲」二義，論述五峯定性工夫之義理。乃是基於詮表上之方便而分。事實上，眞正踐履時，破形軀之我執與意念之執著，並非截然有先後時段之別者。

第五章　結　論

　　朱子嘗著〈知言疑義〉一文，並總結其大意而爲八端：「性無善惡，心爲已發。仁以用言，心以用盡。不事涵養，先務知識。氣象迫狹，語論過高。」〔註1〕其中後二點乃對五峯之風格的主觀批評，見仁見智，固不關五峯本人之客觀義理。其餘六點可依黃梨洲之判，分而爲三：「性無善惡，一也。心爲已發，故不得不從用處求盡；仁，人心也，已發言心，故不得不從用處言仁。三者同條，二也。察識此心而後操存，三也。」〔註2〕此外，朱子於《文集》他處及《語類》卷一百零一等，亦有論及五峯之言，總括其意，不出「天理人欲同體異用，同行異情」、「好惡，性也」（此二者可合爲一點）及「心無生死」二端。

　　故以上朱子批評五峯之言，凡有五點。其一，朱子以告子「性無善無不善」之中性義，視五峯「性不可以善惡言」之言，而不知五峯之言性乃意謂著超然是非善惡之表，而爲價值判斷之絕對標準的純粹至善體。朱子固已混淆二者言性之層次與本質，其言自屬誤解。其二，五峯視心爲已發而以用言，此是欲由之分設心性（未發只可言性），再說明「盡心成性」之義理。其以心爲已發，並非即以情氣之流憧憧往來之自身，而同層同質的說心。乃因在情氣之發動處，可以見心體裁制之用，而性體創生之實蘊亦因以彰著。故可自已發說心。至於心體當身固是「寂感一如」、「體用一源」、「即活動即存有」、「即寂然即神用」之妙體。朱子之言心乃「氣之靈」，純自形而下層視心，固不能相契於五峰之言實體心義及其盡心成性之特殊義理。其三，朱子既以心爲氣之靈，並以伊川「涵

────────────

〔註1〕〈知言疑義〉見《朱子文集》卷73，雜著。八端之言見《朱子語類》卷101。
〔註2〕《宋元學案》卷42〈五峯學案〉案語。

養須用敬，進學則在致知」二語爲工夫標的，其教路乃決定爲「即物窮理」的「順取之路」。且對孟子之本心義無相應之了解，自不能對五峯順孟子之求放心及明道之識仁義理，所提出的逆覺工夫——先察識後涵養——有恰當的理解。其視五峯察識良知本心之發的逆覺體證之義，爲認知心的知識義，固屬誤解；其謂五峯不事涵養，更屬周納。其四，朱子以爲五峯「天理人欲同體異用」一語，乃將天理人欲混爲一區，不知分別二者；又謂本體中只有天理，何嘗有人欲？此是以一般體用之字眼解釋「同體」之體字，不知此乃指「事體」之義；且漠視五峯建立此「天理人欲詭譎相即」之義的背景，乃基於艱苦之道德實踐而發者，故不知此義極具警策性。其五，朱子謂人心乃隨形氣而有終始，此正是五峯所謂「以形觀心」。若知五峯乃自「以心觀心」而言「心無生死」，則知朱子之批評乃純屬不對題者。〔註3〕

　　成性義由橫渠提出，而爲五峯所發揚，成爲其學之特殊性格。五峯建立「盡心成性」此義的用意：其一，爲立性天之尊。「事物屬諸性」，「萬事萬物，性之質也」。其內容乃無窮無盡的豐富，其體爲超越絕對的無限體，故其義蘊實爲吾人之有限生命所永不能徹盡者。如此，道德實踐乃成爲永無止境的歷程，而盡性成物亦不得不面對永不可踰越的極限——超越的限制（命）。此命限的意識，促使吾人能終日對越在天，以免於情識的恣肆。其二，在突顯人極之能。「裁制屬諸心」，「因質致用，人之道也」。道德心可通過種種具體的措施，開物成務，以創造人文化成的業績。而此乃所以位天地、育萬物，彰顯性天創造之義蘊者。通過仁心及物潤物之用，性天的義蘊方獲一印證、體悟的切要道路。否則，一切智悟妙測，難免徒勞。如此，吾人乃可免於虛玄之蕩越。其三，尤要者，通過心對性的形著作用，心體不僅是道德行爲的主宰，更上通於性天，而爲宇宙生化的大主；性體亦不僅是形而上的創生實體，同時亦具道德的意義。性下貫於心，心上融於性，二者爲一，而心性天終歸一本。五峯立此「盡心成性」義，初先分設心性，再通過「形著」以明其爲一。一開一合之間，圓教之模型因以確立。相對於明道之一本義，五峯此說亦可謂「十字打開」。

　　順圓教義理而來之課題，乃須對於「氣」之態度有一說明，此因氣乃實

〔註3〕　本文旨在正面地疏解五峯心性學之義理。故對於朱子批評五峯之誤解的疏導一部分，僅於此處約略提及，不另立篇章詳論。且其詳已見於牟宗三先生《心體與性體》第二冊論五峯之處。另蔡仁厚先生《宋明理學——南宋篇》及王開府氏《胡五峯的心學》二書亦有論及此點，可參考。

存。儒者既以道德創造性之實體為本，故必能對於萬有存在之價值作積極的肯定。五峯亦謂「陰陽剛柔」乃「天地之體」、「顯極之機，至善以微」。但是，重視氣，勿謂儒者之態度即偏於樂觀，甚至過於天真幼稚，對於人性負面之存在感受不深。正相反，儒者因基於懇切篤實，精誠惻怛的道德踐履，必對於感性所造成的險阻，時存兢兢業業的憂患意識。如此，儒者對於氣，乃顯一弔詭的態度——肯定否定，正反雙立。而此一弔詭的態度惟有繫於主體真切的實踐方能成立。於是，五峯乃開出其圓教義理中「天理人欲詭譎相即」的獨特模式。

故圓教不能只是言詮上，理論上的義理而已，更須是具體的聖證境界。至於如何達至此境，不能不有賴於工夫之證悟。五峯論工夫的特色，在其順孟子求放心之義理，所指點的「內在的逆覺體證」。大抵，只要對孟子之本心義有相應的理解，則其所體悟的道體必是「即活動即存有」者，而道德價值的根源亦必為強度的主體。如此，工夫之進路當然屬於逆覺體證之路。

以上綜述五峯心性義理之大略，在順逆覺體證之工夫進路，由此以徹悟實體義蘊，直證圓教聖證境界。此中最能為五峯學術性格之代表者，在其「盡心成性」、「以心著性」之義理。依牟宗三先生之判，此義乃順北宋濂溪、橫渠、明道等，自中庸、易傳之客觀面所體悟的道體、性體；而回歸於論孟之主觀面的心體、仁體，所必然有的回應。此一系義理，既與伊川，朱子之以道體為「只存有而不活動」者不同；亦與象山、陽明之純自孟子入，而直下肯定心性天為一，二者在體悟的進路及所呈顯的意味上有別。此路惟明末之劉蕺山始與五峯前後呼應，故牟先生因判宋明儒為三系。〔註4〕盡心成性之義，因初設心性之分，性天特顯其超絕性，而與心體宛似有一距離。然通過形著作用。心性終歸是一本。此一理路，牟先生以為在義理上，較陸王一系更具優先性與凝斂性，雖則二系最終可會歸為一。茲引牟先生論此之言以結束本文：

> 良知教自身雖可以圓足，然而我們可權且不讓它圓足。這「權且不讓它圓足」之步驟如下：（一）必須先客觀地存有論地說一形式意義的性體即奧體；（二）把道德實踐地說的這獨知之明覺視為對于這奧體的形著；（三）把這明覺步步向這奧體緊吸緊收，歸顯于密；（四）這緊吸緊收底步驟是先通過把明覺緊吸于那作為「心之所存」而非

〔註4〕《心體與性體》第一冊綜論部第一章。

「心之所發」之「意」（主宰的實體性的淵然有定向的意），「知藏于意」，然後再把意體與知體一起緊吸于性體這個奧體；（五）意知之緊吸于奧體是無限的進程，這裡說步步緊吸，這步步是無限的步步，然而亦可以頓時與奧體為一，此時全知體是性體，全性體是知體，兩者之距離即泯，而形著關係亦泯，此時即主客觀之統一。此大體是胡五峯劉蕺山之思路。〔註5〕

〔註 5〕〈從陸象山到劉蕺山〉（台北，學生，民國 68 年）頁 355。

附錄：五峯年譜

一、有關之考證

胡宏，字仁仲，號五峯，宋理學家。著作有《知言》六卷，《五峯集》五卷，《皇王大紀》八十卷等書。

五峯生卒年，自《宋史》本傳以下，諸有關傳記皆無明文著錄。近人姜亮夫《歷代人物年里碑傳綜表》（台北，華世）著錄五峯生卒年為：「五十一歲，徽宗崇寧四年乙酉生，高宗紹興二十五年卒。」姜表之備考云：〈詳余胡宏疑年。〉今未獲此文而詳察其考證之經過。王寶先《歷代名人年譜總目》（台中，東海圖書館）附載有姜氏之文考證之結果，亦未及其內容。鄭騫先生於其《宋人生卒考示例》（台北，華世），據《五峯集》卷二〈與秦會之書〉中所云：「竊伏思念，四十三年矣！先人即世，忽已十載。」推定五峯生於崇寧四年或五年。按：五峯父安國卒於紹興八年（胡寅《斐然集》卷二十五〈先公行狀〉，四庫全書珍本，台北，商務），「忽已十載」，若依一般足數算者，則五峯此書當作於紹興十八年（鄭說即據此算法，故終於定五峯生於崇寧五年）。若「忽已十載」不以足數算，即自紹興八年算起，則五峯此書作於紹興十七年，生年則移前一年而為崇寧四年。今以後者之說較當，理由以下例為證。《斐然集》卷十九〈進先公文集序〉有言：「紹興十八年，閏八月，……臣寧走使告其兄寅曰：『先大夫沒，十有一載。』」此即不以足數算者。故於五峯之生年，亦從此算法，而定為崇寧四年。

至卒年，鄭先生據五峯門人張敬夫之文集（《張南軒先生全集》，百部叢書初編，正誼堂叢書本，台北，藝文）卷二〈答陳平甫書〉所云：「始時聞五峯胡

先生之名。……辛巳之歲方獲拜見於文定公草堂。……然僅得一再見耳，而先生沒。」推定五峯當卒於紹興辛巳或壬午（即紹興三十一年或三十二年）。今有一文可證鄭文之前說是。案：《朱子文集》（四部叢刊本，上海，商務）卷八十一〈跋胡五峯詩〉一文云：「初，紹興庚辰，熹臥病山間，親友仕於朝者，以書見招。熹戲以兩詩，代書報之。……或傳以語胡子。子謂其學者張欽夫曰：『吾未識此人，然觀此詩，知其庶幾能有進矣！特其言有體而無用，故吾爲是詩以箴警之，庶其聞之而有發也。』明年，胡子卒，又四年，熹始見欽夫而後獲聞之。」此文中謂「明年，胡子卒」，即庚辰之明年辛巳也。據辛巳之年往後推四年，即孝宗隆興二年，是年，朱子始晤張欽夫。王懋竑《朱子年譜》（百部叢書初編，粵雅堂叢書本，台北，藝文）於此年秋九月下，繫朱子《文集》續集〈答羅參議書〉可證。則五峯當卒於紹興三十一年辛巳無疑。

　　據上述，終定五峯生卒年爲：生於宋徽宗崇寧四年，卒於高宗紹興三十一年，年五十七歲。五峯優游南山之下，餘二十年，潛修力學，力行所知。無仕宦意，未嘗事科舉，登進仕第；又以秦檜當國，更不欲出仕。逮檜卒，被召，尋病終。然以父蔭補官右承務郎，故嘗進言，並得以結識搢紳之士，其書信之往來，每於中興之大業，劘切陳言。本譜所繫事蹟重明其交友之情狀與夫出處進退，立身處世之大節，若正文所述之五峯心性義理，爲其學之體；則本譜所記可謂其學之用。而此亦見儒者講學論道，非袖手空談，乃所以收歸身心，親切力行也。

二、世　系

　　先生諱宏，字仁仲，號五峯，姓胡氏。胡出舜後，周武王封胡公滿於陳，其後亦爲胡氏。又，春秋時，諸侯有胡，子爵，魯定公十五年，楚滅之。先生六世祖號主簿公，五代中，至建州之鵝子峯下，釣魚自晦，人莫知其所從來，後世相傳云本江南人也。高祖諱容，未出任。曾祖諱罕，亦未曾出任。祖父諱淵，有孝德聞於鄉，始讀書爲進士業。以宣義郎致仕，贈中大夫。（明楊應詔《閩南道學源流》卷二，明嘉靖四十三年刊本。按：此書之資料係影印自故宮藏本，不知是否即是此本）。

　　先生考諱安國，字康侯，生三子，長寅，次寧，次則先生。安國公本貫建州崇安縣開耀鄉籍溪里，紹興初徙家衡嶽之下，二弟安止、安老實從焉。自幼志氣不俗，七歲爲小詩，即有自任以文章道德之句。精研《春秋》，以爲此乃聖

人傳心之典要也。登哲宗紹聖四年進士第，爲官，足不躡權門。蔡京惡其不爲己用，除其名。紹興間，以寶文閣直學士致仕。自登第逮休致凡四十年，其實歷之日不登六載。數以罪去，然愛君之心遠而愈篤。卒諡文定。（胡寅《斐然集》卷二十五〈先公行狀〉。《張南軒先生文集》卷七〈欽州靈山主簿胡君墓表〉。清李清馥《閩中理學淵源考》卷三，四庫全書珍本，台北，商務）。

先生長兄寅，字明仲，號致堂。本文定公兄之子。初生，兄嫂以多男不欲舉，文定公取而子之。其志節豪邁，初擢第，張邦昌欲以女妻之，不許。始，文定公頗重秦檜之大節，及檜擅國，寅遂與之絕。新州之謫，即日就道。以徽猷閣直學士致仕，卒諡文忠。（《宋史》卷第四三五，台北，鼎文。杜光簡〈胡寅傳考異〉，《責善半月刊》二卷二十二期）。

案：《宋史》，《道南源委》，《閩中理學淵源考》等書，並謂胡寅乃「文定弟淳之子」，《直齊書錄解題》則云：「本其兄子。」杜光簡之〈胡寅傳考異〉據胡寅《斐然集》證明《解題》之說是，今從之。

次兄寧，字和仲，號茅堂。生有叔質，端重寡言，無仕進意。以蔭補官。秦熺和樞密院事，檜問之日：「外議云何？」寧曰：「外議以相公必不爲蔡京之所爲也。」檜怒，因指爲故相趙鼎之說客，出貶。卒，世稱茅堂先生。（《宋史》卷第四三五）

至於先生之志行，則表年以繫於後云。

三、本　譜

宋徽宗崇寧四年乙酉（西元 1105 年）

先生始生。

崇寧五年丙戌（西元 1106 年）

先生二歲。

大觀元年丁亥（西元 1107 年）

先生三歲。

大觀二年戊子（西元 1108 年）

先生四歲。

大觀三年己丑（西元 1109 年）

先生五歲。

大觀四年庚寅（西元 1110 年）

　　先生六歲。

政和元年辛卯（西元 1111 年）

　　先生七歲。

政和二年壬辰（西元 1112 年）

　　先生八歲。

政和三年癸巳（西元 1113 年）

　　先生九歲。

政和四年甲午（西元 1114 年）

　　先生十歲。

政和五年乙未（西元 1115 年）

　　先生十一歲。

政和六年丙申（西元 1116 年）

　　先生十二歲。

政和七年丁酉（西元 1117 年）

　　先生十三歲。

重和元年戊戌（西元 1118 年）

　　先生十四歲。

宣和元年己亥（西元 1119 年）

　　先生十五歲。授學家庭，聞伊、洛之說，欣然心會。遂自為〈論語說〉，
　　編集河南語，為《程子雅言》，序而藏之。且夕玩讀，行思坐誦，寢食不
　　置。文定公懼其果於自用，乃授以所修《通鑑舉要》，於是肆力研究。（明
　　朱衡《道南源委》卷一。百部叢書初編，正誼堂叢書本，台北，藝文。
　　請李清馥《閩中理學淵源考》卷三，四庫全書珍本，台北，商務）。
　　案：今《五峯集》卷五有〈語指南〉，乃為調和黃繼道，沈元簡二家之說
　　而作者，性質或與此處之「論語說」近似。又，卷三有《程子雅言》全
　　序、後序二文，當非此年所作。或者乃五峯年長之後，據其年少舊作而
　　重加改訂者。
　　初，先生自幼志於大道，素以人傑自許，而人亦以是許之。（明楊應詔《閩

－80－

南道學源流》卷七）。

宣和二年庚子（西元 1120 年）

先生十六歲。

宣和三年辛丑（西元 1121 年）

先生十七歲。

宣和四年壬寅（西元 1122 年）

先生十八歲。

宣和五年癸卯（西元 1123 年）

先生十九歲。

宣和六年甲辰（西元 1124 年）

先生二十歲。夏，從子大原（字伯逢）生。（《斐然集》卷二十〈悼亡別記〉）。

先生既冠，遊太學，與張九成、樊光遠友，並見楊龜山（諱時）先生於京師而師事之。（《道南源委》卷一）。

宣和七年己巳（西元 1125 年）

先生二十一歲。

欽宗靖康元年丙午（西元 1126 年）

先生二十二歲。是年，河東侯師聖（諱仲良）避亂來荊州。與文公相就于漳水。公稱其「安于羈苦，守節不移，固所未有；至于講論經術，則通貫不窮；商推時事，則纖微皆察」。因遣先生從之遊。（《五峯集》卷三〈題呂與叔中庸解〉。朱子《伊洛淵源錄》卷十二，百部叢書初編，正誼堂叢書本，台北，藝文）

靖康二年丁未（西元 1127 年）

高宗建炎元年

先生二十三歲。

建炎二年戊申（西元 1128 年）

先生二十四歲。

建炎三年己酉（西元 1129 年）

先生二十五歲。門人吳翌（字晦叔）生。（清吳榮光《歷代名人年譜》，

台北，商務）

秋，荊門已爲盜區，文定公乃南寓湘潭。(《斐然集》卷二十〈悼亡別記〉)。
案：前文二節「世系」處，謂紹興初，文定乃徙家衡嶽之下，而二弟安
止、安老實從焉。此乃據《南軒文集》卷七〈欽州靈山主簿胡君墓表〉。
此處據《斐然集》，則建炎年間，文定已南寓湘潭，二說並非矛盾。蓋文
定乃先遷至湘潭，後徙家衡嶽之下也。

建炎四年庚戌（西元 1130 年）

先生二十六歲。冬十月一日，母歿(《斐然集》卷二十〈悼亡別記〉)。

紹興元年辛亥（西元 1131 年）

先生二十七歲。

紹興二年壬子（西元 1132 年）

先生二十八歲。中春，文定公因有掖垣（案：天下宮殿之兩旁曰掖垣）
之命，赴京，二兄明仲先生及和仲先生侍行。命先生守舍(《斐然集》卷
二十〈悼亡別記〉)是年，有〈與吳元忠書〉。(《五峯集》卷二)

紹興三年癸丑（西元 1133 年）

先生二十九歲。門人張栻（敬夫）生。(據吳榮光《歷代名人年譜》)

紹興五年乙卯（西元 1135 年）

先生三十一歲。四月，龜山先生卒(據吳榮光《歷代名人年譜》)。
上萬言書，申言治天下之本在於仁心，其言曰：

> 臣聞治天下有本，修其本者，以聽言則知其道，以用人則知其才，
> 以立政則知其統，以應變則知其宜。何謂本？仁也。何謂仁？心也。
> 心官茫茫，莫知其鄉，若爲知其體乎？有所不察則不知矣！有所顧
> 慮，有所畏懼，則雖有能知能察之良心，亦淪沒于末流，浸消浸亡
> 而不自知，此臣之所大憂也。夫鄰敵據形勝之地，逆臣僭位于中都，
> 牧馬駿駿，欲爭天下，臣不是懼，而以良心爲大憂者，蓋良心者，
> 充于一身，通于天地，宰制萬物，統攝億兆之本也。……是故察天
> 理莫如屛欲，存良心莫如立志。陛下亦有朝廷政事不干于慮，便嬖
> 智巧不陳于前，妃嬪之佳麗不幸于左右時矣！陛下試于此時沈思靜
> 慮，方今之世，當陛下之身，事孰爲大乎？孰爲急乎？必有欿然而
> 餒，惻然而痛，坐起仿偟，不能自安者，則良心可察而臣言可信矣！

（《五峯集》卷二〈上光堯皇帝書〉）

案：五峯所上此書中，偶言及高宗南渡、徽欽二帝被虜，「于茲九年」，故知此書作於此年。

有〈題呂與叔中庸解〉之作。初，侯師聖避亂荊州，先生從之遊，議論聖學，必以《中庸》為至。有張燾者，攜明道先生〈中庸解〉以示之，師聖笑曰：「此呂與叔晚年所為也。」後十年，先生兄弟奉文定公南止衡山，大梁向沈又出所傳明道先生解。先生乃反覆究觀，詞氣大類橫渠《正蒙》，而與叔乃橫渠門人之肖者，更徵之侯先生之言，乃知亦與叔所著無疑。（《五峯集》卷三）

案：〈題呂與叔中庸解〉一文開頭即謂侯師聖於靖康元年避亂南來。後十年，五峯因見向沈所出明道之解，憶及師聖昔日之言，乃有此題文之作。據靖康元年後推十年，即是紹興二年。故知此文乃作於此年。

紹興六年丙辰（西元 1136 年）

先生三十二歲。從弟胡實（廣仲）生。（《張南軒先生文集》卷七〈欽州靈山主簿胡君墓表〉）

紹興七年丁巳（西元 1137 年）

先生三十三歲。

紹興八年戊午（西元 1138 年）

先生三十四歲。四月十三日，文定公歿於書堂正寢。年六十五。九月一日，葬於湘潭龍穴山，令人王氏祔焉。初，文定公年六十，即命造束身椑，自授尺寸，歲一漆之。得疾，不能閱讀，命先生取《春秋說》誦於前，間一解頤而笑。時結廬猶未成，獨戒先生曰：「當速營家廟，若祭於寢，非禮也。」和仲先生問疾，泣而撫之。至於諸子，則正容曰：「事兄友弟。」遂不復語。泊然委順，斂以深衣，不用浮屠氏。（《斐然集》卷二十五〈先公行狀〉）

紹興九年己未（西元 1139 年）

先生三十五歲。

紹興十年庚申（西元 1140 年）

先生三十六歲。

紹興十一年辛酉（西元 1141 年）

先生三十七歲。《皇王大紀》（四庫全書珍本，台北，商務）書成。〈與彪德美書〉：「史書自周烈王三十三年而下，其年紀世次興亡，大致嘗略考之矣！自是而上，及鴻荒之世，所可知者，則未嘗深考之也。今博取羣書，取其中于理，不至誣罔聖人者，用編年爲紀，如《通鑑》然，名之曰《皇王大紀》。」（《五峯集》卷二）

案：《皇王大紀》自序末云：「有宋紹興重光作噩夏四月朔，安定胡宏序。」《四庫全書總目提要》謂是書即作於紹興辛酉年。

紹興十二年壬戌（西元 1142 年）

先生三十八歲。

紹興十三年癸亥（西元 1143 年）

先生三十九歲。與明仲先生還鄉。有〈同伯氏還鄉詩〉。又有〈遊桃源詩〉。（《五峯集》卷一）

案：胡寅《斐然集》卷一，亦有還鄉之詩，即與五峯同行也。其作即著錄作於此年，故知五峯此年曾還崇安故里也。

八月乙未，國子司業高閌上表，請幸太學，上從之。於是秦檜子秦熺執經，閱講《易泰卦》。先生見其表，惕然遺書責之，以爲柄臣秦氏乃敢欺天罔人，以大仇、大辱爲大恩，而「閣下受其知遇，何不懇懇爲之言乎？言而或聽，天下國家實幸也。晉朝廢太后，董養遊太學，升堂歎曰：『天人之理既滅，大亂將作矣！』則遠引而去。今閣下目睹，忘仇滅理，北面向敵，以苟宴安之事，猶優然爲天下師儒之首。既不能建大論，明天人之理，以正君心，乃阿諛柄臣，希合風旨，求舉太平之典，又爲之詞云云，欺天罔人孰甚焉。是黨其惡也。人皆謂閣下平生志行掃地盡矣！數十年積之，而一朝毀之乎？」（《五峯集》卷二〈與高抑崇書〉）案：宣和之末，文定公至京師，謁祭酒楊公（龜山先生），問天下俊秀，公以高閌爲首，閌由是知名。今黨秦氏，故先生謂其平生志行，毀於一旦。

案：據宋李心傳《建炎以來繫年要錄》（四庫全書珍本，台北，商務），高閌爲國子司業乃於紹興十三年，其上表請幸太學，則在八月乙未。

紹興十四年甲子（西元 1144 年）

先生四十歲。

紹興十五年乙丑（西元 1145 年）

先生四十一歲。

紹興十六年丙寅（西元 1146 年）

先生四十二歲。

紹興十七年丁卯（西元 1147 年）

先生四十三歲。有〈與秦檜書〉（《五峯集》卷二）。初，秦檜當國，貽書明仲先生，問二弟何不通書，意欲用之。和仲先生作書止敘契好而已。先生書辭甚厲，人問之，先生曰：「正恐其召，故示之以不可召之端。」（《宋史》卷四三五）

案：〈與秦會之書〉中謂：「竊伏思念，四十三年矣！」故知作於此年。十二日，夫人唐氏卒。（《斐然集》卷二十七〈祭季弟婦唐氏〉）

紹興十八年戊辰（西元 1148 年）

先生四十四歲。

紹興十九年己巳（西元 1149 年）

先生四十五歲。

紹興二十年庚午（西元 1150 年）

先生四十六歲。從弟廣仲年甫十五，從家塾習辭藝。又從先生。先生察其質之美也，從容告之曰：「文章一小技，於道未爲尊。所謂道者，人之所以生，而聖賢待之所以爲聖賢也。吾家文定之業，子知之乎？」廣仲拱而作曰：「某不敏，固竊有志乎此，願有以詔之。」先生嘉其志，樂以告語（《張南軒先生文集》卷七〈欽州靈山主簿胡君墓表〉）

案：據墓表，廣仲乃於乾道九年（西元 1173 年）十月庚辰卒，年三十八歲。上推至十五歲，即是紹興二十年。故知此事乃發生於此年。

有〈與毛舜舉書〉。（《五峯集》卷二）。

紹興二十一年辛未（西元 1151 年）

先生四十七歲。

紹興二十二年壬申（西元 1152 年）

先生四十八歲。文定公之友彪虎臣（字漢明）卒。臨終，命其子居正（字德美）受業于文定公之門，乃從先生。（《五峯集》卷三〈彪君墓誌銘〉）

紹興二十三年癸酉（西元 1153 年）

先生四十九歲。

紹興二十四年甲戌（西元 1154 年）

先生五十歲。

紹興二十五年乙亥（西元 1155 年）

先生五十一歲。

紹興二十六年丙子（西元 1156 年）

先生五十二歲。長兄明仲先生卒（杜光簡〈胡寅傳考異〉）。

有〈被召申省劄子〉（《五峯集》卷三）

有〈劉開州墓表〉（《五峯集》卷三）

先生早年遊太學時之友樊光遠（茂實），時爲監察御史。先生遺書與之，勸其進言，早建儲君，於是廣搜天下賢俊，端人正士，使與居處，輔之以智慮謀略之士，庶幾有變通於將來。〈與陳應之〉，〈與汪聖錫〉、〈與沈元簡〉諸書（《五峯集》卷二），並申此意。先生此時年餘半百，多病已衰，猶懇懇致意於此者，以「忠與孝出於天性」，而今日之事大且急，誠可寒心者，莫甚於國儲未建故也。

案：樊氏僅於是年嘗爲監察御史，見《宋史翼》（台北，鼎文，附於宋史之後）。故知五峯所與之書作於此年。又，〈與陳應之〉、〈與汪聖錫〉、〈與沈元簡〉諸書所作之年，今未能考訂，以其事類相近，故並繫於此。

紹興二十七年丁丑（西元 1157 年）

先生五十三歲。

紹興二十八年戊寅（西元 1158 年）

先生五十四歲。

紹興二十九年己卯（西元 1159 年）

先生五十五歲。有〈趙監廟墓表〉（《五峯集》卷三）。

爲毛舜舉作〈不息齊記〉（《五峯集》卷三）。

紹興三十年庚辰（西元 1160 年）

先生五十六歲。

紹興三十一年辛巳（西元 1161 年）

先生五十七歲。門人張栻方獲拜先生於文定公草堂。初，南軒見先生，先生辭以疾。他日，見孫正孺而告之，孫道先生之言曰：「渠家好佛，宏見他說甚？」南軒方悟前此不見之因。於是再謁先生，語甚相契，遂授

業焉，南軒曰：「栻若非正孺，幾乎迷路？」先生〈與孫正孺書〉（卷二）謂南軒「胸中甚正且大，日進不息，不可以淺局量也。河南之門，有人繼起。」（《宋名臣言行錄》，《外錄》卷十一，宋朱熹著，李幼武續編，明正德十三年建陽書肆刊本，故宮藏本。）

朱子於庚辰年臥病山間，親友仕於朝者以書見招。朱子戲以兩詩，代書報之。曰：「先生去上芸香閣（自注：時籍溪先生除正字，赴館供職），閣老新峨豸角冠（自注：劉共父自秘書丞除察官）。留取幽人臥空谷，一川風月要人看（一章）。甕牖前頭列書屏，晚來相對見儀刑。浮雲一任閑舒卷，萬古青山只麼青（二章）。」案：籍溪先生者，先生之從兄也，諱憲，字原仲。故先生得見朱子詩，而以為詞甚妙而意未圓，謂南軒曰：「吾未識此人，然觀此詩，知其庶幾能有進矣！特其言有體而無用，故吾為是詩以箴警之，庶其聞之而有發也。」先生之詩曰：「幽人偏愛青山好，為是青山青不老。山中雲出雨乾坤（案：《朱子文集》所引，『乾坤』二字作『太虛』），洗過一番山更好（案：《朱子文集》作『一洗塵埃山更好』）。」（一章）又曰：「雲出青山得自由，西郊未解如薰憂。欲識青山最青處，雲物萬古生無休。」（二章）。（庚辰之）明年，先生卒。又四年，朱子始見南軒而後獲聞之。（《五峯集》卷一。《朱子文集》卷八十一，《跋胡五峯詩》）。

先生卒。臨終，謂彪德美曰：「聖門工夫要處，只是個敬。」（《朱子語類》卷101。台北，正中書局影印中央圖書館所明成化九年，江西藩司覆刊宋咸淳六年導江黎氏本）劉爚祭文略曰：「竊謂子思之功，在聖門為最盛。蓋上能大其師學，而下能授之英賢，卒昌斯文，誰與之匹。維兩程氏講學河南，曰謝與楊，得其要旨。文定早歲俱從之遊，既誠其身，復以教子。惟公之生，氣稟特殊，玩心神明，不舍晝夜；優游自得，抱道以終。爰畀其徒，曰子張子，斯文有託，誰之力焉。仰視子思，庶幾無愧。」（《雲莊集》卷二，四庫全書珍本，台北，商務）

四、譜　末

孝宗乾道四年戊子（西元 1168 年）

四月丙寅，門人張栻序先生所著《知言》，貽於同志，略曰：「是書乃其平生之所著，其言約，其意精，誠道學之樞要，制治之蓍龜也。然先生

之意每自以爲未足，逮其疾革，猶時有所更定。」（《張南軒先生文集》
卷十四）

淳熙三年丙申（西元 1176 年）

先生季子大時（字季隨）裒輯先生所著詩文之屬，凡五卷，以示門人張
栻，栻爲之序，略曰：「惟先生非有意於爲文者也。其一時詠歌之所發，
蓋所以舒寫其性情；而其他著述與夫答問往來之書，又皆所以明道義而
參異同，非若世之爲文者，徒從事於言語之間而已也。」（《張南軒先生
文集》卷十四）

參考書目

一、五峯著作

1. 《知言》，粵雅堂叢書本，台北藝文印書館百部叢書初編。
2. 《知言》，四庫全書珍本，台灣商務印書館據四庫全書影印。
3. 《五峯集》，四庫全書珍本，台灣商務印書館據四庫全書影印。
4. 《皇王大紀》，同上。

二、經典類

1. 《周易正義》，唐孔穎達著，藝文印書館。
2. 《尚書正義》，同上，同上。
3. 《毛詩正義》，同上，同上。
4. 《四書集註》，宋朱熹著，台灣學海書局，民國 68 年 4 月 4 日版。

三、宋明儒著述

1. 《周濂溪先生全集》，宋周敦頤著，藝文印書館百部叢書初編，正誼堂叢書本。
2. 《二程全書》，宋程顥、程頤著，中華書局四部備要本。
3. 《張子全書》，宋張載著，同上。
4. 《朱文公文集》，宋朱熹著，上海商務印書館四部叢刊本。
5. 《朱子語類》，宋朱熹著，正中書局影印中央圖書館所藏明成化九年，江西藩司覆刊宋咸淳六年導江黎氏本。
6. 《象山全集》，宋陸象山著，中華書局四部備要本。
7. 《傳習錄》（收入《王陽明全集》），明王守仁著，同上。
8. 《劉子全書》，明劉宗周著，日本株式會社中文出版社，西元 1981 年。

9. 《宋元學案》，明黃宗羲著，中華，四部備要本。

10. 《明儒學案》，明黃宗羲著，同上。

四、有關之傳記資料

1. 《胡氏春秋傳》，宋胡安國著，商務，文淵閣四庫全書本。

2. 《斐然集》，宋胡寅著，商務，四庫全書珍本。

3. 《建炎以來繫年要錄》，宋李心傳著，同上。

4. 《張南軒先生全集》，宋張栻著，藝文，百部叢書初編，正誼堂叢書本。

5. 《伊洛淵源錄》，宋朱熹著，同上。

6. 《宋名臣言行錄》，宋朱熹撰、李幼武續編，明正德十三年建陽書肆刊本，故宮藏本。

7. 《雲莊集》，宋劉爚著，商務，四庫全書珍本。

8. 《宋史》，元托克托著，鼎文，民國 69 年 5 月再版。

9. 《閩南道學源流》，明楊應詔著，故宮藏本。

10. 《道南源委》，明朱衡著，藝文，百部叢書初編，正誼堂叢書。

11. 《閩中理學淵源考》，清李清馥著，商務，四庫全書珍本。

12. 《朱子年譜附考異》，清王懋竑著，藝文，百部叢書初編，粵雅堂叢書本。

13. 《胡寅傳考異》，民國杜光簡著，《責善半月刊》二卷二十二期，。

14. 《歷代人物年里碑傳綜表》，民國姜亮夫著，華世，民國 65 年 12 月。

15. 《宋人生卒考示例》，民國鄭騫著，華世，民國 66 年 1 月。

五、近人著述

1. 《十力語要》，民國熊十力著，洪氏，民國 64 年 2 月。

2. 《讀經示要》，熊十力著，洪氏，民國 67 年 10 月 4 版。

3. 《泰和宜山會刻》，馬一浮著，廣文，民國 69 年 12 月。

4. 《爾雅臺答問》，馬一浮著，廣文，民國 68 年 3 月再版。

5. 《宋明理學概述》，錢穆著，學生，民國 66 年 4 月。

6. 《朱子新學案》，錢穆著，三民，民國 60 年 9 月。

7. 《中國哲學原論——原性篇》，唐君毅先生著，學生，民國 67 年 7 月 2 版。

8. 《中國哲學原論——原教篇》，唐君毅先生著，學生，民國 68 年 2 月 3 版。

9. 《中國文化之精神價值》，唐君毅先生著，正中，民國 68 年 5 月。

10. 《中國哲學的特質》，牟宗三先生著，學生，國 52 年 6 月。

11. 《心體與性體（一──三)》，牟宗三先生著，正中，民國 57 年 5 月。

12. 《從陸象山到劉蕺山》，牟宗三先生著，學生，民國 68 年 8 月。

13. 《康德的道德哲學》，牟宗三先生譯註，學生，民國 71 年 9 月。

14. 《圓善論》，牟宗三先生著，學生，民國 74 年 7 月。

15. 《宋明理學》，吳康著，華國，民國 44 年 10 月。

16. 《南宋湘學與浙學》，吳康著，《學術季刊》四卷二期，民國 44 年 12 月。

17. 《中國哲學史》，勞思光著，香港友聯出版社，民國 69 年 6 月。

18. 《宋明理學──北宋篇》，蔡仁厚著，學生，民國 66 年 10 月。

19. 《宋明理學──南宋篇》，蔡仁厚著，學生，民國 69 年 3 月。

20. 《新儒家的精神方向》，蔡仁厚著，學生，民國 71 年 3 月。

21. 《朱子哲學思想的發展與完成》，劉述先著，學生，民國 71 年 2 月。

22. 《道德與道德實踐》，曾師昭旭著，漢光，民國 72 年 4 月。

23. 《王船山哲學》，曾師昭旭著，遠景，民國 72 年 2 月。

24. 《朱子格物之再省察》，曾師昭旭著，《鵝湖月刊》123 期。

25. 《中庸義理疏解》，楊祖漢著，鵝湖，民國 73 年 5 月再版。

26. 《胡五峯的心學》，王開府著，學生，民國 67 年 4 月。